此书献给热爱语文、沉醉教育的你

语文快乐也轻松

"整体语文教学法"原理和策略

李其玉 著

四川人民出版社

图书在版编目（CIP）数据

语文快乐也轻松："整体语文教学法"原理与策略／
李其玉著.—成都：四川人民出版社，2022.12
　ISBN 978-7-220-12912-4

　Ⅰ.①语…　Ⅱ.①李…　Ⅲ.①语文课-教学研究-中
小学　Ⅳ.①G63.302

　中国版本图书馆 CIP 数据核字（2022）第 215800 号

YUWEN KUAILE YE QINGSONG ："ZHENGTI YUWEN JIAOXUE FA " YUANLI YU CELUE

语文快乐也轻松："整体语文教学法"原理与策略

策　　划	蔡林君
责任编辑	蔡林君　孟庆发
封面设计	张　科
版式设计	戴雨虹　李秋烨
责任印制	周　奇
出版发行	四川人民出版社 （成都市锦江区三色路238号新华之星A座33、35层）
网　　址	http：//www.scpph.com
E-mail	scrmcbs@sina.com
新浪微博	@四川人民出版社
微博公众号	四川人民出版社
发行部业务电话	（028）86361653　86361656
防盗版举报电话	（028）86361653
排　　版	☺看熊猫杂志
印　　刷	成都国图广告印务有限公司
成品尺寸	170 mm×240 mm
印　　张	18.25
字　　数	260 千
版　　次	2022 年 12 月第 1 版
印　　次	2022 年 12 月第 1 次印刷
书　　号	ISBN 978-7-220-12912-4
定　　价	69.00 元

序

语文教学的
至高法度

姚文忠

"语文快乐也轻松"。这个命题是所有精于这桩事业教师的共感，又是个性化非常鲜明的共感，能够相伴师生一生一世。语文及教学因为他们的贡献，成为所有师友和后进者人生一大滋养和基础，语文及教学永远矗立教坛，豪光四射。

多次静听作者上语文课及关于语文教学的体验和论述。其观点现在集中表述，总结反映着一系列关于语文教学的体验、目标、标准和境界，同时传达着作者的心性和智慧……这个观点用作书名，以作者37年小学语文教学的经历加以举证和诠释，把实践和创造作为基础，非常得宜和得体。就中的旨趣和过程真味浓浓，引发着对其教学现场的清晰回放。作者推崇语文教学的情感价值和感染力，用自己的教学经验证明着这个论题的真实性、可能性和可靠性，对于建立普遍的语文教学信心和法度，意义不菲。

百味语文或者语文百味，作者与张志公先生热烈讨论过这一题目。作为入学的基础学科，语文的这种属性，是教好语文的本质和生态前提。本书讨论这种主张，入心入行，正是把教育当作事业者的信念。

这本书好读、耐读，现场感很浓，对于教学过程、细节和立意反思，以及极具韧性的质地，几重阅读所蕴含的悠扬富丽，包括传播教学经验的路径和力量，都呈现得真真切切。

教学是求真和履真的事业，根本价值在于教学要进行得凝心聚力，发动内驱，惠及成长。中外所谓愉快教育、快乐教育，其出发点和基点都是这样的。教育效益由这两个特点托举，玫瑰色教育梦会因此在教育人的生涯中有力展开和无限延伸。

"孔曰乐学，陶曰兴趣"，万世师表的主张，亮点也基于这种积极情感。教育哲学主张苦乐相济并重，而本质也是这样，强调"乐"，激活向往和意志。这本书立于教学事例，把要旨叙述得动人心魄，所传达的小学教育特质，尤其地道而铿锵作响。

《语文快乐也轻松》既是理想、要求和现实，也是这一事业的境界。这本书所选取的案例系作者自创自为，于观点支撑有力。实践的坚实性在此间最足以引发感叹，这是教育人的心愿。作者有极强的阅读力、理解力、表达力和论证力，学术性很高，是一位善于思考，精于研究的小学教育的智者、仁者和创造家。在一个个事例里，作者引用自己的教学经历和经验，使快乐和轻松得到张扬，证明了在教学中，教师创造力至伟，并使育人润心功到化成。所谓减负，除此别无他法。教育的古老、神圣和伟大使这一事业常伴日月，与天地同辉，最终将影响师生和家长的美好心态和流畅人生。

全书基于事例而归纳论证，以实践逻辑阐发主题，其价值源于实践智慧。在教育天地里，必须为师生提供无尽的积极、向上向善向美的感受，因为我们深信，负重读书不是教育的理性条件。所谓"重"，一定应该消融在"快乐也轻松"当中。

· 目 录 ·

第一章

不识庐山真面目
只缘身在此山中

◇

——"整体语文教学"概述

教了三十七年小学语文，我给"语文教学"这样的定义：真正的语文教学是借助文本搭建平台引领学生在文化与人性的园中诗意地行走，并在这样的行走中达成对思想的历练、情感的丰沛和个人言语表达系统的建立。因此要实现"历练思想、丰沛情感、建立个人言语表达系统"三大目标，必须实施"整体语文教学"。

一、何谓"整体语文教学"

将语文教学作为一个整体进行全面关注，既关注学生基础知识的掌握运用，也关注学生语文核心素养的提升；既关注课内教学的高效与落实，也关注课外阅读的拓展与延伸；既关注一篇文章的精细化解读与品味，也关注主题单元的提炼与整合；既关注学科学习技巧，也关注个人学习能力；既关注教师的教，也关注学生的学。将语文作为一个整体，通过三大项目若干策略完整推进，让教师体验语文教学的诗意与魅力，让孩子们体验语文学习的快乐与轻松。

二、整体语文教学三大项目简述

整体语文教学法涵盖三大项目若干策略，三大项目合力，实现语文教与学的快乐和轻松。

1. 基本项目——课堂常规。

语文课堂教学的高效必须取决于课堂常规，规则之内人人自由，无论是个体的学习还是团体的学习，都依赖于学生对常规的熟悉并掌握。常规从文本到践行，看起来是学生行为方式的规范，实则是对学生优良学习习惯的培养，是对学生品格的熏陶。关于常规，专家们有不同的声音。有的专家认为常规是限制学生，是压抑学生。我不同意这种说法。他们之所以这样认为，是因为他们没有参与、没有见证常规的意义和价值。他们没有看到，科学规范的、合乎人性需求的常规是学生高效学习、快乐学习的前提和保障，也是学生快乐学习、高效学习的强大助推力。严格践行课堂常规，就是培养学生优良的学习品质。学习能力和学习品质是学生学习成绩提升的双翼，做好"课堂常规"，就是丰满学生学习的一翼——学习品质，而学习品质这一翼，又可以为学生学习的另一翼——学习能力的提升保驾护航。

课堂常规

名称	要求	教育价值解读	培训建议
课前准备	1. 将自己的桌椅按"成功标准"摆放。 2. 准备下节课所用的学习用具：书本置于课桌左上角，笔、橡皮、直尺摆放于课桌右上角，笔尖朝自己（左利手相反）。 3. 静悄悄上洗手间。	1. 书本和学具的摆放方便学生取用。 2. 铅笔的摆放浸润着"方便、安全、关爱"三大教育主题。 3. 学会计划安排，收获生命的从容。 4. 自主管理从课前的细节开始。	1. 在教室黑板上有放大的班级课表，提醒学生。 2. 每一位老师下课后提醒学生做好下节课的课前准备。 3. 小组成员按学号轮流检查并提醒。 4. 抓好两个培训节点：一年级入校第一个月，每学期开学第一周。
课前等待	1. 铃声响起后，停止一切活动，快速、安静、有序地进入教室。 2. 静息等候，双手置于桌上，左手在下，右手在上（左利手相反），头放手上，脸朝教室门方向。	1. 崇尚"规则"，明白各时段只有一个最应该完成的任务，惜时意识在任务完成中习得。 2. 培养孩子的自主管理意识。 3. 平复心境，保证良好的	1. 每节课的上课教师是第一责任人，须关注、规范孩子进教室和静息的情况。 2. 初始年级的学前教育是关键，一开始就让孩子树立正确的规范意识。 3. 各班建立健全轮流值日制

续表1

名称	要求	教育价值解读	培训建议
	3. 值日生对静息情况进行巡视，若有不规范者，轻声提醒。	上课效果。 4. 课前安静的状态，既是对上课教师的尊重，也是对其他同学的尊重。	度，对全体孩子进行职责培训： （1）擦黑板；（2）检查静息；（3）呼口令。
师生问好	1. 教师宣布上课，值日生呼"准备"。全体孩子坐正，头直立，双眼注视老师。 2. 值日生呼"起立"。全体孩子向左（右）跨半步从座位起立，站立于通道上，队列横排、纵行对齐。 3. 值日生呼"敬礼"。全体学生行45°鞠躬礼。身体立正后，注视老师，齐呼："老师，您好！" 4. 教师回礼，同样行45°鞠躬礼。眼睛巡视全班，回应："孩子们好，请坐！"	1. 尊重是相互的，孩子尊重教师，教师也应尊重孩子。 2. 良好的礼仪从课堂的点滴做起。 3. 通过规范的仪式告诉学生：现在已经是上课时间，应该调整好自己的状态，迎接上课。 4. 教师可以通过这一环节，观察出孩子的状态（如个别孩子有可能身体不适）并及时调整。	1. 上课教师需要关注孩子的站立姿势，及时纠正、规范。 2. 值日生的口令训练：声音响亮、简短有力。 3. 班主任应该着力训练孩子的站姿： （1）是否快速向左（右）跨半步站立于通道上。 （2）站立时，双腿靠拢，背直立，双手自然下垂，双眼直视老师。 （3）鞠躬站立后，呼："老师，您好！"声音要亲切、柔和。
听课	1. 身体坐正，背挺直。 2. 双手置于桌上，左手在下，右手在上（左利手相反）。 3. 双脚平放，与肩同宽，目视老师，专注倾听。 4. 学生坐姿随教学任务的推进自行调整，比如发言、笔记、小组合作交流、课堂练习等，"挺直坐正"的独立单元一般不超过三分钟。	1. 端正的坐姿，能够确保孩子在课堂集中注意力，凝神倾听。 2. 双手置于桌上： （1）保证举手发言的便捷； （2）保证孩子不搞小动作； 3. 自然放松的姿势有利于孩子的身体发育。	1. 所有任课教师都是常规践行的第一责任人。 2. 初始年级第一个月是关键，每学期开学的第一周强化学习此常规。 3. 课堂上，教师要运用表扬、提醒等方式，利用声音的高低变换等调整孩子坐姿（第一学段尤其重要）。 4. 基本的听课行为建立起来之后，教师要通过"学科学习"强化常规。
举手发言	1. 教师提问后，认真思考，知道答案者都应该举手示意。 2. 举手时，左手平放桌上，右手高举。 3. 被邀请回答问题的孩子，向左（右）跨半步从	1. 倡导积极思考，凡听课者都应积极举手，举手的动作表示"我在，我思考着"，但更应该强调"借脑"的作用。 2. 别人发言时，放下手倾听，既是对他人的尊重，	1. 每一个初始年级要建立起发言的常规规范： （1）举手；（2）站姿； （3）发言的声音；（4）倾听习惯 2. 任课教师关注孩子的发言习惯，对不规范的行为

续表2

名称	要求	教育价值解读	培训建议
	座位起立，站立于通道上，目视老师，声音洪亮，表述完整清晰。 4.教师指名孩子回答后，其余同学放下举起的手，根据发言同学的位置将头自然转到该同学方向或黑板方向，目视、倾听，在发言同学前排的同学向左（右）侧转向发言同学，注视、倾听。 5.若发言同学表述出错、不完整或者有其他困难，其余同学举手示意，邀请发言规范为"我为他补充……我来帮帮他……我不同意他的看法，我认为……"等。	也是向他人学习。 3.课堂的精彩源自课堂的生成，教师要善于抓住孩子发言中的"点"予以点拨、指导，并调整自己的教学设计。	及时予以纠正。 3.孩子发言，耐心倾听，切莫过早干预和忙于干预。 4.注重孩子倾听习惯的培养，有不同意见或补充须在先头同学发言完毕之后。 5.观点出现争执时，哪怕面红耳赤，只说观点，不说有损人格的话语，不做出有损人格的行为。
教师板书	1.教师板书时，全体孩子目光关注板书内容，低段学生并随教师板书节奏书空，文字学科尤其要如此。 2.板书时，第一学段教师可将提醒语规范为："小手笔，随我写……"	1.培养孩子对课堂的尊重，确保课堂秩序。 2.抓住每一次练习的机会。 3.让孩子的思路紧随教师上课的思路。	1.初始年级应该培养孩子目光跟随教师板书并随板书节奏书空的习惯。 2.任课教师当堂关注并及时提醒、纠正。
课堂笔记	1.每一门学科都要在教学进行中指导学生做好课堂笔记。 2.勾画要约定统一符号，语文的自然段序号在段前标记，用1. 2. ……句子序号在句前标记，用①②……各学科课本中的重点词句勾画符号由学科教师在起始年级的时候统一约定。各学科的课堂记录按照内容约定格式与位置，如语文各课的形近字可书写在生字表上方文本的空白处。	1.及时完成课堂笔记能帮助学生巩固知识点，养成随时笔记的好习惯。 2.培养孩子"动笔墨读书"的好习惯，让书本满带着个人阅读的印记，做真正的学习者。 3.统一符号和格式的约定，培养学生有序学习的良好习惯，通过外在的有序建立并形成生命的内在秩序。	1.各学科教师要约定好各类笔记的符号和书写位置。 2.各学科教师要从接手学生的第一节课开始指导，指导要精细、到位、示范并检查落实。起始年级是关键。 3.适时开展"课堂笔记"展示活动。随着年级的升高，孩子要在规范的基础上追求课堂笔记的美观与个性化。

续表3

名称	要求	教育价值解读	培训建议
读书	1. 坐着诵读，双手捧书，与桌面成45°斜角；诵读完毕，轻放书本。 2. 集体朗读控制音量，将文本的理解以节奏及声音的抑扬顿挫表达出来。 3. 个人起立诵读声音洪亮，双手捧书于胸前，与水平线成45°斜角。 4. 语文、英语以外的学科要注意诵读的节奏，培养孩子按照意群阅读的习惯。	1. 45°斜角是人阅读时视觉的最佳角度。 2. 个人诵读时声音洪亮旨在通过学生大方地在人前表达与交流，培养学生自信、沉稳、大气的心理品质。 3. 集体诵读时控制音量，旨在教会孩子懂得个人只是团队的一分子，团队力量来自每一个团队成员，个体融入团队是凝聚团队力量最好的方式。	1. 抓住每一次诵读的机会进行培养，如若集体诵读声音太大，要及时调整，关注团队中语速过快或音量太大的孩子。 2. 个体诵读时必须做到声音洪亮，沉稳大方。对胆子小、天生羞怯的孩子要有耐心，要等待，鼓励他们战胜自我。在音量一天天变大的过程中，孩子的大方与自信也一天天得到培养和提高。
小组讨论交流	1. 建立小组发言规制，小组成员编号，召集人和发言顺次依序轮流。 2. 出示讨论问题，并提出讨论要求，待老师下达"开始讨论"口令后，召集人迅速组织小组成员进行讨论。讨论时，前排孩子身体自然后转，加入讨论。 3. 小组讨论，声音以小组成员能听见为宜，不可大声喧哗，影响其他小组讨论。 4. 讨论结束后，各组确定发言人代表本组发表观点。 5. 发言人起立发言，小组其他成员可为其发言做补充，规范为："我为他（她）补充……"等。 6. 其他组若持相反观点，则可进行反驳，发言规范为："我们组认为……"等。	1. 每一位成员都是小组讨论的主角，所有角色轮流，利于培养讨论者的责任和担当，同时保证讨论的有序和质量。 2. 讨论，是让自己的思想和观点升华与丰富的路径，是相互学习的重要方式。 3. 明晰讨论要求，才能开展有目的、有秩序的讨论。 4. 培养孩子的团队意识，发言人不仅仅代表他自己，更代表自己所在的团队。 5. 培养孩子的思辨和及时应对能力。 6. 分享自己的思考，学会在有不同意见时尊重彼此人格。	1. 从初始年级开始训练讨论的常规，包括： （1）分组：一般4～6人一组，组长由成员轮流担任。 （2）讨论流程：明确要求——个人小声发言——归纳本组观点——指定小组发言人。 （3）发言人大方发表观点。 （4）其他组员在发言人发言完毕后补充。 2. 依讨论的议题确定，看是否需要设置记录人或完成相应的任务，如"绘制图表、摆放学具、记录观点"等。 3. 抓住每一次讨论的机会进行规范，尤其是发言的有序、声音的控制和小组意见的归纳。

续表4

名称	要求	教育价值解读	培训建议
课堂练习	1. 作业本封面书写规范，字体均匀排列： （1）校名：＊＊学校。 （2）班级：采用简写，规范为：一（1）。 （3）教师：＊＊老师。 （4）学生：＊＊或＊＊＊。 （5）学号：写自己的学号，＊号。 所有内容两个字的占横线的前后，三个字的占横线的前、中、后，均匀排列。 2. 写字做到三个一：胸离桌面一拳，眼离书面一尺，手离笔尖一寸。 3. 作业本内页的书写，按照不同作业约定不同格式，不可随意。 4. 教师批阅留痕占作业本两行，孩子下次作业从批阅留痕的下一行开始书写，不能有"剩余页面"不用的现象存在。 5. 教师批改后，及时发给孩子改正，孩子改错时注明："改:"，改后的练习教师要做出明确判断，直到孩子做正确为止。 6. 试卷改错要约定书写位置与格式，尽量安排在试卷的空白处，也可用贴纸的方式改错。	1. 规范作业本的封面能够展现一个孩子乃至一个学校的风貌。 2. 通过每天每次作业的书写，给孩子生命以"洁净、美观、有序"的滋养。 3. 书写上的有序、规范，可以培养孩子的审美情趣。 4. 在规范书写的过程中，培养孩子对空间的整合与利用能力。	1. 从初始年级起培养孩子正确的书写规范： （1）各类作业的书写格式，教师要提供范本。 （2）教师要给"书写姿势"的正确范例，不断纠正、强化。 （3）对于书写不规范的孩子，教师要面批、范写，并要求重新完成。 2. 保证作业本封面的整洁： （1）确保双手、桌面的干净。 （2）写字时习惯手肘从内向外移动。 （3）教师引导孩子关注作业本的两个角，每次理一理。 （4）教师将作业本收齐后，可将上面一组反扣，或是用重物压一压。 3. 定期或不定期地举办"作业作品"展示。
收发作业	1. 孩子作业按列分组收发，组与组之间交错重叠，切莫一个方向。 2. 发作业本时，教师或值日生将作业发到每列排头，孩子从前往后传。	1. 流程管理是建立秩序最重要的环节。 2. 依序发与收，会最大限度地节约上课时间，是尊重生命的表现。一节课只有四十分钟，随意浪费时	1. 初始年级第一个月零起点培养，一个环节一个环节落实训练，切莫只停留在口头说教，要示范，要技能演示。 2. 各学科教师是收发作业

续表5

名称	要求	教育价值解读	培训建议
	3. 收作业本时，由后往前传，后一个同学依序将自己的作业本放在前一个同学的作业本下面，教师批阅后，新重叠起来的作业本刚好与发作业本时的顺序吻合。 4. 排头同学收齐小组同学的作业本后，置于书桌的左上角，等待值日生或者科代表领取。	间将影响教学的高效和质量。 3. 将每一个环节进行固化，便于教师在第一时间发现教学中存在的问题。 4. 培养孩子的自主管理能力。	的第一责任人，要在每一节课堂、每一次作业中进行强化。 3. 习惯养成后，每学期开学第一周是强化巩固的最佳时机。 4. 定期或不定期地举办收发作业的展示活动。
下课	1. 下课铃响后，教师呼"下课"口令。 2. 值日生呼"静息"，全体孩子静息等候下课。 3. 值日生呼"起立"，全体起立，呈立正姿势，鞠躬45°，呼"老师，请休息"或"老师，再见!"；教师回礼："同学们，再见!" 4. 值日生提醒：请大家做好课后三件事：收拾学具、捡尽纸屑、规范桌椅，并请当堂任课教师签署《教学日志》，当堂任课教师要关注学生课后三件事完成情况，若有不规范，立刻纠正。 5. 学生做完课后三件事后，方可离开座位或出教室休息。 6. 如本节课后有眼保健操，本节课任课教师须在眼操完毕后下课。 7. 如若下节课要离开教室去功能室或室外上课，值日生关闭教室内所有电器的电源。	1. 从教师宣布下课、师生互致告别语后，一节课才叫结束，学生方可进行自由活动，避免了学生一听到铃声就吼叫甚至冲出教室的坏习惯，有效预防安全事故。 2. 规范摆放物品，是美，是和谐；起身看坐，将桌椅规范摆放，留出通道，危机时刻可给生命带来生的希望。 3. 每节课课后三件事的提醒有助于保证下节课的从容，经常提醒才能养成习惯，习惯融入血液便是优秀品质的彰显。 4. 随时检视电源，既节约资源，又有效预防安全事故。 5. 秩序与条理是生命强大的根基。	1. 从入校的第一节课开始，规范培养学生： （1）课桌椅对齐地面标线。 （2）捡尽自己视线范围内的纸屑。 （3）规范放置下节课学习用具。 2. 值日生（清洁委员）每节课下课要巡视本班课后三件事的落实情况。 3. 每节课教师要严格履行自己的职责，尤其是任课教师不要以为常规践行是班主任的事情，在每节课下课铃声响起后"草草收场"。习惯融入血液便是优秀品质的彰显。 4. 随时检视电源，既节约资源，又有效预防安全事故。

2. 保障项目——学习力专训。

2006 年，我开始持续研究学生学习力问题。我发现，所有孩子都渴望成绩优异，暂时的成绩差，根本不是态度问题，而是学习力问题，是"心有余而力不足"让孩子们持续经历失败后，最终对学习失去兴趣，慢慢转向消极和恶劣。要想成绩好，功夫在成绩之外，这是所有学科教师都必须正视的现实。时任成都市锦西外国语实验学校校长的我，将 3～6 年级各班最调皮、最难教、成绩最差的 42 个孩子组建成一个"特训班"，每天早上 7:50 到 8:30 进行 40 分钟的专门训练。半期过后，孩子的变化和成长带给了我惊喜和感动，也增强了我们持续训练的信心和决心。在训练中我们发现，自控力、注意力、观察力、思维力、记忆力、阅读力、想象力是决定学生个体学习效能、影响学生学业成绩的关键要素，是学生学习的基础力，我把它们称之为一个人的"学力素质"。配套学力素质的培养，我们用三年时间研发了三门课程——"基础学力""快速阅读"和"高效记忆"。三门课程分别放在第一学段、第二学段和第三学段实施，构成了小学学段学习力培训和提升的闭环，给予了学生学习的持久动力和保障，让学生真切感受到学习的快乐和轻松，整个生命状态蓬勃、激昂。

3. 主项目——语文教学法八大策略。

"整体语文教学"涵盖有关语文教学的八大策略：

①教材解读；

②分课时教学策略；

③单元整体教学策略；

④作文教学策略；

⑤课堂练习的形式与批阅；

⑥日常复习与应试策略；

⑦儿童阅读的实施与评价；

⑧语文实践活动的设计与实施。

第①项策略"教材解读"是所有策略的基础，假期中教师完成自主解读任务后，每学期开学前用两三天集中开展教材解读。教材解读提升的是教师把握教材、运用教材、驾驭教材的能力，第②③④⑤项策略是解决教材教学的问题，实现课堂教学的高质、高效；第⑥项策略是教会老师们依据"经验建构的规律和儿童身心发展的规律"合理复习，以最节约化的方式达成知识的过手和语文能力的提升。

　　第⑦⑧项策略是基于大语文观而设置，本质意义的语文教学质量是指学生语文素养的提升。因此，本质意义的语文教学质量的提升必须以阅读为基础和前提，课内的教材不论我们完成得有多好，也不能实现课程目标的完美达成。反过来，在课堂教学效益没有提高的情况下，单纯地谈课外阅读、海量阅读，是没有时间保障的。通过①～⑥项策略的实施将课堂效益提高后，才能节约出用于"儿童阅读"的时间。

　　因此，老师们在将前六项策略很好掌握后，就能实现把语文还给阅读，还给多种形式的语文实践活动的目标。这样，语文学习就有了充裕的时间，无论是课内阅读还是课外阅读，书本阅读还是电子阅读，主题阅读还是延展阅读，集中阅读还是自主阅读，经典诵读还是童书阅读，都能得以保证。如果每个学生平均每年阅读量达到 150 万～200 万字，6 年就能达到约千万字的阅读量。八大策略的全面推进，实现语文教学质量提升的目标便成为快乐而轻松的事情。

第二章

旧书不厌百回读
熟读深思子自知

——分课时教学，目标更落实

作为一名语文老师，你有着怎样的梦想呢？

是不是希望学生学得轻松一点？

是不是希望学生学得轻松成绩还挺好？

是不是希望自己在每节课堂能够体会语文教学的趣味与魅力？

是不是希望通过成就学生体味教育人的成感就和满足感？

……

事实呢？却非我们所愿。语文老师，是所有学科教师中较为辛苦的一族。辛苦就不说了，关键是辛苦付出后却没有成就感。中考、高考提分的不是我们语文学科，能够出成绩的也不是我们语文学科。

一位教师从入职开始算起，到自己退休，其间的三十多年，会听很多课，名师的课，优秀教师的课，各种各类赛课。听的时候你很激动，听完回家后，要想把所学用到自己的课堂，竟发现无从下手。原因何在呢？

示范课是给人看的。

研究课是拿来研究的。

理想很丰满，现实真的很骨感。

现实往往是，示范课，没有为常态语文做示范。研究，没有给到老师们抵达梦想的路径和方法。

在听取了数以千计的语文课之后，我发现，之所以梦想丢失，是因为一线语文教师有两项语文教学基本功缺失：

第一，如何设置和划分课时目标。

第二，如何将目标在课堂真正落实。

这两项基本功，不要说年轻老师，甚至有的有经验的老师和名优教师，对于课时目标的设置，也会有些模糊。常常在省市甚至国家级赛课中出现这样的情况：明明是第二课时的教学，开课居然从"课题质疑"开始！第一课时干什么去了呢？40分钟啊，学生难道连"课题质疑"都无法完成吗？如果我们的老师一辈子听的是这样的示范课、研究课，你说我们的教学质量怎么提升？

因此，不管你是什么流派，你主张什么，都请回到语文教学的原点：学会划分课时目标，让每节课都承担起它应有的使命和担当，让研究带来教师教育和教学行为的变化，让研究为高效优质的课堂提供真正的支持。

一、课时目标划分与表述

对于小学阶段的课文，不管篇幅多长，整体语文教学法一般主张用两课时教完（立足文本的系列主题实践活动除外）。

1. 课时目标划分。

如何划分两课时的教学目标呢？我们分别用两个词来表述：

第一课时：走近文本；第二课时：走进文本。

"走近"和"走进"两个词读音完全一样，但是，意思却相差甚远。第一课时的走近，你靠近的是文字本身，还没有进入到文本的内在。走近文本是基础，是前提；没有第一课时的走近文本，就一定不会有第二课时的走进文本。

(1)第一课时目标。

第一课时目标有三个维度：读通、读顺、读懂。

读通：将文本读得通畅，没有字词阻碍；

读顺：了解行文顺序，知晓文章结构，理清作者思路；

读懂：初步理解文章内容，知道写的什么和怎么写的。

（2）第二课时目标。

第二课时目标有四个维度：理解、体验、感悟、积累。

理解：理解文意，探究内容，揣摩方法；

体验：通过品读、赏读等方式体验文字表达的情感；

感悟：通过研读、议读等方式领悟文本诉说的主旨和内涵；

积累：在与文本多种形式的交流中丰富积累。

2. 课时目标表述。

课时目标划分和课时目标表述，前者是概念性和方向性的东西，后者是具体到每篇文本的、要到课堂上去落实的具体目标。如果一堂课的目标表述是放到任何一篇课文都可以用的，这样的目标没有任何意义。比如学习12个词语，掌握8个生字；初读课文，理解课文大概内容；流利、有感情地朗读课文……

有没有发现，这些所谓的目标，可以放到任何课文的第一课时，只需要把生字和生词的数量改一下而已。现实的教学中，这样的目标表述在一线教师的备课本上随处可见。目标是教学过程的"灯塔"，是要为教学过程导航的。这样的目标能导航吗？不能。目标不清晰，目标不能落实，是导致教学低效最初始的原因。

（1）第一课时目标表述。

设定一课时目标，需要从"读通、读顺、读懂"三个维度一一梳理，越清晰越好。

①读通。

文章要读得通畅没有阻碍，必须要将文本中的每一个字、每一个词、每一句话、每一个段落都熟悉。因此，读通包括以下目标：

字词目标：生字、生词，易错字词，读音差距较大的字词，难理解的字词，多音字、形近字等。

长句子：课文中的长句子，特别是在第一学段的时候，长句子常常就是孩子读通课文的阻碍。

重点段落：在一篇文章中，重点段落读起来会比一般段落困难些，在设定目标的时候，一定要列出来。

②读顺。

包括文章的段落，行文的顺序，文章的结构。一年级上期的读顺，包括给句子正确标记序号，知道通过句号、问号、感叹号来识别完整句子；给儿童诗标记小节，知道诗是分行写的。

行文顺序的表述千万不能用"事情发展的先后顺序、先总后分"这样的表述方式，这样的表述没有针对性。如果是叙事文章，你要清晰表述，要落实到具体的事件中去；如果文章是总分结构，你的表述要写清楚先总写什么，然后分别从哪些方面具体写。

③读懂。

写什么、怎么写、初步了解文本内容，三个方面的描述同样要具体，要有针对性。每一个段落、每一句话写什么，要勾画，要批注。"写什么"读懂的是事物，"怎么写"是指向事物的特点，或者事件的详细过程。因此，后者内容多，要明确告诉学生应该在文中怎样标记。只有这样清晰表述，你才能在真实的课堂教学中去落实。"正确标记和批注"相当于是课堂目标达成的评价方式，课堂结束后，老师通过学生的文本留痕就能对学生的学习成效进行准确把握。

"整体语文教学"是适合全学段的教学，因此，不管是第一学段还是第二学段、第三学段，你都要这样进行目标划分和目标表述。三个学段，我们分别拿一篇课文来做示例。

示例　第一学段第一课时目标表述

《四季》是统编教材一年级的课文，第一课时目标可以这样表述：

一、读通

1.会认"尖、说、春"等10个生字，会写"天、四、是"3个生字，学习多音字"地"。

2.正确朗读词语和短语：草芽、尖尖、小鸟、春天、荷叶、圆圆、青蛙、夏天、谷穗、弯弯、鞠着躬、秋天、雪人、顽皮地说、冬天。

3.读通句子，并能根据句子结构断句。

什么怎么样（草芽尖尖）。

谁是什么（我是春天）。

怎么样地说（顽皮地说）。

二、读懂

1.读课文，在文章中圈出"谁在说话，对谁说话，怎样说话，说了什么"。

2. 根据字形理解"尖尖"的意思，根据构造法理解叠词"圆圆、弯弯"的意思。

3. 明白四个小节分别通过"草芽、荷叶、谷穗、雪人"四种事物写出了四个季节的特点，第一行写事物的样子，第二行写对谁说，第三行写各自是什么季节。

三、读顺课文

1. 知道文章用四个小节写了一年的四个季节，并标出小节序号。

2. 发现第一、二小节结构完全相似，第三、四小节第二行结构完全相同，比对第四小节第一行与前三小节的不同。

低年级，正是需要夯实阅读基础的时候，因此，读懂部分，重在让学生通过内容明了结构。但是，不是让你去讲句子的结构，而是要以读代讲，让学生在读中去感知，去感悟。等到初中和高中学习句子语法的时候，孩子早已习得了这样的能力。

我们看到读通目标的第三个小目标是：读通句子，并能根据句子结构断句。在教学过程中怎样去实现呢？刚才说了，第一学段语文教学，包括整个小学阶段，都不要给学生讲语法，要以读代讲。"以读代讲"怎么实现呢？在这儿以"草芽尖尖"给大家做个示范：

什么尖尖？突出"草芽"读句子。

草芽怎么样？突出"尖尖"读句子。

这就是以读代讲，问题的提出不是让学生回答，而是通过读去体会。在第一次读中，学生会突出"草芽"表示事物名称的词；在第二次读中，学生会突出表示事物特点的词"尖尖"。通过这样的读，学生不仅读通了句子，学会了正确断句，词语搭配的能力也得到了培养。

示例 第二学段第一课时目标表述

《牛和鹅》是一篇哲理性特别强的文章，安排在统编教材的四年级。第一课时目标可以这样表述：

一、读通

1. 认识"谓、拳、捶"等 10 个生字，会写"摸、甚、跪"等 15

个生字。能正确读写"甚至、故意、扑打"等14个词语。

2.读通重点句子。

(1)欺负牛、害怕鹅的句子：

①我们看到牛一点儿不害怕，敢用手拍它的背、摸它的肚子，甚至敢用树枝去触它的屁股呢！有的孩子还敢扳牛角，叫它跪下来，然后骑到牛背上去。

②我们看到鹅，那就完全两样了：总是远远地站在安全的地方，才敢看它。要是在路上碰到鹅，就得绕个大圈子才敢走过去。

(2)描写鹅神气活现的句子：

①鹅听见了，就竖起头来，侧着眼睛看了看，竟爬到岸上，一摇一摆地、神气地朝我们走过来；还伸长脖子，吭吭地叫着，扑打着大翅膀，好像在它们眼里根本没有我们这些人似的。

②它赶上了我，吭吭，它张开嘴巴，一口就咬住了我当胸的衣襟，拉住我不放。

③它用全身的力量来拖我，啄我，扇动翅膀来打我。

(3)描写鹅狼狈逃窜的句子：

他轻轻地把鹅提了起来，然后就像摔一个酒瓶似的，呼的一下，把这只老公鹅摔到半空中。它张开翅膀，啪啪啪地落到池塘中。这一下，其余三只鹅也怕了，纷纷张开翅膀，跳进了池塘里，向远处游去。

(4)态度改变后的句子：

①我记住了金奎叔的话，从此不再怕鹅了。有什么可怕的！它虽然把我们看得比它小，可我们实在比它强啊！

②看到牛，我也不再无缘无故欺负它了，我觉得它虽然把我们看得比它大，可我们平白地去欺负它干吗？

二、读顺

全文以对待鹅与牛的态度为线索，共分为三个部分。

第一部分（1～4自然段）：小孩子们怕鹅、欺负牛。

第二部分（5～12自然段）："我"被鹅追赶、欺负。

第三部分（13～15自然段）："我"对鹅和牛的态度发生改变。

三、读懂

1.读懂故事情节：课文是按事情发展顺序来写的，先写"我"怕鹅、欺负牛，再写"我"被鹅追赶，最后写"我"对鹅和牛的态度发生改变。

2.正确勾画和标记。

（1）"我"对鹅和牛的态度的句、段；

（2）"我"和金奎叔对待鹅的做法的句、段；

（3）鹅之前和之后对"我"的行为的句、段。

📖 示例　　第三学段第一课时目标表述

《将相和》是小学语文第三学段的经典课文，立足"读通、读顺、读懂"，一课时目标可以这样描述：

一、读通

1.通过课文学习，学生会认生字16个，会写"召、臣、议"等12个生字，学习多音字"将、强、划"。

2.正确朗读"无价之宝、召集、大臣"等15个词语。

3.读通重点句子。

（1）我廉颇立下了那么多战功。他蔺相如就靠一张嘴，反而爬到我头上去。要是我碰见他，一定要让他下不了台！

（2）如果秦国提出用城换璧，我国却不答应，那理亏的是我们。如果我们把和氏璧给了秦国，秦国却不给我们十五座城，那理亏的就是他们。我愿意带着和氏璧到秦国去。如果秦王真的拿十五座城来换，我就把璧交给他；如果他不肯交出十五座城，我一定把璧完好无缺地送回来。

（3）这块璧有点小毛病，让我指给您看。

（4）我看您并不想交付十五座城。现在璧在我手里，您要是强逼我，我的脑袋就和璧一起撞碎在这柱子上！

（5）秦国的国君历来不守信用，我怕有负赵王所托，已经让人把和氏璧送回赵国去了。如果您有诚意，先把十五座城交给我国，我国马上派人把璧送来。我们怎么敢为了一块璧而得罪强大的秦国呢？我知道欺骗了您是死罪，您可以杀了我，但请好好考虑我的话。

（6）赵王听说秦王擅长秦国的音乐，希望您能击缶助兴。

（7）您现在离我只有五步远。如果您不答应，我就跟您同归于尽！

（8）秦王我都不怕，会怕廉将军吗？秦王之所以不敢进攻我们赵国，就是因为有我们两个人在。如果我们俩闹不和，就会削弱赵国的力量，秦国必然乘机来攻打我们。我之所以避着廉将军，为的是我们赵国啊！

二、读懂

能够在提高阅读速度的基础上，把握故事情节：课文由三个小故事组成，它们紧密联系。第二个故事是第一个故事的发展；前两个故事的结果，又是第三个故事的起因，合起来构成"将相和"这一完整曲折的故事。

三、读顺

1. 文章共有 17 个自然段，正确标记。

2. 文章分为三个部分，在文章恰当的位置完成标记。

第一部分（第 1～9 自然段）：完璧归赵。

第二部分（第 10～14 自然段）：渑池之会。

第三部分（第 15～17 自然段）：负荆请罪。

（2）第二课时目标表述。

第二课时目标要从四个维度进行设定，语言表述看起来比第一课时简单，但是，每一个目标的实现更具内涵和挑战。我常常说，第一课时更多考验的是教师的态度，只要认真，只要功夫下够，很快可以掌握。但第二课时不行，第二课时考验的是教师的积累，是文化的功力和功底。如果对教材解读不到位，文本诉说的内涵自己都没有领会，第二课时设定的目标很可能就是"浅尝辄止"。

①理解。

第二课时的理解，不同于第一课时的读懂，而是进一步去理解关键词句在具体语境中的意思和表达的情意；赏析文章中的优美句段，辨别词语的感情色彩，体会表达效果；在理解课文的过程中，明了常见标点符号的用法和作用。

②体验。

我们说过，真正的语文教学是借助文本搭建的平台，引领学生在文化与人性的园中诗意地行走，在文字的行走间丰富学生的情感。缺少情感带入的语文，不是语文。对于阅读中的情感体验，课标在第一、第二、第三学段给出了这样的要求——

第一学段："向往美好的情境，关心自然和生命"；

第二学段："体会文章表达的思想感情，关心作品中人物的命运和喜怒哀乐"；

第三学段："受到优秀作品的感染和激励，向往和追求美好的理想"。

每一篇文章，学生需要通过文字获得什么体验，在设置教学目标的时候，必须明确。需要提醒的是，不管是什么样的情感，都要从文字中来，最后又回到文字中去，要带着孩子去反复体味文字，要去品读、赏读，体验绝不是离开"读"的单纯的老师讲授。

③感悟。

入选教材的作品，都是在人类文明的长河中熠熠生辉的优秀作品。这些作品，它们的主题与主旨，早就历经岁月检验而具有了恒久的价值，每一篇作品都彰显着人类前行的意义。因此，我们需要对文本表达的主旨进行文化、人性、哲学层面的解读，扎牢学生积极向上的人生观、价值观和世界观，让孩子成为这个社会积极昂扬的一道曙光。

比如《卖火柴的小女孩》就不能仅限于对小女孩悲惨遭遇的同情，而是通过小女孩明知道所有的东西都要消失还要继续擦、不停地擦，直至生命的最后时刻，让学生感悟：不管身处怎样的境地，始终要心怀美好，永远不要放弃对光明和幸福的追求；《巨人的花园》要通过故事的阅读感悟何谓"巨人"，不是你有高大壮硕的身躯就可以称为巨人，而是心中有大爱、有对万物的接纳才可以称为巨人；《鸟的天堂》在欣赏了大榕树的壮美和鸟儿的自由欢畅之后，要引导孩子重回文本，由"农民不许人去捉它们"去明白，有爱的地方就有天堂……这些人性美好的东西，是文字真正的力量。唯有将教学定位在这样的层面，孩子的生命才能一天天走向润泽，一天天充满力量，这是语文教学真正的意义。

④积累。

生活中，你一定不会发现有两个人对世界的表达是一模一样的。每一个人，无论是表达个人，还是与外界万物的语言联结，都是个性化的。所以，阅读教学在课堂完成的是通过语言的积累形成自己的言语表达系统。积累的过程是储存，储存到一定量的时候，孩子自然满溢出来。这里顺便说一下作文，从来就没有离开阅读、离开积累的单纯的写作练习。阅读教学，要帮助孩子们完成语言的积累、阅读方法的积累、表达方法的积累，让他们拿到一生阅读和表达的技能，最终实现自主阅读、自主学习和个性表达。

示例 第一学段第二课时目标表述

《一次比一次有进步》是一年级一册的课文，虽然是起始年级，但仍然要在一课时读通读顺、读懂的基础上，编制理解、体验、感悟、积累的目标。

1. 理解课文内容，知道小燕子的三次发现以及妈妈对小燕子三次发现的评价，在读中理解"三次发现"与"三次评价"之间的内在联系。

2. 有感情地朗读课文，体会小燕子不断拥有发现的惊喜以及燕子妈妈一直给小燕子的鼓励和最后对小燕子的赞赏。

3. 品读妈妈三次要求和三次评价的句子，学会准确用词和精确表达。

妈妈三次要求：你到菜园去、你能不能再去看看、你能不能再去仔细看看。

妈妈的三次评价：你说得对、很好、你一次比一次有进步。

4. 感悟生活中细微的发现需要精细、认真的观察；明白为什么课文最后，燕子妈妈笑了：坚持、不放弃是生命真正的成长。

由于一年级课文比较短小，老师们将第一、二课时的教学技能习得后，可以对第一、二课时的教学目标进行调整，第一课时就可以完成教材文本的学习，第二课时分为两个 20 分钟，前 20 分钟完成生字抄写、处理练习，后 20 分钟师生共读一本绘本，将课外阅读的起步放在课内完成。这样，一学期下来，课内师生共读绘本会超过 100 本，当学生的绘本阅读超过 100 本之后，识字量基本上可以达到 1000 字。所以，坚持用"整体语文教学"的班级，孩子们在第二学期，最多第三学期，就可以实现自主阅读。

示例 第二学段第二课时目标表述

第二学段第二课时目标的表述我们仍然以《牛和鹅》为例，在第一课时读通、读顺、读懂的基础上，这样设置第二课时目标：

1.通过对比研读"我"见到鹅和被鹅袭击时的心情及见到牛和对牛的态度，明了角度不同带来的结果不同。

2.抓关键词品读，体会牛被看小后的驯服和温顺，鹅被看大后的嚣张、凶狠，以及"我"被鹅追逐的恐慌和害怕。

3.通过学习，掌握概括课文主要内容的方法；抓住关键语句，揣摩人物的心情及心理活动的方法。

4.通过现实中的鹅与"我"态度中鹅的比对，感悟其中的哲理，并内化生长出生命的智慧：对于生命中的各种困难和挫折，看小变小，人生是坦途；看大变大，人生总受阻。人生顺逆，全在看问题的角度。

我们可以将《牛和鹅》两个课时的目标进行比对，前者读通、读顺、读懂，为第二课时教学目标的达成做了充分的准备。第二课时的教学，在第一课时学生充分读通、读顺、读懂的基础上完成了四大目标：理解"态度不同，结果不同"；体验"牛的温顺""鹅的嚣张"和"我"的害怕；感悟"人生顺逆，全在看问题的角度"；积累概括课文内容的方法和抓关键词揣摩人物心情、心理的方法。两个课时各自承担自己的任务，为文本目标的达成、为语文的深度学习保驾护航。

示例 第三学段第二课时目标表述

《草船借箭》是放在第三学段的一篇经典课文，第二课时目标可以这样描述：

1.紧扣"神机妙算"，从"天气、人"两个方面理解"神机妙算"；抓住"借箭"过程中的策略，理解"机"的"妙"，进而理解"神机妙算"。

2.诸葛亮如何用机智巧妙将其化作计谋，成功"草船借箭"。

3.抓住故事中人物语言、动作、神态以及心理活动等描写中的关键词句品读，感悟故事中人物的特点，体会诸葛亮上知天文、下知地理的博学多识和神机妙算。

4.通过学习，为孩子打开一扇"走进古典名著"的窗，推进延展阅读。

不管是第一学段，还是第二、第三学段，第二课时教学目标的表述都要围绕第二课时"理解、体验、感悟、积累"四个维度展开，清晰的目标才能确保课堂教学的有序和高效。

二、如何进行分课时教学设计

语文教学最大的弊端在"讲懂"，而不是让学生"读懂"。课堂上，我们没有让学生充分读书，我们喜欢的是滔滔不绝地讲。我们惧怕课堂的宁静，我们担心把大把的时间给了学生后，课堂就不再像课堂。虽然语文课程标准在 2001 年就倡导以读代讲，但直到今天，语文课堂真正让学生读书的，仍然鲜见。无论是第一课时教学，还是第二课时教学，都要紧紧抓住"读"这条主线。由于第一、二课时目标不同，所以第一、二课时教学中的读当然也不同。

1. 第一课时教学设计。

（1）第一课时教学设计原则。

第一课时要完成读通、读顺、读懂三大目标，对于教材中的每一个字都不能忽略。第一课时教学设计需遵循三个原则。

①精准找到文章线索。

整体语文教学最大的特点是从文本的整体出发，不能碎碎念，不能让教学陷入一问一答式。如何精准找到文章线索呢？给大家推荐两个办法。

第一，紧扣课题，从课题寻找线索。

文章的题目是文眼，百分之九十以上的文章，可以从课题找到线索。

《夜莺之歌》：夜莺和歌一定是文章的线索；

《四季》：春、夏、秋、冬四个季节就是文章的线索；

《鸟的天堂》：天堂和鸟是文章的线索；

《父爱之舟》：父爱和舟是文章的线索；

《穷人》：穷是文章的线索；

《卖火柴的小女孩》：火柴和小女孩是文章的线索。

老师们解读文本的时候，一定要将题目好好读，好好思量。只要找到文章的线索，在后面进行教学设计的时候，才会有整体感。

第二，课后问题中去寻找线索。

教材的编写者，常常把文章的线索放在文章后面的思考题中。

《西门豹治邺》文末的第二道题是：找出 10~14 自然段中描写西门豹言行的句子，说说西门豹惩治巫婆和官绅的办法好在哪里。细读题干，你就知道西门豹惩治巫婆和官绅是文章的线索，也是文章的重点。

《月光曲》的第一道思考题：说说贝多芬为什么弹琴给盲姑娘听，为什么弹完一曲又弹一曲。仔细琢磨，"两首曲子分别是在什么情况下弹奏"便是文章的线索。

②问题不超过三个。

找到文章的线索后，要紧扣线索设计问题串通文本学习。为了确保教学的整体性，学习问题的预设尽量控制在三个以内。三十多年的教学实践，我发现围绕线索设计的主干问题，一般不会超过三个。

以《夜莺之歌》为例，找到"夜莺"和"歌"两条线索后，可设计三个题目：

夜莺是谁?

找出描写夜莺歌声的段落或句子。

几处歌声是在什么情况下响起的?

三个问题逐一读懂，文章自然就读懂了。这篇文章篇幅很长，如果不能找到有效线索，教学就会陷入不断的追问中，导致学习既无趣又低效。

《黑孩子罗伯特》是一篇六年级课文，找到"黑"这条线索后，设计三个问题便可将文章读顺、读懂：

课题"黑孩子罗伯特"中的"黑"仅仅指肤色?

课文哪些段落读出生活的"黑"?

一片漆黑中有没有光亮? 从哪些地方读出?

《父爱之舟》的主干问题可以这样设计：

全文写了几个场景?

七个场景中父亲做了什么?

找出七个场景中描写儿子的部分。

《父爱之舟》一共写了七个场景，每个场景也并非"同一地点"。如果学习的主干问题设计不当，会非常零散和琐碎。激发学生学习兴趣的课堂，如同一首旋律优美的曲子，课堂教学环节一定要尽量避免单调的重复，不能出现"同一旋律、同一节奏"几分钟甚至更长时间"单曲循环"的情况。

③舍得给时间让学生读书。

"整体语文教学法"主张不预习，包括要求学生在学习课文之前将"课文读三遍"也不准，一切学习任务均在课堂内完成。要达成这样的目标，教师的教学方法必须从"以讲代读"彻底转变为"以读代讲"，把课堂时间最大限度还给孩子，给到足够的时间让孩子充分读书。

示例一 《黑孩子罗伯特》第一课时的教学设计

我们以《黑孩子罗伯特》第一课时的教学设计为例，看看 40 分钟的课堂，孩子们有多少时间在读书。

一、课题导入

1. 读课题。

2. 了解背景。

二、锁定"黑暗"，读懂课文

1. 自读，找出遭遇黑暗的句段。

2. 交流，订正。

3.5 分钟自由练读。

4. 理解"黑"的第二层意思：黑暗、孤独、冢落、贫穷……

三、锁定"光亮"，读懂课文

1. 自读，找出与"黑暗"对应的、带来光明和希望的内容，批注。

2. 交流，订正。

3.5 分钟自由练读。

四、以"光亮"几处句子为线索，读懂、读顺课文

1. 锁定第 1~3 句，读第 2~5 自然段，明了愿望。

2. 锁定第 4~5 句，读第 6~7 自然段，明了实现愿望的行动——攒钱。

3. 锁定第 6 句，读 8~15 自然段，明了捐钱。

4. 锁定第 7 句，读第 16~20 自然段，明了参加葬礼，得到拥抱。

5. 读一段，明了文章整体结构。

五、学习生字生词，完成课堂练习

以上五个环节中，除开第一个环节"课题导入"和最后一个环节"学习生字生词"，中间的三个环节几乎都是学生的读。浏览、带着问题自读、规定时间练读、目标锁定阅读……把各种形式的读加起来，整堂课学生读书的时间不低于30分钟。

教学中，要把足够的时间让给孩子们读书，需要老师在上课的时候，控制住自己讲的欲望，这一点很不容易做到。我观察过很多老师的课堂，一旦在课堂上几分钟不说话，他们就心里发慌，他们害怕学生"安静地学习"。判断第一课时是不是把足够的时间还给了学生，我们可以将教学设计中老师讲的部分串起来念念，若没有超过8分钟，说明就是合适的；若超过了8分钟，那一定是话说多了。老师们在进行整体语文教学实践的时候，可以把"8分钟"作为一个标准来衡量。

（2）第一课时教学中的读。

第一课时教学中的读，形式很多，包括了"默读、小声读、自由读、浏览、目标锁定阅读、练读、对读、引读、合作读、抽取式读、猜读、推想读"等多种方式。所有的读，有共同的特点，一是整体性，二是要有一定的速度。所以，在第一课时的教学中，不提倡"齐读"和"大声读"。

①默读。

《义务教育语文课程标准》在第三学段对默读提出了这样的要求："默读有一定的速度，默读一般读物每分钟不少于300字。"每分钟300字，这是对第三学段学生的最低要求，也就是所有学生在第三学段结束的时候，都要达到这个目标。这一目标要实现，必须从第一学段开始在每一节课堂对学生进行有效训练。

②小声读。

小声读不同于默读，读时要出声，只不过声音小。声音小到什么程度呢？评判标准有两个：一是自己听得到即可；二是声音不影响阅读速度。小声读可以帮助学生实现"眼、口、脑"三体协同，对伶俐口齿大有裨益。

③自由读。

给了阅读任务后，在不影响他人的前提下，让学生自主选择阅读方式，什么样的方式能帮助自己快速完成阅读任务就选择什么样的方式。

④浏览。

无论是第一课时还是第二课时，整体语文教学都强调对学习材料的整体把握。因此，课堂上随时都需要学生对文本进行整体感知，整体感知文本内容采用浏览方式特别好。

⑤目标锁定阅读。

阅读的有效性常常表现为课堂上的"任务驱动阅读"。任务驱动阅读指学生在阅读前带着任务出发，也就是锁定阅读目标，在最短的时间里从文本中找到指定信息。这一阅读方式能够帮助学生在阅读时有意识地过滤掉与阅读任务不相关的多余信息，有效提高阅读速度。

⑥对读。

"对"即相对之意，跟"分角色读"有不同，可以是内容上的对读，也可以是结构上的对读。比如《瀑布》一文中的第一小节：

还没看见瀑布，

先听见瀑布的声音，

好像叠叠的浪涌上岸滩，

又像阵阵的风吹过松林。

内容上的对读：叠叠的浪涌上岸滩——阵阵的风吹过松林。

结构上的对读：叠叠的浪——阵阵的风；浪涌岸滩——风吹松林。

此外，事物前后样子的比对，都适合采用"对读"方式。比如《牛和鹅》中，鹅前、后的样子；《巨人的花园》中，花园在几个阶段中的样子。

⑦引读。

引读是师生课堂默契度的体现，是一种无须言说的"教"与"学"的共舞。某一时刻课堂的和谐，哪怕多一个字都会被打破，这时候最需要的就是"引读"。比如《父爱之舟》开课两分钟学生完成了"浏览全文"后，教师以"课文最短的段落是……"引导学生关注段落篇幅，学生迅速聚焦1段和10段，这时候，老师的一个"读"字，学生就可快速捧书诵读。有时候，甚至连"读"字都不要说，一个手势，一个眼神，就可导入引读。

⑧合作读。

合作读最常见的方式就是"分角色"读。但是，分角色读只是合作读的一种方式而已，一人一段、一组一句都是合作读。

⑨抽取式读。

抽取式读是将文本中的某一部分内容从整体中抽取出来，进行重点阅读。抽取式阅读在双线推进的文本中可广泛使用。

比如五年级课文《父爱之舟》，文中的七个场景，"父亲的做法"是主线，配合着这条主线，七个场景中还有儿子的描述。教学时，可先抽取出"父亲的做法"的内容读，读通、读懂了描写父亲的部分，再抽取描写儿子的内容阅读。

⑩练读。

在整体语文教学的课堂上，练读是最常见的一种方式。一般说来，在孩子们读懂了课文之后，教师会集中安排时间让学生持续练读，有3分钟的，有5分钟的。这个时候的课堂，真可谓书声琅琅。快的可能将练读内容读上五六遍，慢的也有三四遍，无论怎样，都胜过预习要求的回家"读三遍，家长签字"。

第一课时中的读不仅仅限于以上介绍的方式，根据不同的文本、不同的学习目标，合理安排恰当形式的读就好。

(3)第一学段生字教学完整步骤及教学意图解析。

生字生词的教学是要放在第一课时的。多年的教学观察，我发现识字教学存在两个方面的问题：一是许多环节走的是虚步，不落实，教者本人没有明白每一教学环节的目标和意图；二是将识记字形和指导书写混同。

第一学段生字教学若是没有走实，会影响学生识字方法的掌握和识字能力的形成。到了二年级下期和三年级，每篇课文的识字量增加后，老师们会顿感识字教学压力大，孩子们也会学得吃力，学得辛苦，甚至有的语文老师会在三年级的时候，患上"识字焦虑症"。老师常常把患上识字焦虑症的原因归结为"第二学段识字量大"。"第二学段识字量大"，这当然是个事实。但是，导致识字焦虑的却不是"识字量大"，而是一、二年级教学的疏忽。在一年级识字教学起步的时候，识字教学就必须扎实。通过多年的实践，我们不断对识字教学进行观察、反思，形成了完整的"第一学段识字教学步骤及价值解读"，如下表。

环节	步骤	设计意图解读	教学建议
一、学习生词	1. 小声自由读生词。	通过小声自由读，学生对当下学习任务进行自我测试和自我评估，为后面的学习做准备。	强调小声自由读。如果齐读，立刻叫停纠正，低年级教师或指定小组示范。
	2. "小老师"教读生词。	充分利用学生资源，给优秀的孩子平台，给后进的孩子调整跟上的机会。自读时不熟悉的部分，孩子在学习中会特别专注，自我评判和自我调整能力得到培养。	1. 三个或四个生词为一组，一人一组轮流，给更多孩子机会。 2. 建议"小老师"领一遍，学生跟读两遍。

续表1

环节	步骤		设计意图解读	教学建议
	3. 去掉音节读生词。		经过两轮带音节读，学生对生词的读音已经矫正并掌握，去掉音节读，既是对学习步骤的逻辑推进，也是对学生是否真正掌握生词读音的检测。	去掉音节读生词形式：齐读、单排火车读、双排火车读、分男女生读、我指你读……
二、学习会认的字	1. 自读要求会认的字（课后认字表）。		通过自我认读，对是否能正确认读生字做出评判，知晓自己离当下成功标准的距离。	提醒小声自读，注意字正腔圆，不抢读，发音一定要到位。
	2. 齐读要求会认的字。		通过齐读，修正个别生字读音，给自读时有困难者提供调整和跟上团队学习步伐的机会。	建议每个字读两遍，强调字正腔圆。
	3. 指导课堂笔记。 （1）注音。 （2）音序。		书写强化记忆，每节课书写每节课强化，在学习的每一个时刻提升质量。	生字注音及音序约定写在生字上方。
三、学习会写的字	音	1. 认读要求会写的字。	从字音入手，过"会写生字"的读音关。	注意音准，前后鼻音、平翘舌音、方言差距较大的音重点关注和提醒。
		2. 指导课堂笔记。 （1）生字注音。 （2）音序。 （3）多音字。	1. 注音：书写强化记忆，检测知识是否真正过手。 2. 音序：复习旧知，巩固音序查字法。 3. 多音字：在学习中不断积累、复习和巩固。	1. 一年级上期逐个生字做笔记，下期可以三至四个生字分组笔记。随着年级升高，逐渐放手到"整课、整单元"。 2. 从字义出发识记多音字，注意多音字的书写格式。
	义	3. 扩词。 (1)学生口头组词。 （2）老师板书示范，学生做笔记，至少两个词语。	1. 调动学生已有经验，通过扩词理解生字意思。在日积月累中增大词汇量，积累好词。在纠正错误扩词中适当补充同音字，区分同音字义。 2. 学会用替代符号组词，既节省了课堂时间，也可以把此方法用于字典中的词语认读。	1. 一年级上期发言学生组词，其余学生跟读两遍。 2. 注意生字在扩词中的位置，提醒可前可后，鼓励组四字词。 3. 一年级上期逐个生字做笔记组词，下期可以 2～4 个生字分组做笔记。随着年级的增高，逐渐放手。 4. 教师示范做笔记，第一次做笔记必须严格按照要求完成。 5. 约定班级的扩词位置和同音字笔记位置。

续表2

环节	步骤	设计意图解读	教学建议
形	4. 识记字形。 （1）自主寻找识记方法。 （2）抽生交流识记方法。 （3）形近字依序出现并做笔记。	1. 尊重并调动学生已有识字经验，让教学从学生的已知出发，让学生在生活中去发现和建构经验，培养在生活中识字的习惯。 2. 在加、减笔画，换部首等方法识记生字中，自然带出形近字。形近字不仅帮助学生建立新旧知识之间的联系，也在辨析中进一步巩固生字、了解字义。 3. 汉字是表义的文字，在字形识记中发现汉字之美，体验民族文化的博大精深，增强学生的文化自信。	1. 引导学生充分利用"六书"进行生字字形的识记。尤其是"象形、指事、会意、形声"四种方法要不断强化，"假借和转注"可在第三学段逐步让学生了解。 2. 独体字关注笔画，合体字关注结构：上下、左右、全包围、半包围等。 3. 在不违背汉字字理构造的前提下，鼓励学生用自己的方法识记生字：加一加、减一减、换一换等。 4. 规划形近字及拓展知识的笔记位置，初始年级老师投影示范或者给模板让学生明确标准。
	5. 随机书空字形。 （1）独体字笔顺笔画。 （2）形难字易错笔顺和笔画。	1. 书空字形帮助强化生字字形的识记。 2. 独立体基本上属于"300个基本汉字"，是汉字识记的基础。 3. 强调易错笔顺和笔画，是在记忆的关键点上着力，能起到四两拨千斤的功效。	一年级上期生字逐个按笔顺笔画书空，从第二学期起，可以书空形难生字和易错生字，随着年级的升高，逐渐放手。切莫让学生"一个笔画一个笔画记生字"，这不符合汉字的字理。
	6. 四体并用识记生字。	眼、手、口、脑四体并用识记生字，调动学生多种感官，科学高效识记生字，同时培养专注力。	初始年级教师示范，并在每一节课堂强化训练。
	7. 课堂检测（我念你写）。	课堂检测便于及时发现问题，迅速做出调整与改正。	提醒学生不会写的字用手指标记序号，课堂检测完毕后立刻再书空。
书写	1. 指导书写。 （1）观察生字占位，关键笔画为"起笔、收笔、压线"等。 （2）抽学生交流。 （3）教师示范，学生书空。	1. 学生自主观察，对汉字在田字格中的占位有整体了解。 2. 交流中老师进行引导和提示，帮助学生掌握正确的观察方法，弥补自我观察的疏漏。 3. 教师示范时学生书空，培养孩子的专注力。	1. 放手让学生观察，引导学生用准确规范的语言表达生字占位。 2. 第一学段教学中教师示范书写尤为重要，教师须在田字格中规范、认真书写。 3. 关注学生握笔姿势和书写姿势。

续表3

环节	步骤	设计意图解读	教学建议
	（4）学生描红并在书上写一个。 （5）在习拼本写带头字。 2.学生完成书写和课堂练习。	4.观察、交流、示范、描红、独立书写，学习过程内在逻辑清晰，遵循了经验建构的规律。 5.在习拼本上写带头字，强化汉字书写的印象，并为生字抄写做准备，真切感受汉字的书写美。书写指导完毕后，学生安静书写，体会获得知识后的喜悦与成就，培养安静书写的习惯。	4.强调书写规范、标准，指导学生如何将汉字写漂亮。 5.课堂笔记当堂批阅。学生有错，及时改正。提醒学生一看、二默、三组词，提高书写速度。

　　一年级上期的识字教学，我们希望老师们按照以上教学环节执行。因为每一个教学环节，都有其设计意图，都有其明确的目标。教学扎实推进的结果，一定是孩子们识字方法的掌握和识字能力的提升。随着年级的升高，教学环节可逐步简化、统整。比如扩词笔记环节，一年级上册学生书写速度慢，为了规范格式，教师必须一个字一个字扩词示范后让学生做笔记，下册可以一次扩完两个字，再让学生做笔记；到了二年级，完全可以3～4个字一组，扩词后让学生独立做笔记；三年级可以所有生字扩词完毕后再完成笔记。而到了第三学段，一般是一个单元的生字集中一课时学习完毕，所有的识字练习都由学生独立完成，教师几乎不用再花费时间。作为教师需要记住的是：学生方法的掌握和能力的习得是一个渐进的过程，没有第一学段的耕耘，就不会有第三学段的收获。同样，我们在第一学段教学中的疏忽，都要由"第二学段和第三学段的辛苦劳作"来弥补。

　　（4）第一课时中的练习设计。

　　整体语文教学法最大的优势就是课堂效益高，怎么高上去的呢？是在整个教学的过程中，让练习贯穿教学的始终，彻底打破"课上不停讲、课下不停练"的局面。为了实现课堂的高效，我们对第一课时和第二课时的课堂练习设计做了非常明确的约定。

　　下表是第一课时教学"读通、读顺、读懂"三大任务完成中相对应的练习设计。练习的形式有很多，勾、画、圈、点都是练习；读、默、念、记也是练习。课堂练习可以单一方式随堂出现，也可以设计练习单集中练习，重要的是练习要有有效性。

课堂练习

课堂环节	练习内容	练习要求	完成时间及相关任务约定
读通	1. 会认生字注音。	生字和音节对应，规范书写。如有两排，上排生字注音在生字表上面，下排注音在生字表下面。	1. 去掉音节认读"会认的字"后立刻让学生完成此项作业。 2. 完成音节批注后可约定"读书、读生词"等任务，教师可依据读书人数的增加，准确判断学生完成作业的进度。
	2. 会写生字批注。	1. 该字的音序、音节、部首、除去部首有几画、扩两个词，扩词时按字典上的生字组词书写。如"袋"字组词：口～、～子、布～，5项要求分四行排列。 2. 批注与该字对应，规范书写，不超格，上排对应于上，下排对应于下，如有中排按生字数量平均合理分配写在该田字格两边。 3. 一年级起生字批注逐一指导，2年级3～4个字一组，第二学段整体打包批注，第三学段可以安排一节课完成整单元生字学习。	1. 认读"会写的字"后进行扩词练习，扩词后立刻完成此项作业。 2. 完成音节批注后可约定"读书、读生词"等任务，教师可依据读书人数的增加，准确判断学生完成作业的进度。
	3. 多音字。	1. 写在课后生字那页空白处。 2. 师生共同约定一个地方规范书写，便于复习巩固时查看。	1. 在生字字音教学环节时生成并完成课堂笔记。 2. 在随文识字的过程中完成笔记。
	4. 形近字。	1. 形近字以分组的方式记录，可以两两组合以组词的形式出现。如： 代（　　）， 伐（　　）， 融（　　）， 隔（　　）。 2. 一个生字如有四五个甚至更多的形近字可只写母体字与相应的生字，不组词。如：某——煤、谋、媒；青——晴、睛、精、蜻、情、清。 3. 教师板书后指导学生写在约定的课后生字那页空白处。每组对应，规范书写。	1. 在识记生字字形的教学环节生成并完成课堂笔记。 2. 教者要特别注意：辨析形近字只是帮助识记字形，切不能与指导书写混为一体。

续表1

课堂环节	练习内容	练习要求	完成时间及相关任务约定
	5.抄写生字。	1.识记生字后指导学生观察生字在田字格中的占位，抓住起笔和压线等关键笔画，正确规范地书写在作业本上。指导书写时只写带头字。 2.书写格式2～1行：每字写两遍，组一个词，占位四格，一行完成两个生字的抄写，每个生字音节一个，大写字母一个（一年级时写两个音节）。	1.学生识记字形后，立刻引导学生观察生字书写：字的结构，在田字格中的占位等，指导后让学生写带头字。 2.课堂进行中只写带头字，当第一节课所有教学环节执行完毕之后留3～5分钟作为第一课时练习时间，继续完成课堂抄写，并组词。
读顺	批注与勾画	1.文章的自然段序号用阿拉伯数字"1. 2. 3"进行标注，数字后面加小点；句子序号用①②……标注。 2.文章的结构划分用双竖线在该部分最后的自然段后面标注，并规范书写出第几大段，包括哪些自然段，并简单概括。如《去年的树》一课，指导学生做课堂笔记：‖一（第1～4自然段）去年；‖二（第5～17自然段）今年。 3.表述文章行文顺序等的关键词句可批注、可直接在文中圈点。	1.在教学环节推进的过程中适时完成。 2.教师要及时关注学生批阅、勾画情况，注意学生完成批注的及时性，切不可在课堂拖拖拉拉。 3.所有学生都需要完成批注。
读懂	课文批注与勾画	1.用圈、点、横线、波浪线等符号勾画出文中写什么的句子和词句。 2.在相应的段落旁批注关于内容的主要信息。如《去年的树》，在相应段落旁边批注访问的人："树根、门先生、小女孩"，树的变化："木头、细条条儿、火柴、灯火"。	1.在教学环节推进的过程中适时完成。 2.完成时教师要及时关注学生批阅、勾画情况，注意学生完成批注的及时性，切不可在课堂拖拖拉拉。 3.所有学生都需要完成批注。

续表2

课堂环节	练习内容	练习要求	完成时间及相关任务约定
综合练习	课堂练习条或题单	1. 根据教学目标自行设计，练习形式大体涵盖以下内容： （1）生字生词的各类练习，尽量一个课时练习一至两种形式，课堂练习中将生字、生词出现的考查和练习方式穷尽。 （2）依据读顺的目标合理设计行文顺序、文章结构等方面的填空练习。 （3）依据读通的目标，设计基于文本内容、表达、修辞等方面的阅读练习。 2. 建议整单元备课时就设计出每一课的练习，打印在A4纸上后，裁成与课本同样长度的练习条，课前发给学生，夹在相应的课文中备用。	1. 综合练习放在第一课时教学环节完成后的最后几分钟。 2. 教师随学生完成节奏循环批阅。 3. 批阅后的练习条可以指导学生贴在语文书上，也可以用一个专门的练习本来集中，最后生成单元复习和阶段复习资料；最好的方式是一个单元的练习合并为一张题单，在教学中依序完成后将题单粘贴于单元末尾，便于单元复习和集中复习。 4. 最后一个环节跟学生约定多项任务：题单、生字抄写、课文朗读、课外阅读等。

注：批阅形式及监控要求

1. 充分利用课堂每一分钟，先完成的孩子可完成各时段约定的练习，既在读记中巩固知识，又让没完成的孩子产生紧迫感，形成你追我赶的竞争氛围，提高课堂效率，切不能让学生完成一项练习后就静息等候。

2. 学生完成时，教师位于一、二组和三、四组之间的两个通道上巡视，随学生完成进度依序循环批阅。

3. 在每一环节力争完成60%～80%的批阅，剩下的可在后面的批阅时段中跟进，当堂未批阅的作业必须在当天利用课余时间批阅并反馈。

4. 当面批阅，有问题及时指出纠正，督促学生马上改错。

5. 批阅后以等级或分数评定，并写上批改日期。

　　所有的练习都是随着教学进程的推进渐次完成的。在开始学习文本之前，学生的课本可以说是干干净净，但是，一节课学习完毕之后，课本上就留下了孩子们学习的印记。所谓"不动笔墨不读书"，在"整体语文教学"的课堂，有最好的体现。

　　统一约定学生勾画的符号和笔记的位置，相当于是给学生建立了一套快速学习系统。生字的四要素音序、音节、部首、笔画数要约定写在规定的位置；扩词采用字典里的简写方式；多音字和形近字规定写在生字表那一页的上方和下方。一般说来，孩子们读完二年级，笔记能力完全能实现自主，即便是班上发展水平稍稍滞后的孩子，文本的留痕也相当不错。"整体语文教学"主张"差也有道"，便是这个道理。孩子们因为先天的差异性，有可能成绩不尽如人意，但是，书写工整、美观，是所有人都可以做到的。在这样的氛围熏陶下，即便是班级中的所谓"差生"，放到一般的学校里，至少也是中等偏上。"整体语文教学"经过数十年的检验，无论是一个班级还是一所学校，基本可以做到消灭"90 分以下"现象。

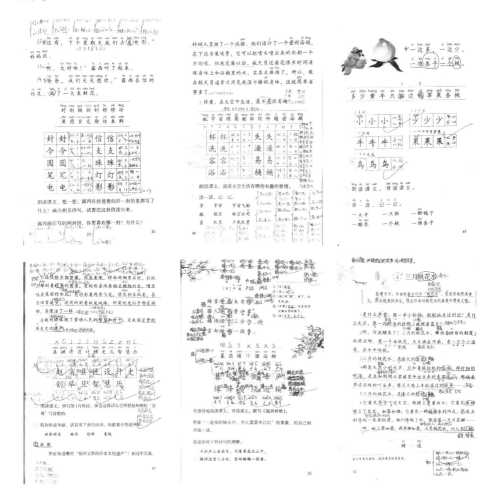

"整体语文教学法"不提倡预习，所有孩子在文本上的留痕均在课堂生成。课堂教学推进的过程，就是孩子们练习的过程。这样的练习，不仅让"学习"在课堂真实发生，也让孩子们养成了"动笔墨读书"的好习惯，从而受用一生。

（5）第一课时教学设计示例

示例一 第一学段第一课时教学设计

第一学段教学设计除遵循第一课时教学设计原则外，重点关注识字教学步骤。最好是严格按照第一学段识字教学步骤来安排教学。

《一次比一次有进步》第一课时教学设计

★教学目标

一、读通

1.通过课文学习，会认生字13个，会写"回、片、皮"3个生字。

2.正确朗读词语和短语。

一次　　冬瓜　　燕子　　什么　　样子　　再去　可是

仔细　　高兴　　发现　　说得对　一次比一次有进步

3．读通重点句子。

(1)菜园里，冬瓜躺在地上，茄子挂在枝上。

(2)妈妈三次说的话和最后表扬小燕子的话。

(3)小燕子三次说的话。

二、读懂

1.用波浪线勾出燕子妈妈说的话，用横线勾出小燕子说的话。

2.在第2～4自然段旁边分别批注：一看、二看、三看。

三、读顺

1.知道课文有4个自然段，正确标记自然段序号。

2.知道文章的结构是：第1自然段介绍茄子和冬瓜生长的地点，第2～4自然段写燕子妈妈和小燕子的三次对话。

★教学过程

一、读课题，整体感知

1.读课题。

今天，我们学习第15课，齐读课题《一次比一次有进步》。

2.学习生字"次"和词语"一次、一次比一次"。

"次"是生字，读音节。平舌音，再读。

读词"一次",两遍。

读"一次比一次",两遍。

一次比一次怎样? 突出"有进步",再读课题。

3.老师示范读课文,学生思考"谁做什么一次比一次有进步"。

学生一边听老师读课文,一边思考:谁做什么一次比一次有进步?

4. 交流。

谁做什么一次比一次有进步?(抽学生交流)

二、学习生词,为进一步读通、读懂课文做铺垫

一次　冬瓜皮　燕子　什么　样子　说得对

再去　可是　　仔细　高兴　发现　回来　　一片

1. 小声自由读生词。

学会了课文中的生字,再学课文就简单了。这是本课的生字生词,小声自由读。注意读准字音。

2. 小老师教读生词。

哪位小老师愿意来教教这些词语?(生字字音直呼两遍,齐读生词两遍)

3. 去掉拼音读生词。

齐读生词,两遍。(可以齐读,可以分组读,可以开火车读。)

4. 学习要求会认的生字。

次　瓜　燕　什　么　样　得　再　可　仔　细　兴　现

(1)认读会认的字。

这是本课要求会认的字,每个字读两遍,注意字正腔圆。

(2)"生字回家"游戏,进一步巩固字音。

现在,这些生字宝宝要出来找朋友了。找谁呢?找坐得端正、听得专心的小朋友。(教师调控学习行为,发放字音较难的生字卡)

燕,燕,在哪里?(学生拍手齐呼)

燕,燕,在这里!(持卡片学生回答,并走向讲台)

燕,燕!(学生齐读)

(其他生字依序通过游戏回家。除了生字回家,还可以玩开火车、我念你猜等游戏。)

(3)指认课后"认字表"中的生字。

手指认字表。每个字读两遍。

(4)给要求会认的字注音。

给生字标注音节。(学生完成生字注音有快有慢，教师巡视并完成部分生字注音的批阅。)

5.学习要求会写的生字。

(1)读字音。

本课有三个字要求我们会写，先读一读。

(2)完成生字"四维"笔记。

完成生字"四维"笔记：部首、除去部首笔画数、音序、音节。

(一年级第一次的笔记教师一定要做示范，要约定"四维"笔记内容书写的位置，切忌让学生随心所欲地写。)

(3)生字扩词，并完成笔记。

给生字扩词，谁来？

(学生组词，教师要关注：字序在前的，在后的，三字的，四字的，都要提醒，切忌词语中字序位置太一致，这会固化孩子的思维。比如"回家、回来"生字在前；"来回"生字在后；"回不去"三字词；"来来回回"四字词。教学的任何环节，教师都要注重以拓展学生思维为核心。)

完成笔记。

(一年级上期建议为一个生字扩词后即刻完成笔记，第一个月要将生字表写在黑板上，学生笔记时教师示范。)

(4)识记会写的字：回、片、皮。

用什么方法记住它们？

(鼓励学生用"生字识记十法"中的方法来记，同时列出形近字，学生完成课堂笔记。)

回：大口包小口，笔顺

片：笔顺

皮：笔顺

(5)"四体并用识记法"复习生字。

"四体并用识记法"一分钟强记识记，开始。

（这个环节是学生识记生字字形之后的强记。"四体并用识记法"是特别好的强记识记法，不能代替方法指导，尤其是易错笔画和部件的指导。）

都记住了吗？好，我念，你写。

回，回的第四画是……

片，片的第二画是……

皮，皮的第一画是……

（听写时，教师要对生字的易错点和难点进行提醒，独体字关注关键笔画。）

6. 指导书写会写的字。

（1）观察字形，描红练习。

学习顺序：观察——交流发现——跟老师练——描红——独立写一个。

（一年级练写字时教师要一个字一个字观察并指导，着重观察起笔或压线笔画。）

回：第四笔要在横中线起笔。

片："撇"从左上格中部靠近竖中线的地方起笔。

皮：第三笔"竖"从上半格的竖中线起笔，横中线收笔，压住竖中线。

（2）写带头字。

课堂作业本上写一个带头字，带拼音。

（学生写带头字也是有快有慢，注意"多项任务驱动"，先完成的孩子读生词，读了生词可以将生词带入课文，小声读课文。切忌先完成的孩子坐直等待，那是耽误时间。）

三、生词回文读通、读顺、读懂课文。

1. 读顺课文。

（1）标自然段序号。

现在，生词要回到课文中去了。孩子们，拿起铅笔，先给课文标出自然段序号。

（2）订正。

2.读通、读懂课文第一段。

(1)齐读课文第一段。

(2)体会"躺"。

菜园里，有什么呢？再读。

冬瓜在地上怎样？再读第二个小分句。

圈出"躺"，突出"躺"，再读。

(3)体会"挂"。

茄子什么样？哪一个词告诉我们？（抽学生）把"挂"字圈出。

突出"挂"读第三个小分句。

(4)一分钟练读第一段。（同桌互读）

3.读通、读懂课文第二段。

(1)读懂第一句话，完成勾画。

齐读第一句话。

妈妈说了什么？用波浪线勾画出妈妈说的话。

妈妈的要求是？再读妈妈说的话。

(2)读懂第二句话，完成勾画。

接着读。

小燕子告诉妈妈什么？用横线勾出小燕子说的话。

小燕子的发现是？再读小燕子的话。

(3)一分钟练读第二段。

(4)读懂第二段，完成笔记。

这是小燕子第几次去看冬瓜和茄子？（第一次）请孩子们在第二段的左边标注：一看。

4.读通、读懂课文第三段。

(1)小结第二段学习方法。

刚才我们学习第二段课文的时候，用波浪线勾画妈妈说的话，用横线勾画小燕子说的话。

(2)勾画人物说的话。

第三段，燕子妈妈和小燕子分别说了什么，也照样子勾画出来。完成了的孩子小声读。

（3）读懂妈妈和小燕子说的话。

妈妈说了什么？齐读。订正勾画。

小燕子说了什么？齐读，订正勾画。

（4）分组对读燕子妈妈和小燕子的对话。

一组小燕子，二组燕子妈妈，读。

交换，再读。

（5）读懂第三段，完成笔记。

这是小燕子第几次去看冬瓜和茄子？（第二次）第三段左边标记：二看。

5.读通、读懂课文第四段。

（1）勾画人物说的话。

最快的速度，勾出妈妈和小燕子说的话。

（2）两分钟练读燕子妈妈和小燕子说的话。

比比谁读的遍数多。

（3）检测练读效果。

一组小燕子，二组燕子妈妈，读。

男生小燕子，女生燕子妈妈，再读。

（4）读懂第四段，完成笔记。

第四段写小燕子第几次去看冬瓜和茄子？（第三次）第四段左边标记：三看。

（5）引读第三句话，小结全文。

燕子妈妈笑了，说——（全班读）

这是燕子妈妈对小燕子的？（称赞）

燕子妈妈称赞小燕子什么？再读。

四、读顺课文

1.回顾文章内容，读顺课文。

课文一共有几个自然段？写小燕子一共几次飞到菜园去看茄子和冬瓜？

2.完成课文内容填空练习。

《一次比一次有进步》写了小燕子（　　　）次飞到菜园子去看冬瓜

和茄子，第一次发现冬瓜（　　　），茄子（　　　）；第二次发现冬瓜是（　　　）的，茄子是（　　　）的；第三次发现冬瓜的皮上有（　　　），茄子的柄上有（　　　）。最后，燕子妈妈称赞小燕子（　　　　　　　）。

五、完成课堂练习

1.完成未完成的课堂笔记。

（教师查阅"生字、文本勾画、文本批注"，教师循环批阅。）

2.完成生字抄写2～1行（两个生字抄写一行）。

（教师巡视批阅，先完成的孩子读书。）

板书设计：

一次比一次有进步

	冬瓜	茄子	
一看	大	小	（大小）
二看	绿	紫	（颜色）
三看	有细毛	有小刺	（皮、柄）

示例　第二学段第一课时教学设计

第二学段第一课时教学设计与第一学段一课时教学设计相比，最大的区别在于"生字生词"的教学。孩子们经过了第一学段两年的学习，已经拥有了相当程度的自主识字能力，如果前两年的课堂教学抓得好，三、四年级的识字几乎可以放手。在识字教学的步骤上，不再像低年级那么细，很多学习步骤可以整合，充分照顾学生已经习得的识字能力。读通、读懂、读顺的教学目标要跟第二学段课标对"阅读与鉴赏"的要求同步。

《巨人的花园》第一课时教学设计

★教学目标

一、读通

1.通过课文学习，会认生字8个，会写"硕、允"等11个生字，积累"允、踪"的形近字。

2.正确朗读词语和短语：丰硕、允许、砌墙、覆盖、踪迹、呼啸、布告牌、重惩、一缕、搂着、自私、脸颊、拆除、叱责、凄凉。

3.读通重点、易错句子。

(1)小鸟们在树上唱着悦耳的歌,歌声是那么动听,孩子们都停止了游戏来听他们唱歌。

(2)于是,他在花园的四周砌起了一道高墙,挂出一块布告牌:禁止入内,违者重惩。

(3)小鸟不肯在他的花园里唱歌,因为那里没有孩子们的踪迹;桃树也忘了开花;偶尔有一朵美丽的花从草丛中伸出头来,可是一看见那块布告牌,就马上缩回到地里睡觉去了。

(4)雪用他的白色大衣覆盖着青草,霜把所有的树枝涂成了银色。

(5)从那以后,巨人的花园又成了孩子们的乐园。孩子们站在巨人的脚下,爬上巨人的肩膀,尽情地玩耍。

(6)我有许多美丽的花,可孩子们却是最美丽的花。

二、读懂

1.读懂课文从"可爱、凄凉、奇特、乐园"四个阶段描写了花园的样子,阶段不同,景物的特点也不同。

2.读懂花园不同阶段的样子是因为"巨人不一样的言行":

可爱:巨人去看朋友,一住七年。

凄凉:巨人叱责,立告示牌,不允许孩子们进入。

奇特:巨人拆除围墙,允许孩子们重回花园。

乐园:巨人欣赏孩子们,与孩子们一同玩耍。

3.勾画描写花园四个阶段样子的词句和四个阶段巨人相应言行的词句。

三、读顺

1.标出自然段。

2.课文按照事情发展的先后顺序,分为四个部分,在文中完成标记。

第一部分(第1~2自然段):可爱的花园。

第二部分(第3~9自然段):凄凉的花园。

第三部分(第10~13自然段):景象奇特的花园。

第四部分(第14~15自然段):花园又成了孩子们的乐园。

★教学过程

一、以花园为线索，整体感知，读懂描写花园的段落

1. 读课题，解课题。

今天，我们学习一篇新的课文，读课题。

提问读课题。

巨人的什么？第二遍读。

谁的花园？再读。

2. 扣课题，找出描写花园样子的句段。

巨人的花园是什么样子呢？快速默读课文，完成自读要求。

(1) 标出自然段。

(2) 找到描写花园样子的段落，用横线勾出，标记序号。

3. 订正，反馈自学情况。

全文共有15个自然段，描写花园景象的段落共有四处，分别在第2，7，11，14自然段。

4. 两分钟练读描写花园样子的4个段落。

两分钟练读4个段落，能读多少遍就读多少遍。

5. 给4个阶落的花园题词。

4个段落分别写出了花园怎样的特点呢？圈出文中的关键词。

订正：可爱——凄凉——奇特——乐园（教师板书）

二、以描写"花园样子"的段落为线索，读懂、读顺课文

1. 扣住"可爱"，读懂1～2自然段，知晓花园最初的样子

(1) 锁定课文第2自然段，读懂段落的总分结构。

我们先看第2自然段，快速默读，围绕哪个句子介绍的？

齐读第一句。

这是段落的中心句，请标记。

花园什么特点？再读句子，突出"可爱、大"。

总写花园特点的句子在段首，这样的段式结构叫什么？（标记"总分"）

(2) 读懂花园中的事物和事物的特点。

①找出事物名称的词。

从哪些事物读出花园的可爱？圈出事物名称的词。

订正：小鸟、桃树、花、孩子们

②读懂事物的样子。

这些事物什么样？用波浪线勾画。

引读句子，随文理解"丰硕"。

③两分钟练读两个自然段。

④引读一段，明确孩子们喜欢到花园玩的原因。

花园如此可爱，难怪——（引读第1自然段）

孩子们喜欢到花园玩，是因为此时的花园是什么样的？（板书：可爱）

2.学法迁移，自主阅读花园的"凄凉"和"奇特"，读懂花园的变化

(1)小结第2自然段学法。

读懂花园的可爱，我们分成三步：

①圈出表示事物名称的词；

②波浪线勾画事物的特点；

③两分钟练读。

(2)学法迁移，自主阅读第7自然段和第11自然段。

用这样的方法，完成第7自然段和第11自然段的阅读。

①圈出表示事物名称的词；

②波浪线勾画事物的特点；

③分别用两分钟练读。

(3)锁定第7自然段，读懂"凄凉"。

①曾经的事物。

小鸟：不肯在他的花园里唱歌，因为那里没有孩子们的踪迹。

桃树：忘了开花。

花：偶尔有一朵美丽的花从草丛中伸出头来，可是一看见那块布告牌，就马上缩回到地里睡觉去了。

孩子们：那些可怜的孩子们现在没有地方玩了，只能在高墙外面转来转去，谈论着墙内美丽的花园。"我们从前在那儿是多么快乐啊!"他们都这样说。

②增加的事物。

雪：用他的白色大衣覆盖着青草。

霜：把所有的树枝涂成了银色。

北风：身上裹着皮衣，整天在花园里呼啸着。

雹：每天总要在屋顶上闹三个钟头，然后又在花园里绕着圈子用力跑。

③学习易错字词。

偶尔 缩回 踪迹 覆盖 呼啸 雪 雹 霜

观察"雪、霜、雹"，什么发现？（都是"雨字头"）为什么？

还知道哪些与气象有关的现象？（雷、霞、露、雾、霾……）

（4）锁定第 11 自然段，读懂"奇特"。

第 11 自然段写花园的景象很奇特，是因为什么？

①可爱的景象。

他以为是国王的乐队从门外走过，其实是一只小小的梅花雀在窗外唱歌。

雹停止了疯闹，北风也不再吼叫，一缕阳光从窗外射进来。

孩子们从墙上一个小洞爬进花园来了，他们都坐在桃树上。

桃树看见孩子们回来十分高兴，纷纷用花朵把自己装饰起来，还在孩子们头上轻轻地舞动胳膊。小鸟们快乐地飞舞歌唱。花儿们也从绿草丛中伸出头来。

②角落是冬天。

只有一个角落还是冬天。

这是花园里最远的角落，一个小男孩正站在那里。他太小了，手还挨不到树枝，只好在树旁转来转去，哭得很厉害。

这棵可怜的树仍然满身盖着雪和霜，北风还在树顶上吼叫。

"快爬上来，孩子！"桃树一面对小男孩说，一面尽可能地把树枝垂下去，然而孩子还是太小了。

3. 读懂花园现在的样子

（1）锁定第 14 自然段。

花园最后变成什么样？快速浏览 14～15 自然段，找出关键词。

学生反馈，板书：乐园

(2) 对照 2，7，11 三个段落，发现不同。

对照 2，7，11 三个段落花园中的事物，你有什么发现？（没有写其他事物，只写了孩子们）

读句子：

孩子们站在巨人的脚下，爬上巨人的肩膀，尽情地玩耍。

4.小结花园样子的变化过程

根据题干，完成填空练习。

巨人的花园从一开始的（可爱），变得（凄凉），然后出现了春天和冬天同时出现的（奇特）景象，最后成了孩子们的（乐园）。

三、以巨人为线索，读懂花园四个阶段"巨人的行为"

1.浏览全文，找出"巨人的行为"。

当花园发生变化时，巨人在哪里，他说了什么？做了什么？用横线勾画描写巨人的句子。

2.分享交流，读懂"巨人的做法"。

第一组：

之前，他离家去看朋友，在那里一住就是七年。

第二组：

"你们在这儿做什么？"他叱责道。孩子们吓得跑开了。

"我自己的花园就是我自己的花园，"巨人自言自语道，"这是随便什么人都懂得的。除了我自己以外，我不允许任何人在里面玩。"于是他在花园的四周砌了一道高墙，挂出一块布告牌：

禁止入内

违者重惩

第三组：

他轻轻地走下楼，静悄悄地打开前门，走进花园。

巨人悄悄地走到他后面，轻轻抱起他，放到树枝上。

巨人对他们说："孩子们，花园现在是你们的了。"

他拿出一把大斧子，拆除了围墙。

第四组：

他不能再跟孩子们一块儿玩了，只能坐在椅子上看孩子们玩各种游戏，同时也欣赏着他自己的花园。

他说："我有许多美丽的花，可孩子们却是最美丽的花。"

3. 学习文中生词。

叱责　一道高墙　　布告牌　　　禁止　　重惩

拆除　打开　抱起　拆除围墙　　游戏　　欣赏

4. 两分钟练读描写巨人的句子。

四、读懂文章结构，了解行文顺序

1. 回顾内容，读顺课文分为四个部分。

文章以花园的样子为线索，描写了花园"可爱、凄凉、奇特、乐园"四个阶段的样子及四个阶段巨人的做法。长长的文章可以分为几个部分？

第一部分：第 1～2 自然段

第二部分：第 3～9 自然段

第三部分：第 10～13 自然段

第四部分：第 14～15 自然段

（学生完成批注）

2. 寻找文章的时间线索。

这是以花园的变化为线索，课文里还藏着另外的线索。快速浏览课文，圈出表示时间的词语。

有一天……

一天早晨……

从那以后……

跟随时间线索，我们也能将文章分成四个部分。

3. 回顾课文内容，完成课堂练习。

巨人有一个（可爱）的花园，那时巨人去（看朋友），一住就是七年。巨人回来后，（叱责）了来玩的孩子，砌起了（高墙），挂出了"禁止入内，违者重惩"的（布告牌），吓得孩子们跑开了，花园变得（凄凉）。后来，孩子们从墙上的小洞爬进花园，花园里出现春天和冬天并存的（奇特）景象。巨人看到这个情景，（打开）门，（走进）花园，（抱起）孩子放到树枝上，并（拆除）了高墙。花园变成了（乐园），巨人也跟孩子们（一起玩）。

五、学习课文生字

1. 学习要求会认的字。

(1) 读要求会认的字。

(2) 完成生字笔记：音序、拼音、部首、除去部首笔画数。

2. 学习要求会写的字。

(1) 读要求会写的字。

(2) 生字扩词。

(3) 完成生字笔记：音序、拼音、部首、除去部首笔画数、扩词两个。

(4) 识记字形，提醒易错笔画。

① "牌"的右边；"啸"的笔顺。

② 记录形近字。

缕　搂　楼　喽

拆　折　诉

踪　综　棕

3. 完成生字抄写。

板书：

巨人的花园

（第1～2自然段）可爱　　看朋友住七年

（第3～9自然段）凄凉　　叱责　　砌高墙　　挂布告牌

（第10～13自然段）奇特　　开门　　走进　抱起　　拆除高墙

（第14～15自然段）乐园　　一块儿玩　　欣赏

🔖 示例　第三学段第一课时教学设计

第三学段第一课时的生字教学最好采用单元整合，或者随文识字。教学时，建议不对生字进行"逐一学习"，而是对生字中的易错字形进行提醒即可。课堂上建议"先检测后识记"，以提升学生"强记识记"的能力。进入第三学段，对眼看、手写、口念、脑记的"四体并用识记法"，应该人人掌握。因为调动多种感官参与学习，利于快速集中注意力，将力量会聚在一点上，让学习产生神奇的效果。所谓"聚精会神"，正是这个道理。没有精力的高度集中，便没有神奇效果的到来。

《父爱之舟》第一课时教学设计

★教学目标

一、读通

1.认识"蚕、栈"等14个生字；会写"蚕、考"等13个生字。

2.正确读写"渔船、报考、冤枉、恍惚、踩高跷、偏僻"等21个词语。

3.读通重点、易错句子。

描写父亲的句子：

（1）朦胧中，父亲和母亲在半夜起来给蚕宝宝添桑叶……卖了茧子，父亲便给我买枇杷吃……

（2）父亲送我离开家乡去报考学校和上学，总是要借用姑爹那只小渔船。他同姑爹一起摇船送我。带了米在船上做饭，晚上就睡在船上，这样可以节省饭钱和旅店钱。

（3）父亲同我住了一间最便宜的小客栈，半夜我被臭虫咬醒，身上都是被咬的大红疙瘩。父亲心疼极了，叫来茶房，掀开席子让他看满床乱爬的臭虫和我身上的疙瘩。茶房说没办法，要么加点儿钱换个较好的房间。父亲动心了……他平时节省到极点，自己是一分冤枉钱也不肯花的……

（4）父亲从家里带了粽子，找个偏僻的地方父子俩坐下吃凉粽子。吃完粽子，父亲觉得我太委屈了，领我到小摊上吃了碗热豆腐脑，我叫他也吃，他就是不吃。

（5）虽然不可能花钱买玩意儿，但父亲很理解我那恋恋不舍的心思，回家后他用几片玻璃和彩色纸屑等糊了一个万花筒，这便是我童年唯一的也是最珍贵的玩具了。

（6）读初小的时候，遇上大雨大雪天，路滑难走，父亲便背着我上学。他扎紧裤脚，穿一双深筒钉鞋，将棉袍的下半截撩起扎在腰里，腰里那条极长的粉绿色丝绸汗巾可以围腰两三圈，那还是母亲出嫁时的陪嫁呢。

(7)要住在鹅山当寄宿生，就要缴饭费、宿费、学杂费，书本费也贵了，于是家里粜稻、卖猪，每学期开学要凑一笔不少的钱。钱很紧，但家里愿意把钱都花在我身上……父亲送我到学校，替我铺好床……

(8)为了节省路费，父亲又向姑爹借了他家的小渔船，同姑爹两人摇船送我到无锡。时值暑天，为避免炎热，夜晚便开船，父亲和姑爹轮换摇橹，让我在小舱里睡觉……船上备一只泥灶，自己煮饭吃，小船兼做宿店和饭店，节省了旅费。只是我们的船不敢停到无锡师范附近，怕被别的考生及家长见了嘲笑。

(9)送我去入学的时候，依旧是那只小船，依旧是姑爹和父亲轮换摇船。不过父亲不摇橹的时候，便抓紧时间为我缝补棉被……

描写儿子的句子：

(1)每年卖茧子的时候，我总跟在父亲身后……

(2)但我年纪虽小却早已深深体会到父亲挣钱的艰难。

(3)我反正已被咬了半夜，只剩下后半夜，就不肯再加钱换房子。

(4)我和父亲都饿了，我多馋啊！但不敢，也不忍心叫父亲买。

(5)我叫他也吃，他就是不吃。

(6)所以我从来不缺课，不逃学。

(7)我背着书包伏在他背上，双手撑起一把结结实实的大黄油布雨伞。

(8)初小毕业时，我考取了鹅山高小。

(9)我拿着凑来的钱去缴学费，感到十分心酸。

(10)我偷偷哭了。这是我第一次真正心酸的哭，与在家里撒娇的哭、发脾气的哭、打架的哭都大不一样，是人生道路中品尝到的新滋味了。

(11)我唯一的法宝就是考试，从未落过榜。我又要去报考无锡师范了。

(12)但我也睡不好，因为确确实实已意识到考不取的严重性，自然更未能领略到满天星斗、小河里孤舟缓缓夜行的诗画意境。

二、读懂

1. 理解"场景"含义，读文勾画或概括第 2～9 自然段出现的"场"。

2. 标记父亲在每个"场"上所做事件，练读事件所在句、段。

3. 勾画儿子所做事件的相关句子并练读。

4. 知道课文以梦的形式呈现往事，描写了"我"和父亲在一起的一个个生活场景。

三、读顺

1. 标出自然段。

2. 梳理第 2～9 自然段的场景，明了地点、人物及事件。

3. 知道文章分为三个部分，并正确标记。

第一部分（第 1 自然段）：写"我"刚从梦中醒来。

第二部分（第 2～9 自然段）：写"我"回忆和父亲在一起的一个个生活场景。

第三部分（第 10 自然段）：再写"我"梦醒，照应开头。

4. 了解文章首尾呼应的写法。

★教学过程

一、齐读课题

今天，我们学习课文，读——父爱之舟。

二、读通第 1 自然段、第 10 自然段，明了前后呼应

1. 锁定"父爱"主题读文，明了是父亲对儿子的爱。

突出"父爱"再读课题。

快速浏览课文，明了父亲爱谁。

2. 给课文标段，读通读懂第 1 自然段和第 10 自然段。

(1) 标自然段序号。

拿起笔标出自然段序号。一共有几个自然段？（共 10 个自然段）

(2) 读第 1 自然段、第 10 自然段，扣"梦醒"明了写法。

齐读第 1 自然段。

齐读第 10 自然段。

有什么发现?（都在说梦醒）

这样的写法叫什么?（完成笔记"首尾呼应"）

三、读通第2～9自然段，明了父亲和儿子分别做了什么

1. 理解单元要素：场景

本单元的语文要素：

体会作者描写的场景、细节中蕴含的道理。

圈出"场景"。说到场，你会想到哪些词? （操场、广场、球场……）"场"就是指地点。那景呢? 对，就是这些地点有什么人，做了什么事。"场"和"景"合起来就是"场景"。

2. 读文梳理场景，明"场""人"以及事

(1) 读文找"场"。

①以第2自然段为例，根据事件反推"场"，完成标记。

先走进第2自然段，找找第2自然段中的"场"。

交流：A. 家里；B. 街道。

你有什么发现?

小结：直接告诉的"场"圈出来就好，没有直接告诉的根据事件反推"场"。

②自主阅读第3～9自然段，找七个段落中的"场"。

第3～9自然段又写了哪些地点? 直接写出的圈出，没有的根据事件推断并标记。

③交流订正第3～9自然段。

第3自然段：小渔船和小客栈

第4自然段：庙会和家里

第5自然段：上学路上

第6自然段：家里和学校

第7～8自然段：小渔船

第9自然段：小渔船

迅速调整，发现了吗? 几乎都是一个自然段对应一个场景，第7，8自然段合起来对应一个场景。

（2）读懂七个场景中父亲做了什么。

①以场景一做示范，引导学生抓"人物动作"标记。

七个场景中，父亲和儿子分别做了什么？我们先读懂父亲做的事。快速练读第2自然段，标记父亲做了几件事。

学生交流：①添桑叶；②卖茧子；③买枇杷。

读三个短语各两遍，发现了什么？（我们都是用提取关键词标记序号，短语的结构都是"人物动作的词+事物名称的词"）

②自读，标记剩下的6个场景父亲做了什么。

快速走进剩下的6个场景，看看父亲做了什么，也像这样抓关键词，并标记每个场景中的事件序号。

③交流，订正。

父亲做了什么呢？请6个同学依序汇报。

场景	自然段	父　亲	儿　子
一	2	①添桑叶；②卖茧子；③买枇杷吃	
二	3	①借渔船；②摇船；③做饭；④叫茶房；⑤动心换房	
三	4	①带粽子；②吃凉粽子；③领我吃热豆腐脑；④糊万花筒	
四	5	①常说要念好书；②背我上学	
五	6	①枭稻；②卖猪；③凑钱；④送我到学校；⑤替我铺床	
六	7，8	①借渔船；②摇橹；③煮饭	
七	9	①摇船；②缝补棉被	

④4分钟练读描写父亲的句段。

（3）读懂七个场景中描写儿子的句子。

①勾画描写儿子句子。

七个场景中，儿子做了什么？用"——"勾画出。

②课件出示，订正反馈。

都找到啦？对照课件，调整。

场景	自然段	父 亲	儿 子
一	2	①添桑叶；②卖茧子；③买枇杷吃	总跟在父亲身后……
二	3	①借渔船；②摇船；③做饭；④叫茶房；⑤动心换房	①但我年纪虽小却早已深深体会到父亲挣钱的艰难。②我反正已被咬了半夜，只剩下后半夜，就不肯再加钱换房子。
三	4	①带粽子；②吃凉粽子；③领我吃热豆腐脑；④糊万花筒	不敢，也不忍心叫父亲买。
四	5	①常说要念好书；②背我上学	①所以我从来不缺课，不逃学。②我背着书包伏在他背上，双手撑起一把结结实实的大黄油布雨伞。
五	6	①栾稻；②卖猪；③凑钱；④送我到学校；⑤替我铺床	①初小毕业时，我考取了鹅山高小。②我拿着凑来的钱去缴学费，感到十分心酸。③我偷偷哭了。……是人生道路中品尝到的新滋味了。
六	7，8	①借渔船；②摇橹；③煮饭	①我又要去报考无锡师范了。②但我也睡不好，因为确确实实已意识到考不取的严重性，自然更未能领略……诗画意境。
七	9	①摇船；②缝补棉被	①我从舱里往外看，父亲那弯腰低头缝补的背影挡住了我的视线……永难磨灭了！

③两分钟快速练读描写儿子的句子。

四、回顾课文主要内容，明确文章结构

1.回顾课文主要内容。

根据表格回顾课文内容。

2.划分文章结构。

课文从"梦醒"开始，写了七个场景中父亲为儿子做的事情以及儿子的感受，最后又以"梦醒"结束。按照这样的结构，文章分为几个部分？

第一部分（第1自然段）：写"我"刚从梦中醒来。

第二部分（第2～9自然段）：写"我"回忆和父亲在一起的一个个生活场景。

第三部分（第10自然段）：再写"我"梦醒，照应开头。

五、学习生字词

1.读词。

蚕茧 客栈 冤枉 恍惚 踩高跷 偏僻 缴费 落榜 兼并 嘲笑

考学 心疼 席子 糖果 纸屑 启迪 钉鞋 陪嫁 毕业 煮饭 枕边

2.提醒易错字词。

3.完成生字笔记（音序、音节、部首、笔画数、扩词）。

4.四体并用识记法强记、识记。

蚕茧 报考 心疼 席子 糖果 纸屑 启迪 筒钉鞋 陪嫁 毕业 煮饭 枕边

5.3个一组完成课堂检测。

6.自主订正，并将错字抄写三遍。

2.第二课时教学设计。

相比较第一课时的教学设计，第二课时的教学设计要难得多。第二课时教学要设计出高度，考验的是教者的文化素养。教材解读是否到位，主要体现在第二课时的教学设计中。

(1)第二课时教学设计原则。

第二课时教学要完成"理解、体验、感悟、积累"四大目标，教学设计上需遵循三个原则。

①大胆取舍教材。

第二课时教学不同于第一课时，无论文本篇幅长短，最重要的是对文本进行"取舍"。如何取舍教材，根据教学目标而定。

《鸟的天堂》取的是描写榕树大、茂盛的第7自然段和第8自然段，以及写群鸟翻飞的第12和13自然段，其余的段落则舍去。

《穷人》取的是桑娜抱回孩子忐忑内心活动的第8自然段和第9自然段，以及夫妻二人对话之后丈夫自言自语的第24自然段，其余段落则用"瞻前顾后"的方式导入学习。

《西门豹治邺》取的是河伯娶媳妇当天西门豹说的和做的内容，对在惩治巫婆和官绅过程中西门豹六次说的话，要带着学生分层次、分维度细细品读。

《葡萄沟》取的是第2自然段，第2自然段一共4句话，第1句话写葡萄种的地点；第2句话写葡萄的枝叶美；第3句话写葡萄果实的形状和色泽美；第4句话写葡萄沟的维吾尔族老乡热情好客，"准会、最甜、吃个够"三个词足以让人感受"山好水好人更好"。

第二课时教学要带着学生在文本中"精耕细作"，切忌"浅尝辄止"。第二课时教学要交给学生"析词品句"的方法，培养学生对本文赏读、研读、议读的能力，如果第二课时教学没有深度，没有高度，学生在后继语文学习中会越发吃力。到了初中和高中，即便练再多的题，阅读鉴赏力也很难有所提升。

②第二课时教学中的整体性把握。

第二课时教学对文本做取舍，并不是说第二课时教学就被拆解得支离破碎。其实，第二课时教学与第一课时教学相比，更需要整体把握，只是第二课时教学的"整体性把握"比第一课时更难。第一课时教学中的整体性，我们遵循的是"文本表达"的外在线索，而第二课时的整体性把握，则需要教者解读出文本的"内在主旨"。

示例 《父爱之舟》

《父爱之舟》是五年级上册的课文，第二课时的教学中有六次"联系全文"理解，实现了对文本的整体性把握。

一、导入新课

二、立足场景三，锁定父亲的做法，并通过联系全文，三方面感悟父爱的内涵

1. 引入场景三

（1）引入第三个场景。

（2）出示场景三的内容。

2. 立足"看"字，通过合理想象补充父亲看到的画面，感悟父爱是"你的眼里有整个世界，而我的眼中只有你"

（1）理解"委屈"。

①读父亲的做法。

②锁定"委屈"，解词义。

（2）立足"看"字，通过合理想象补充父亲看到的画面，感悟父爱。

①质疑引发思考。

②锁定"看"字，变化角色情感朗读，感悟父爱。

③分享感悟，配乐诵读，升华理解。

3.以"就是不吃"为切入点，联系七个场景中父亲"节省到极点，自己是一分冤枉钱也不肯花的"具体做法，对比发现，感悟父爱是"我节俭到极点，也要满足你童年的好奇和渴望"

（1）锁定"就是不吃"，发现父亲的节俭。

（2）锁定句子"他平时节省到极点，自己是一分冤枉钱也不肯花的"，联系全文，体会父亲的节俭。

①锁定句子。

②抓"极点"，联系全文感受父亲"节省到极点"。

A.读"极点"，拆字理解"极点"。

B.联系全文，找"节俭到极点"的句子。

C.突出"极点"，情感朗读。

（3）对比全文中为我花钱的做法，体会父亲对"冤枉钱"的定义，感悟父爱。

①联系全文，找父亲为我花钱的句子。

②练读，发现父亲为儿子花钱的"大方"。

③朗读，体会父亲为儿子花钱的"大方"。

④回读"他平时……也不肯花"这句话，理解"冤枉钱"的双重含义，感悟父爱。

A.回读"他平时……也不肯花"句子。

B.理解"冤枉钱"的双重含义，感悟父爱。

⑤分享感悟，配乐诵读，升华理解。

4.立足"理解我那恋恋不舍的心思"，联系全文，感悟父爱是"你什么都不说，可我都知道"

(1)读句子，锁定"理解"。

(2)联系全文，发现父亲对我的"理解"，感悟父爱。

(3)回扣全文"无对话"，体悟"父爱是你不说，可我都知道"。

(4)分享感悟，配乐诵读，升华理解。

(5)小结，回扣单元情感主题。

三、发现"舟"的含义，理解课题，体会"我"的成长，感悟"成长作帆"

感悟"舟"的含义，理解课题。

1.浏览全篇，找出文本的矛盾点。

2.聚焦描写"我"的句子，发现"我"的成长。

(1)回顾描写"我"的句子，读出"我"的成长。

(2)总结发现。

原来父爱是舟、成长是帆，把"我"从懵懂儿童的此岸送到考取学业的彼岸。

(3)介绍作者一生的成就，再度感悟"父爱作舟，成长为帆"。

四、配乐朗诵课文最后一部分，再次体会父爱

第一处：联系全文，体会父亲的节俭；

第二处：联系全文，找父亲为我花钱的句子；

第三处：联系全文，发现父亲对我的"理解"，感悟父爱；

第四处：回扣全文"无对话"，体悟"父爱是你不说，可我都知道"；

第五处：浏览全篇，找出文本的矛盾点，只有三个场景与"舟"有关，为何还要用"父爱之舟"做题目；

第六处：聚焦全文中描写"我"的句子，发现"我"的成长，领悟"父爱作舟，成长作帆"。

《父爱之舟》第二课时的教学，看起来只细细品读了第三个场景，但任何一个维度的理解、体验和感悟，无不是回到整体的文本中。

③第二课时教学中的"1+1"底线。

老师们在进行整体语文教学实践的时候，不要心急，要完成一份相对完美的

第二课时教学设计，非常不容易。语文教师要上出一堂好课，至少需要三大能力：一是教材研读能力，是不是能把教材解读到位、解读透彻，不仅仅是态度问题；二是教学设计能力，教材解读出来的东西要进行教学化设计，你用什么方式进行教学，如何搭好台阶让学生轻松有趣地前行，实现"知识本质、经验建构、儿童身心发展规律"三者的共舞；三是课堂实施能力，有了一份设计完美的教案，并非就能上出一堂好课，教者不能对每一教学设计进行透彻理解，不能明白设计背后的意图，课堂是接不了"招"的。

因此，对于整体语文教学的初学者来说，我提出了"1+1"底线模式：即"一处品读+一处小练笔"。我们不去奢望完美，因为世间本没有完美。每一个当下的完美，都是真正完美的一部分。也许有一天，人类可以抵达完美，但作为个体的完美永远在路上，体现在永不停歇的追求中。作为一名语文老师，无论你今天的教学水平处在什么位置，你只要努力，从每堂课的"一处品读"和"一处小练笔"开始做起，经过三年五载，一定能从容驾驭第二课时。

（2）第二课时教学中的读。

第二课时教学中的读不同于第一课时教学中的读，第一课时要读得全面，第二课时要读得深、读得透、要读到文字的内核去。你要走进去，还要走出来，然后再走进去……在文本的多次进出之间，实现理解、体验、感悟、积累的目标。

第二课时中的读，有品读、赏读、研读、议读……每一种读，都是为实现教学目标服务的，在多种形式的读中丰沛学生的情感，让学生的思想得到历练，个人言语表达系统顺畅建立，夯实正确的世界观、价值观和人生观。

整体语文教学在多年的实践中，总结提炼出了至少六种形式的读，不同的文本，可选择不同的形式。

①锁定关键词读。

这是第二课时朗读教学中最常见的一种方式。锁定了重点句段之后，通过其中的关键词，引导学生一步一步读出文字背后的蕴意，实现对文本的理解。

怎样确定关键词呢？可以根据词语的词性去理思路。

实词类：名词、动词、形容词、数词、量词、代词。

虚词类：副词、介词、连词、助词、语气词、叹词。

在小学阶段，需要学生掌握的关联词类别，有"并列、递进、选择、转折、因果、假设、条件、顺承"八个类别。

无论是实词还是虚词，小学阶段，我们都不能跟孩子讲词性，而需要用描述性语言来表达，这样才能真正帮助孩子理解词性的意义，去感知一类词共同的特点和特性。

名词：表示人物或事物名称的词

动词：表示动作或活动的词

数量词：表示数量的词

形容词：表示修饰和限制的词（表示形状、颜色、声音、时间、程度不同方面等）

关联词：联结几部分内容的词

"锁定关键词读"除在用语上要注意外，还要特别注意关联词的教学方式。对关联词的品读，一定要从文本内容入手，切不可将关联词的类别让学生死记。教学时，先让学生理解各部分内容，再理解各部分内容之间的关系。将各部分内容的关系理解后，学生就能真正掌握关联词的内在逻辑和用法。等到了中学阶段，学生需要辨析关联词类别的时候，信手拈来也不会出错。

除了词语之外，还有短语，短语有并列式、偏正式、主谓式、动宾式、补充式五种结构。短语的结构在品读中也不能直接讲语法，而需要用描述性语言来表达。

我们用一组词语来说明教学时该如何操作：

又大又红：同时具有哪两个特点。

金色的秋天：什么样的什么。

金蝉脱壳：什么怎么样。

仰望星空：仰望什么。

红彤彤：红到什么程度。

小学阶段，不能直接讲语法，反而给了教者无限的空间。品读时无须拘泥于语法的限制，不同类别的词语、不同结构的短语，都可根据具体的词语进行针对性地品读和理解。《去年的树》是日本作家金子美铃的一篇童话，讲述了"一棵树和一只鸟"的故事，文本第一段的教学就是抓住重点词"天天、唱、听"品读，从而让孩子体会什么叫"好朋友"。

示例　"锁定关键词读"教学设计（一）

【课文原文】

　　一棵树和一只鸟儿是好朋友。鸟儿站在树枝上，天天给树唱
　　歌。树呢，天天听着鸟儿唱。（节选）

★教学设计

1. 锁定内容，读。

读第一句话，告诉我们什么？（树和鸟是好朋友）

2. 品读第二、第三句话，体会"好朋友"。

句中没有一个"好"字，但却能读出树和鸟的好。谁来说说看？

(1) 抓关键词"唱歌、听着"，体会"好朋友"。

①锁定词语。

第二句话写鸟给树唱歌，第三句话写树听鸟唱歌。圈出"唱歌""听着"。

②鸟"唱歌"里的好。

为什么鸟唱树听，能说明它们好？想想，那歌声里一定有什么？

鸟的歌声里有欢乐，读——

鸟的歌声里有赞美，读——

鸟的歌声里有期盼，读——

……

③树"听着"里的好。

树听到了什么？突出"听着"读课文。

④彼此心灵相通的好。

欢乐、期盼、赞美、祝福，树和鸟通过什么感受和传递？这叫"心灵相通"，这便是"好"。再读。

（几个回合的阅读，让学生充分感知"好"。能唱，能欣赏，这就是好朋友的境界）

(2) 抓关键词"天天"，体会"好朋友"。

①锁定词语。

还从哪儿看出？（天天）

②理解"天天唱歌"里的好。

"天天唱歌"什么意思？（没有例外）读，体会。

③理解"天天听着"里的好。

"天天听着"知道了什么？（没有例外；从不厌烦）读，体会。

两个"天天"，你知道了什么？

④联系"唱歌"和"听着",体会"两个天天"里的好。

不厌烦的是谁?不厌烦地做什么?

学生交流后小结:鸟儿唱不厌,树听不厌!是的,唱歌和听歌已经成为生命的一部分……突出"天天",再读课文。

3.回顾,品读体会"好朋友"。

从朴素的话语里,我们感受的是树和鸟深厚纯洁的友谊。再读课文。

除了散文、童话、诗歌和情感性较强的记叙文体,都适合用品读的方式。何谓品读呢?2001年11月,我有幸聆听了我的师父、著名特级教师靳家彦老师上《董存瑞舍身炸暗堡》,开课两分钟,师父以他的教学为我诠释了何谓"品读"。

突出人物,怎么读?——**董存瑞**舍身炸暗堡

突出事件,怎么读?——董存瑞舍身**炸暗堡**

突出人物精神,怎么读?——董存瑞**舍身**炸暗堡

"品"有三口,一曰"口",一曰"心",一曰"情",将对文字的理解充分地融入"读",通过声音、语调、气息表达出来,就是"品"。所以,真正的"品读"是充分理解文本后的自然表达,是情感的真实流露,绝非扭捏作态。

而对于情感性较弱的文体,则适合用议读的方式。所谓"议读",就是锁定关键词,层层推进,理解文字表达的内涵。《惊弓之鸟》一文中更嬴最后对魏王说的一段话,就适合用议读的方式;若是用品读,那就是作态了。

示例 "锁定关键词读"教学设计(二)

【课文原文】

它飞得慢,叫的声音很悲惨。飞得慢,因为它受过箭伤,伤口没有愈合,还在作痛;叫得悲惨,因为它离开同伴,孤单失群,得不到帮助。它一听到弦响,心里很害怕,就拼命往高处飞。它一使劲,伤口又裂开了,就掉了下来。(节选)

★教学设计

1.锁定特点的词"慢、悲惨"。

读第一句话,有几个特点?圈出。

2.读表示特点的词，理解词语。

突出表示特点的词，谁会读？（指定一名学生读）

"慢"什么意思？跟谁比？

什么"悲惨"？"声音悲惨"怎么理解？

3.思考信息怎么得来，体会"观察仔细"。

"飞得慢"信息怎么得到？（眼看）

"叫得悲惨"信息怎么得到？（耳听）

眼看，耳听，这是什么？（观察）对，这是更赢观察到的（板书"观察"）。

4.词语回文，再读体会。

突出"慢、悲惨"，再读句子。

5.回扣第一段第二句话，明了文章内容的呼应关系。

文章第一段哪句话照应了这两个信息？读——

"一只大雁从远处慢慢地飞来，边飞边鸣。"

无论是品读还是议读，通过以上教学示例，我们可以发现，"锁定关键词读"一共有五个教学步骤：

第一步，锁定词语。

要品读哪个词语，首先要找到这个词语，圈、点、勾、画都行。

第二步，读词语。

读词的环节是让学生进一步明确我们要理解、要品读的对象。

第三步，理解词语。

阅读中教会学生理解词语，有两个层面：一是词语本身的意思；二是在文中的意思，尤其要明白词语所指向的对象。学生学了多年的语文，阅读理解力上不去，最主要的就是词语理解这一关没过。

第四步，结合语境理解并体会。

词语的意思理解了，并不意味着品读到位。就像《去年的树》对"天天"一词的品读。"天天"的意思孩子们很容易理解，就是每一天，而"天天唱歌"意味着什么，才是最关键的。只有孩子们理解了"每天唱歌，没有例外，从不厌烦"；"每天听歌，没有例外，从不厌烦"之后，才会从"天天"中体会到"鸟儿唱不厌，树听不厌，唱歌和听歌已经成为它们生命的一部分"。没有达到这样层面的理解，不是真正的理解。

第五步，回文诵读。

从关键词中收获的体会和感悟，要通过朗读表达出来。第四步"结合语境理解并体会"相当于把孩子们激发到朗读的"愤""悱"状态，孩子们的理解需要一个出口，这个时候，朗读就是最好的方式。

以上是"关键词品读五步法"。老师们可以照着解析，逐步去尝试，最终一定可以熟练掌握"抓关键词品读"的教学要领。

②锁定修辞和标点读。

小学常见的修辞格有：比喻、拟人、夸张、排比、对偶、反复、设问、反问、拟物、类比。

小学需要掌握的标点有：句号、问号、感叹号、逗号、顿号、分号、冒号、引号、括号、省略号、破折号、书名号等。

标点符号，绝不仅仅是为断句和提示需要，文本中的标点符号里藏着乾坤。所有的修辞格，都要通过品读，让学生理解其特点并正确运用。修辞格的运用，离开了具体的语言环境，同样没有实质意义。

《穷人》是语文课本中的经典课文，第二课时的教学，要理解"穷人"的高尚，一定要对桑娜抱回孩子忐忑不安的心情进行品读，作者对桑娜忐忑心情的描写，除了内容之外，一连用了五个省略号。因此对这五个省略号的品读和体会用"双重否定表达强调"很是关键。

示例 "锁定修辞和标点读"教学设计

【课文原文】

桑娜用头巾裹住睡着的孩子，把他们抱回家里。她的心跳得很厉害，她自己也不知道为什么要这样做，但是她觉得非这样做不可。

回到家里，她把这两个熟睡的孩子放在床上，让他们同自己的孩子睡在一起，又连忙把帐子拉好。她脸色苍白，神情激动。她忐忑不安地想："他会说什么呢？这是闹着玩的吗？自己的五个孩子已经够他受的了……是他来啦？……不，还没来……为什么把他们抱过来啊？……他会揍我的，那也活该，我自作自受……嗯，揍我一顿也好。"

　　门吱嘎一声，仿佛有人进来了，桑娜一惊，从椅子上站起来，"不，没有人，上帝，我为什么要这样做……如今叫我怎么对他说呢……"桑娜沉思着，久久地坐在床前。（节选）

　　★教学设计

1.读第8自然段，初识"坚决"。

面对西蒙死后留下的两个年幼的孩子，桑娜怎么做？小声读第8自然段。

圈出"抱回"。读词。

抱回的态度怎样？（批注"坚决"）

2.反思读第8自然段，锁定"非……不可"，再悟"坚决"。

(1)锁定"非……不可"。

再读第8自然段，从哪儿体会到"坚决"？

圈出"非……不可"。

(2)读词，理解"非……不可"。

读词两遍。

"非"什么意思？"不"呢？从中发现了什么？

(3)换词理解，体会做法的唯一。

突出"非……不可"读句子。

"非"什么不可？圈出"这样做"。突出"这样做"再读。

联系第一句话，"这样做"是怎样做？

换词读句子：但是她觉得非（把他们抱回家里）不可。

没有另外的选择，只能这样做。再读！

唯一的做法怎能不坚决？还读。

3.对比读，体会"善良"。

什么情况下如此坚决地抱回孩子？对比读第2自然段桑娜穷的部分和第8自然段，还仅仅是坚决吗？（桑娜的"善良"）

4.品读第9自然段，体会桑娜内心的"忐忑不安"。

(1)快速浏览，锁定"忐忑不安"。

很坚决，对吧？快速浏览第9～11自然段，体会到的还是坚决吗？

（带出阅读矛盾"坚决——忐忑不安"）

轻声读这部分，读到最后，只会剩下一个词。（指名回答后板书：忐忑不安）

（2）抓"忐忑"的字形构造，理解"忐忑不安"，心悬着，不安定。

（3）细读独白，体会"忐忑不安"。

再读桑娜的内心独白，从哪里读出了她的忐忑不安？

（4）学生交流自己的体会和发现。

他会说什么呢？——猜测

这是闹着玩的吗？自己的五个孩子已经够他受的了……——担忧

是他来啦？——紧张

不，还没来！——安慰自己

为什么把他们抱过来啊？——自责

他会揍我的！那也活该，我自作自受！——猜测结果，理解丈夫所为

嗯，揍我一顿也好！——宽慰

（5）在五个省略号中体会"忐忑不安"。

有几个省略号？

知道了什么？

"五个省略号"，思绪断断续续，非常乱，集中体现一个"忐忑不安"。

（6）图示"忐忑不安"。

五个省略号，心情究竟是"上"还是"下"？自读体会，并用"↑""↓"箭头标记。

将内心的活动表达出来，怎么读？

5.完整品读第9自然段，体会桑娜"忐忑不安"的心情。

在这个教学示例中，第三个教学环节"对比家境的贫穷"来理解桑娜的善良很重要。单独看第8自然段的两句话，只能体会到"态度坚决"，人物的善良要通过家境的贫穷才能真切体悟。因此抓住"非……不可"理解了"态度坚决"之后，一定要关联第2自然段描写桑娜一家"穷"的部分，对比朗读之后体会的

一定不单是态度的坚决，而是极致的"善良"。如果仅凭一个"非……不可"就要让孩子们体会善良，一定是"贴标签"。

③联系相关资料读。

文本重点句段的品读，常常需要联系相关资料，否则，就文本中"某一独立的句段"，是不能完整表达文本的主旨的。

引入相关资料读，大概有五种方式。

A.前后文联系读。

《一夜的工作》是一篇经典课文，讲了作者亲身见证周总理"一夜工作"的情景，最后由衷发出赞叹："这就是我们新中国的总理。我看见了他一夜的工作。他是多么劳苦，多么简朴。"

如何体会总理的"劳苦"呢？要抓住第3自然段总理批阅文件的句子：

"他一句一句地审阅，看完一句就用笔在那一句后面画上一个小圆圈。他不是浏览一遍就算了，而是一边看一边思索，有时停笔想一想，有时问我一两句。夜很静，经过相当长的时间总理才审阅完，把稿子交给了我。"

但是，独立品读这段话，通过"一句一句、看完一句画一个小圆圈、停笔想、相当长时间"几个关键词句，只能体会到"认真、仔细"。要想体会到辛苦，就必须联系课文第2自然段中的"一尺来高的文件"。一份材料这样批阅，是认真，"一尺来高的一叠文件"这样批阅，就一定是"辛苦"。几十年如一日这样"辛苦"，直至为了民族、为了他所热爱的人民到最后只剩下不到70斤的体重都还在坚持工作，才是"劳苦"。教会学生"读懂书、会读书"，教师必须这样教，一步一步，一点一点，感悟从书中来、从文字中来，不可脱离文本"定高调"。

B.联系生活实际读。

"客观文本"和"主体体验"之间的距离，可以通过关联"生活实际"缩短。这样，学生对文本的理解和感悟就不是仅停留在间接经验的层面，而是直接与生活联系，感悟会更真切、更深刻。

一年级上册的课文《四季》是一首儿童诗，一共四个小节，每一个小节选择一种事物作为季节代言，春天由草芽代言，第一小节第一行"草芽尖尖"，直接写出了草芽"尖尖"的特点。要让孩子们理解和体会"尖尖"，就可以联系生活实际：

生活中有哪些尖尖的东西？

孩子们联系生活实际，一连串的"尖尖"会出来：

笔尖是尖尖的

剪刀末端是尖尖的

钉子是尖尖的

针尖是尖尖的

枫叶的角是尖尖的

……

有了生活经验的参与，孩子们对"尖尖"的感知就不是仅学习了一个叠词，而是建立了"尖尖"的形象。

C. 结合个人经验读。

文本的品读若能充分调动学生的个人经验和经历，无论是理解还是体悟，会格外不同。林清玄的《和时间赛跑》在北师大版本的教材中放在四年级。文中爸爸对林清玄说了这样一段话：

"所有时间里的事物，都永远不会回来了。你的昨天过去了，它就永远变成昨天，你再也不能回到昨天了。爸爸以前和你一样小，现在再也不能回到你这么小的童年了。有一天你会长大，你也会像外祖母一样老，有一天你度过了你的所有时间，也会像外祖母一样永远不能回来了。"

10 岁的孩子要理解"永远不回来"，要理解"再也不能回去"，其实是有难度的。对于这段话的理解，就可以调动"个人经验参与"。我 7 岁的时候，在旧历年的最后一天，看着夕阳西下，格外悲伤，痛惜"今天过去不再有今天""今年过去不再有今年"。有我这样体验的孩子，一个班级估计不会超过四分之一。其余四分之三的孩子即便没有这样强烈的体验，也会有分离忧伤的经历，也会有告别时依依不舍的经历……品读的时候，将学生的这些经验导入，文本的理解就不会有难度。

作为语文教师，我们需要明白：教师个人的经历和经验跟几十个孩子相比较，一定是"极其有限"。教师没见过大海，但学生中一定有人去过；教师没有滑冰的经历，但学生中一定有人会滑冰……让学生的个人经验充分地参与到"读"中来，作为教师，您首先要有"允许"，要有"开放的心态"，要知道教学的资源就在身边，且无穷无尽。

D. 引入同类资料读。

"同类资料"中的"同类"，至少包括两个方面：一是内容上的，二是体裁上的。《示儿》一诗的教学，在逐行品读整首诗之后，适时引入诗人不同时期的诗作诵读，以感悟诗人一生的"家国情怀"。

年轻的时候，他在诗中这样表达——

上马击狂胡，下马草军书。

——《观大散关图有感》

人到中年，他这样感叹——

千年史册耻无名，一片丹心报天子。

楚虽三户能亡秦，岂有堂堂中国空无人！

——《金错刀行》

65 岁被罢官回乡，仍是一腔热血恋家国——

当年万里觅封侯，匹马戍梁州。关河梦断何处？尘暗旧貂裘。

胡未灭，鬓先秋，泪空流。此生谁料，心在天山，身老沧洲。

——《诉衷情·当年万里觅封侯》

68 岁高龄，铁马冰河入梦来——

僵卧孤村不自哀，尚思为国戍轮台。

夜阑卧听风吹雨，铁马冰河入梦来。

——《十一月四日风雨大作（其二）》

直至生命的最后一刻仍是满满的牵挂和期盼——

死去元知万事空，但悲不见九州同。

王师北定中原日，家祭无忘告乃翁。

——《示儿》

从年轻到年老，家国情怀是诗人一生诗作的主题。通过"家国情怀"系列诗行的"引入读"，孩子们对诗人"家国情怀"的体悟完整且丰满。

E. 联系历史背景读。

选入教材的文本，几乎都属于人类创作的经典。每一份作品都有自己诞生的时代背景。它们不仅在岁月里闪烁着人性和人类的光芒，还有鲜明的时代感，对文本的理解和感悟，常常需要回到"当时""当代"中去。

《敕勒歌》是一首北朝民歌，抒写敕勒人热爱家乡、热爱生活的豪情。公元546年，东魏和西魏两个政权之间爆发了一场大战，玉璧城是西魏插进东魏的一把利刃，想要保卫自己家乡就得永远握住这把利刃，首领高欢带领战士们围攻玉璧城两个月之久还没有拿下，在战士们筋疲力尽的时刻，他带领将士们高声吟唱《敕勒歌》。

联系这样的历史背景来读，便可将孩子们带到"当时""当代"中去：

为美丽的家园而战，读——

为家中的亲人而战，读——

为早日回到家乡而战，读——

1400多年前的那场战役早已结束，但这首歌却永远唱响中华大地！读——

这样的"联系历史背景读"，将学生对诗的情感体验推向高潮。此刻的诵读哪里仅仅是诵读，还是直抒胸臆，是酣畅淋漓的内在抒发。

"前后文联系读、联系生活实际读、结合个人经验读、引入同类资料读、联系历史背景读"等几种方式的"联系相关资料读"，具体在什么时候用，要根据文本的要求来。很多时候，这几种方式是混合运用。

示例 "联系相关资料读"教学设计

【课文原文】

"从这以后，楚王不敢不尊重晏子了。"（节选）

★教学设计

1.读懂句子意思。

这句话是什么意思？（抽生交流）这句话变成肯定句，怎么说？

楚王只好尊重晏子了。

楚王必须尊重晏子了。

楚王只得尊重晏子了。

......

2.读懂"双重否定句"。

读原句！

与刚才大家说的肯定句相比，有什么不同？（体会双重否定表达的意思）

3.体会"双重否定"句式的强调作用。

这是个什么句？（双重否定句）

突出"不敢不"读句子。

4.锁定"在这以前"，体会"从这以后"的言外之意。

再读"从这以后，楚王不敢不尊重晏子了。"（读三遍）

换种说法就是，"在这以前，……"学生补充句子。

补充："在这以前，＿＿＿＿＿＿＿＿＿＿＿＿＿＿＿。"

再读原文"从这以后，楚王不敢不尊重晏子了。"

5.体会"这"的第一层意思——晏子访问楚国之后，从三次交锋结果体会"不敢不"。

（1）锁定"这"。

从什么时候开始，楚王不敢不尊重晏子了？读句子，突出"这"。

（2）读懂"这"指"晏子访问楚国之后"。

回顾课文内容，"这"是指什么时候？（晏子访问楚国之后）

换词读句子：从（晏子使楚）以后，楚王不敢不尊重晏子了。

（3）读懂"这"指"晏子与楚王的三次交锋"。

晏子访问楚国，几次交锋？分角色读三次交锋的句子。（学生分成两组，一组读晏子，另一组读楚国人，老师读旁白）

三次交锋，结果怎样？引读三次结果的句子。

第一次：楚王只好吩咐大开城门，迎接晏子。

第二次：说着他故意笑了笑，楚王只好赔着笑。

第三次：楚王听了，只好赔不是，说："我原来想取笑大夫，没想到反让大夫取笑了。"

所以课文说——（引读课文最后一句话）

"从这以后，楚王不得不尊重晏子了！"

6.体会"这"的第二层意思——第三次交锋之后。

再次默读三次交锋晏子说的话，若要将"这"确定为某一时刻，那是什么时刻？

学生交流：晏子第三次交锋将话说完之后。

学生齐读晏子第三次说的话——

"大王难道不知道吗？橘树种在淮南，结的柑橘又大又甜。可是一种到淮北，就只能结又小又苦的枳，还不是因为水土不同吗？同样的道理，齐国人在齐国能安居乐业，一到楚国，就做起盗贼来了，也许是因为楚国的水土使人容易做盗贼吧！"

④对比读。

对比读，有很多种方式，"添加词语对比读、删减词语对比读、换词对比读"是其中最普遍的方式。这样的方式，可以帮助学生体会"炼词、修辞"在意境中的运用。

《月光曲》一文中，盲姑娘听贝多芬弹完第一曲后就认出了弹奏者是贝多芬本人，意外降临的惊喜让盲姑娘"语无伦次"。要帮助孩子们体会盲姑娘内心的激动不已，便可进行"删减词语"对比读：

您，您不会就是贝多芬先生吧？

您不会就是贝多芬先生吧？

将两个"您"删减为一个"您"进行比对读，学生反复比对朗读后，无须教师讲解，便可体会到盲姑娘的激动和欣喜。

此外，"对比读"还有"不同表达方式之间的对比读"。"文言文"与"现代文"比对读，将"散文"调整为"诗行"对比读，都属于"对比读"。

在《晏子使楚》第二课时教学中，第三次交锋晏子说的话是品读重点：

"大王难道不知道吗？橘树种在淮南，结的柑橘又大又甜。可是一种到淮北，就只能结又小又苦的枳，还不是因为水土不同吗？同样的道理，齐国人在齐国能安居乐业，一到楚国，就做起盗贼来了，也许是因为楚国的水土使人容易做盗贼吧！"

对文本品读完毕之后，引入"橘化为枳"的文言文：

"橘生淮南则为橘，生于淮北则为枳。叶徒相似，其实味不同，所以然者何？水土异也，今民生长于齐不盗，入楚则盗，得无楚之水土使民善盗耶？"

同样的意思，不同的文体表达，教师在这儿根本无须讲解，学生便可通过"对比读"，将文言文完全读懂，并且还能体会文言文表达的精炼和简洁。

小学第1～12册入选教材中有许多成语故事和历史故事，品读、议读时都可以将文言原文引入教学中，让学生通过"对比读"，解意明理，习得阅读文言文的方法，为初高中文言文的学习打下坚实的基础。

示例 "对比读"教学设计

【课文原文】

　　人闲桂花落，
　　夜静春山空。
　　月出惊山鸟，
　　时鸣春涧中。

　　《鸟鸣涧》是唐朝著名诗人、画家王维的作品。第一行诗中的"闲"，第二行诗中的"空"，是全诗的文眼。正因为内在的"空"，才有生命的"闲"，此时的"闲"是生命与万物的相融与邀约。生命一旦进入"忘我"状态，智慧就降临了，此刻，稍纵即逝的"鸟鸣声"在哗哗流淌的"春涧"中清晰可闻。要让孩子们能读出"鸟鸣"与"春涧"的和鸣，用"对比读"是再恰当不过了。

　　★教学设计

　　1. 锁定对象。

　　第四行，全班读。

　　2. 读出两种声音。

　　这句话里，有几种声音？除了鸟鸣，你还听到了什么声音？

　　3. 体会"春涧"的欢快与持续。

　　和鸟儿的时鸣相比，溪水的声音有什么不一样？（不断，一直，不停）

　　会读吗？你来！谁再读？（春涧中）

　　一起读。（春涧中）

　　春涧水可是一直在唱哦，再读。（春涧中）

　　4. 体会"时鸣"的特点。

　　(1) 体会声音的断续。

　　鸟鸣声呢？"时"就是什么？（断断续续，时有时无）

读"时鸣"。

（2）体会声音的大小。

除了时有时无，鸟鸣声还有？（时大时小）

读"时鸣"。

（3）体会声音的远近。

树有远近，鸟在树上，那鸟鸣声呢？（时远时近）

读"时鸣"。

5. 多种方式"对读"体会。

连起来读，读出两种声音的和鸣。（引读：时鸣春涧中）

再来。（引读：时鸣春涧中）

你——（指一女生）时而鸣叫的小鸟，起立，读——

孩子们——（全班读：春涧中）

春涧水一直那么欢畅，再读，感受鸟鸣与春涧的合奏。

预备，起——

女生：时鸣

全班：春涧中

再来——

低低的一声叫——

女生：时鸣

全班：春涧中

短促的一声叫——

女生：时鸣

全班：春涧中

远远的一声叫——

女生：时鸣

全班：春涧中

小结：稍纵即逝的鸟鸣声为什么能捕捉到？再读第一行诗，"闲"难道仅仅是"休闲"么？

两种声音的对比朗读，为学生体悟《鸟鸣涧》中诗人表达的禅与道搭建了台阶，回到第一行诗，再悟"闲"，就一定不是初见诗行的"无事和空闲"，而是"放空自我的心静"。人生七证：知、止、定、静、安、虑、得，入静安然，方可思虑而后有"得"。

⑤反思读。

语言是思维的外壳，借助外壳，是要对学生进行思维的训练。大凡语文教学研讨活动，提供课例的老师，会倾向于选择情感性较强的散文和叙事文体，其他体裁的文本触及不多。因此对文本的赏析在用词、修辞、意境上，涉及会多一些，而对学生思维的训练则不够。

2022版《语文课程标准》将"思维能力"确定为"语文四大核心素养"之一，明确指出思维能力的定义"在语文学习过程中的联想想象、分析比较、归纳判断等认知表现"。思维的类型包括：直觉思维、形象思维、逻辑思维、辩证思维和创造思维；思维的品质上有五大特性：敏捷性、灵活性、深刻性、独创性、批判性。因此没有通过语言实现对思维的触及和培养的语文课，算不得真正的语文课。

《生死攸关的烛光》这篇课文，北师大版教材将其安排在四年级。文章讲述了二战时期，母子三人配合默契，合力保护情报的故事。因为最后即将燃尽的蜡烛是由妹妹杰奎琳端上楼的，所以孩子们顺着课文的顺序读，无意识中会产生一种错觉：是杰奎琳保护了情报。实则不然。要让学生体会到"母子三人合力保护情报"，就必须引入反思读——

情报能平安，一家三口能够脱险，都归功于杰奎琳吗？再次细读母亲和哥哥的做法的句子，有什么发现？

母亲："瞧，先生们，这盏灯亮些。"说着轻轻把蜡烛吹熄。

雅克："天真冷，我到柴房去搬些柴来生个火吧。"说着伸手端起烛台朝门口走去。

杰奎琳："司令官先生，天晚了，楼上黑，我可以拿一盏灯上楼睡觉吗？"

通过反思读，学生们会发现：妈妈在想办法吹熄蜡烛，哥哥从妈妈的做法中知道了蜡烛必须拿走，杰奎琳通过哥哥的做法明白，拿走蜡烛必须要有一个不容拒绝的"理由"。反思读，将三人的做法串成一条缜密的思维线，从而深刻理解生死攸关时刻母子三人的智慧、默契与勇敢。

示例 "反思读"教学设计

【课文原文】

严监生喉咙里痰（tán）响得一进一出，一声不倒一声的，总不得断气，还把手从被单里拿出来，伸着两个指头。大侄子走上前来问道："二叔，你莫不是还有两个亲人不曾见面？"他就把头摇了两三摇。二侄子走上前来问道："二叔，莫不是还有两笔银子在那里，不曾吩咐明白？"他把两眼睁得滴溜圆，把头又狠狠摇了几摇，越发指得紧了。奶妈抱着哥子插口道："老爷想是因两位舅爷不在眼前，故此记念。"他听了这话，把眼闭着摇头，那手只是指着不动。赵氏慌忙揩（kāi）揩眼泪，走近上前道："爷，别人说的都不相干，只有我晓得你的意思！……你是为那灯盏里点的是两茎灯草，不放心，恐费了油。我如今挑掉一茎就是了。"

《临死前的严监生》描写了严监生临死前从被单里伸出两个手指头家人的依序猜测。文章很短，一分钟的浏览就会知道伸出的"两个指头"指的是"两茎灯草"。教学时，如果依照课文描写的顺序对大侄子、二侄子、奶妈、赵氏的猜测进行逐句品读理解，会了然无趣，是无视学生的感知，将学生拉回到"不懂"的状态。读通、读懂课文后，采用"反思读"，既充分尊重了学生的已有认知，也将学生的阅读思考导向深入。

★教学设计

1. 标志性动作具象人物。

聚焦这个部分，反复读，如果要你给临死前的严监生画一幅特写肖像画，哪一个姿势非画不可？

2. 学生交流，板画"两个指头"。

英雄所见略同，我也这样认为。谁来画？（指名上台）

3. 反思读，勾画与"两个指头"信息有关的词句。

为什么你们不约而同想到两个指头？走入课文，勾出和指头相关的句子。

……

4.交流，聚焦"两个指头"信息的句子。

第一处：严监生喉咙里痰响得一进一出，一声不倒一声的，总不得断气，还把手从被单里拿出来，伸着两个指头。

第二处：他把两眼睁得滴溜圆，把头又狠狠摇了几摇，越发指得紧了。(指得紧的还是两个指头)

第三处：他听了这话，把眼闭着摇头，那手只是指着不动。

5.第二次反思读，聚焦"两个指头"信息的词语。

再读这组句子，是哪些词语让我们读出了两个指头的信息？圈出。

6.交流，聚焦"两个指头"信息的词语。

第一处：两个指头……两个指头，直接告诉了我们。

第二处：指得紧……指得紧的还是两个指头。

第三处：指着不动……指着不动的仍然是这两个指头。

小结：三处描写，把人物的代表动作"两个指头"推到我们的面前。这就是典型人物的"标志性动作"刻画。

⑥导入情境读。

所有的文字都是有生命力的。品读时，引入音乐、图片、视频、实物、场景创设朗读，能增强孩子的真切体验和感知，提升学生对文本的感悟。

"导入情境读"要注意"情境"导入的时机和度。多年前，我的一位同事上《十里长街送总理》一课，直接把教室布置成灵堂，上课时，学生四周围全是黑纱和白花，就是情境创设过度了。再有，是时机，什么时候音乐出来，什么时候图片出来，是有讲究的。这个讲究不是教者的刻意，而是文字理解到那个时候的需要。这个时候，哪怕是教师多说一个字，都是多余的。

比如《父爱之舟》中对"父爱"三个维度的感悟，当孩子们的感悟出来后，教师不要说话，轻轻点击，音乐便起了。教师一个手势，请一个学生起来读；再一个手势，再请一个学生起来读……就这样，请六七个孩子配乐诵读后，教师像乐队指挥一般，双手手心向上，轻轻抬起，全班孩子起立诵读，将文本的感悟通过诵读淋漓表达。因此一个优秀的语文教师，完全具备一个优秀导演的潜质。

示例 "导入情境读"教学设计

【课文原文】

慈母手中线，

游子身上衣。

临行密密缝，

意恐迟迟归。

谁言寸草心，

报得三春晖。

《游子吟》是唐代诗人孟郊所作的一首母爱的颂歌。个人认为，除《诗经》中的《蓼莪》之外，再没有哪首诗对母爱的咏叹能与之媲美。人物是"母与子"，事物是"线与衣"，一个"缝"字，一个"恐"字，将母爱的歌咏推到极致。诗的最后两行，用"寸草"和"春晖"进行比对，更是写尽了母爱的无私、伟大与宽广。品读时，可不断创设情境，并在情到深处时，引入作曲家谷建芬为《游子吟》谱写的曲子，氛围感简直就是完美。

★教学设计

1. 锁定诗行。

读第1，2行诗。

2. 读懂第1，2行诗中的事物。

诗中第1，2行写了哪些事物？圈出。

突出"线、衣"这两个词，读。

3. 感悟"线"与"衣"的关系。

线在哪？衣在哪？知道了什么？

突出"线""衣"再读诗行。

4. 读懂第3，4行诗中的事物。

母亲在做什么？在担心什么？圈出。

突出"缝""恐"，读第3，4行。

5.感悟"不舍与担忧"。

母亲将什么"缝"进了衣服里？同桌讨论。

6.感悟"亲情"并交流。

读到这儿，你觉得亲情是什么？

亲情是母亲手中长长的线；

亲情是母亲密密缝好的针脚；

亲情是游子身上的母亲密密缝制的衣服……

7.对比读第1，2行和第5，6行，感悟母爱的无私与伟大。

对比读第1，2行和第5，6行，有什么发现？

寸草心——游子；

三春晖——母亲；

教师小结：是啊，春天的小草怎能报答太阳的光辉呢？

8.引入歌曲《游子吟》，跟唱《游子吟》，诵读《游子吟》。

小结：时间是一种强大的力量。今天你们是小男孩、小女孩，随着时间逝去，你们会一天天长大。有一天，你们也会像春天的小草一样，会在世界的某一个角落安家。当你们离开了爸爸妈妈，离开了爱你们的亲人，请一定记得常常给他们打打电话，给他们捎去问候。读——

若干年后的一天，女孩会做妈妈，会做奶奶；男孩会做爸爸，会当爷爷。你们也会思念，也会牵挂。世间的一切生命就这样在时间里轮回，而亲情也在这样的轮回中长长久久。读——

(3)第二课时课堂练习设计。

课堂教学的过程就是学生练习的过程。除了以题单形式出现的练习之外，批、注、释、议、悟，都是练习。第二课时课堂练习围绕"理解、体验、感悟、积累"四大目标进行设计。

练习维度	练习形式	练习要求	完成时间及相关任务约定	批阅形式及监控要求
理解	课堂交流、课堂批注、课堂小练笔	1. 理解关键词句的意思，并完成批注。 2. 理解关键词在句子、在整篇文章中的用意，完成批注。 3. 理解文本的表达方法、修辞格的用法和用意等，完成批注并灵活运用。	1. 课堂进行中的交流与批注。 2. 提前将综合练习册发到孩子的手中，在课堂教学推进中，适时指导学生完成相应的练习。	1. 关注学生积极参与交流。 2. 关注学生是否人人养成批注习惯。 3. 小练笔随学生完成节奏批阅。 4. 先完成的孩子起立自主阅读。
体验	课堂交流、课堂批注、课堂小练笔	1. 紧紧围绕课后思考题及课文中的小泡泡设计体验类课堂练习，突出教学重难点。 2. 体验重点词句表达的情感，并能通过"诵读"准确表达，在情感上与文本达成共鸣。 3. 小练笔设计可以是仿写，可以是内心体验等。	1. 课堂进行中的交流与批注。 2. 提前将综合练习册发到孩子的手中，在课堂教学推进中，适时指导学生完成相应的练习。	1. 关注学生积极参与交流。 2. 关注学生是否人人养成批注习惯。 3. 小练笔随学生完成节奏批阅。 4. 先完成的孩子起立自主阅读。
感悟	课堂交流、课堂批注、课堂小练笔	1. 依据单元主题、文章主旨体会文本诉说的内涵：如《钓鱼的启示》崇尚规则；《去年的树》生命形式虽发生变化但承诺是金，友谊永恒。 2. 小练笔设计可以有多种方式：描绘作者心理变化或情感曲线，化身文本中的人物去感受、发现、续写等。	1. 课堂进行中的交流与批注。 2. 提前将综合练习册发到孩子的手中，在课堂教学推进中，适时指导学生完成相应的练习。	1. 关注学生是否规范作答，完整清楚表达。 2. 书面练习循环批阅。
积累	摘抄、背诵优美段落	1. 词句摘抄工整规范。 2. 背诵课后要求的段落或句子。 3. 摘抄形式可以有摘抄本、资料卡片、手账本、思维导图等不同方式。	1. 期初设计本期要求背诵篇目的表格贴于教室，背诵一篇标注一篇。 2. 课堂进行中完成摘抄。	1. 随学生完成摘抄节奏批阅。 2. 在学生所背篇目旁批注"已背"并写上背诵日期。

续表

练习维度	练习形式	练习要求	完成时间及相关任务约定	批阅形式及监控要求
	阅读推荐	根据课文内容进行推荐，同类阅读、主题阅读、关联阅读、拓展阅读、作家作品等。	1.阅读与课内各作业时段同步。2.阅读课阅读。	1.填写阅读卡。2.开展阅读分享活动。
课堂综合练习	练习条、题单、练习册	1.结合课后要求进行设计。2.可一节课练习一两种类型，多次练习尽可能将阅读题型穷尽。3.完成练习册。	1.第二课时教学环节中适时完成。2.每节课预留几分钟时间完成。	1.随学生完成节奏循环批阅。2.综合练习时教师循环批阅。

曾经有人拿到我的《课堂常规手册》，看到"听课"那一栏对学生的要求是：

①身体坐正，背挺直。②双手置于桌上，左手在下，右手在上（左利手相反）。③双脚平放，与肩同宽，目视老师，专注倾听。

然后，立刻向我发问："你让学生这样坐四十分钟啊？"

我笑了。这样提问题的人，一定没有教过一天书，没有上过一节课。真正好的课堂，怎么可能一直让学生"正襟危坐"？不同的学习任务，有不同的学习方式。仔细看看这份"课堂练习设计指南"，你会发现，孩子们在课堂上有太多的事情需要做。整堂课有了"任务驱动"，没有一个孩子会觉得"累""疲"，他们都会学得生机勃勃，都会学得兴趣盎然。

(4)第二课时教学设计示例。

示例　第一学段第二课时教学设计

第一学段第二课时教学要在"读懂句子结构"上下足功夫，通过课堂对"重点句子"的品读，习得读懂句子的结构化方法，为第二学段重点段的品读打下基础。同时读懂"句子的结构"，也是学生按照意群"分词连读"的前提和基础。学生读书时出现的"唱读"现象，是第一学段第二课时品读教学缺失导致。

《一次比一次有进步》第二课时教学设计

★教学目标

1.理解课文内容,知道小燕子的三次发现以及妈妈对小燕子三次发现的评价,明白为什么最后"燕子妈妈笑了"。

2.有感情地朗读课文,体会小燕子不断拥有发现的惊喜以及燕子妈妈一直给小燕子的鼓励和最后对小燕子的由衷赞美和欣赏。

3.品读妈妈三次要求和三次评价的句子,体会准确用词和精确表达:

妈妈三次要求:你到菜园去、你能不能再去看看、你能不能再去仔细看看。

妈妈的三次评价:你说得对、很好、你一次比一次有进步。

4.感悟生活中细微的发现需要精细、认真的观察,进步来自坚持。

★教学过程

一、回顾课文内容,导入新课学习

1.读课题。

同学们,这节课咱们继续学习——(学生齐读课题)一次比一次有进步。

2.回顾课文内容。

通过上节课的学习,我们知道:小燕子去菜园看了几次?(三次)

分别是在哪些自然段?(一看,第2自然段;二看,第3自然段;三看,第4自然段。)

捧书,我们先走进"第一次看菜园"。

二、品读课文,体会三次去菜园的发现的惊喜和妈妈的评价的不同

1.品读"一看"

【课文原文】

"你到菜园去,看看冬瓜和茄子有什么不一样?"

"妈妈,妈妈,冬瓜大,茄子小!"(节选)

(1)锁定妈妈的话。

燕子妈妈对小燕子说了什么?读。

(2)品读妈妈的要求。

妈妈要求小燕子去看看什么？双横线标记：冬瓜和茄子。

读词：冬瓜　茄子

读妈妈的话，突出"冬瓜、茄子"。

妈妈要求小燕子看冬瓜和茄子的什么？圈出"不一样"。

读词：不一样

读妈妈的话，突出"不一样"。

(3)品读小燕子的发现。

①锁定词语"大""小"。

小燕子回来有什么发现？谁来读？

冬瓜怎么样？哪个词告诉了我们？圈出。

茄子怎么样？圈出。

②读词，理解。

读词语，两遍。

你看到过多大的冬瓜？（联系生活实际，感知"大"）能抱得起吗？这就是"大"。突出"大"，读冬瓜的特点：冬瓜大。

茄子呢？一只手举起它。两个指头拿起它。跟冬瓜比，茄子实在小。突出"小"，读茄子的特点：茄子小。

③品读"大、小"之分。

一个大到抱不动，一个小到两根手指头就可以轻轻拿起，这就是它们的不同。

谁会读？

谁再来？（依序请学生单独读）

一起来。

④创设情境朗读，体验小燕子的欣喜。

这是谁的发现？多开心。

假如你是小燕子，你来告诉妈妈。

就这句话，还从哪儿知道小燕子很开心？（两个"妈妈"，指导读好"妈妈，妈妈"）

告诉妈妈你的发现。（抽读）

(4)分角色朗读燕子妈妈和小燕子的对话。

小燕子在哪里？我是妈妈，咱们再去体验。

小结过渡：第一次看，小燕子发现了冬瓜和茄子的什么不同？（大小不同）第二次呢？

2.品读"二看"

【课文原文】

燕子妈妈说："你说得对。你能不能再去看看，还有什么不一样？"小燕子又去了，回来说："妈妈，妈妈，冬瓜是绿的，茄子是紫的！"（节选）

(1)品读妈妈对小燕子第一次发现的肯定和再要求。

①锁定妈妈的话。

燕子妈妈怎么说？读。

妈妈说了几句话？用序号标出。

②品读第一句话，感受燕子妈妈对小燕子发现的肯定。

读第一句话。

知道了什么？圈出"说得对"。

小燕子说什么说得对？（小燕子说冬瓜大，茄子小说得对）

这是燕子妈妈对小燕子发现的肯定。再读。

(2)品读第二句话，明了妈妈的"再要求"。

读第二句话。

妈妈又提出了什么要求？圈出"再去看看，还有什么不一样"。

读圈出的短语两遍。

读妈妈的话，突出"再去看看，还有什么不一样"。

(3)对比读燕子妈妈第一次说的话，体会"再去、还有"的用法。

读燕子妈妈两次要求的句子，有什么发现？

"你到菜园去，看看冬瓜和茄子有什么不一样？"

你能不能再去看看，还有什么不一样？

相同：看冬瓜和茄子有什么不一样

不同：去——再去；有——还有

读词"再去、还有"。知道了什么？（去了一次，去第二次，就可以用"再"，有了发现继续发现，就可以用"还"，"再、还"就是"又"的意思。）

你能说说同样意思的词语吗？

跑——再跑　　看——再看　　能——还能　　是——还是

突出"再去、还有"再读第二句话。

(4)品读小燕子的第二次发现。

"妈妈，妈妈，冬瓜是绿的，茄子是紫的！"

①锁定词语"绿""紫"。

小燕子第二次的发现是？读。

圈出表示特点的词。

②读词，理解，体会小燕子的"再发现"。

读词两遍：绿的，紫的。

这是表示什么的词？

这次发现了冬瓜和茄子的什么不同？

突出表示颜色的词，再读。

(5)分角色朗读燕子妈妈和小燕子的第二次对话。

由第1组、2组做小燕子，第3组、4组做妈妈，老师读叙述部分。

交换再来一次。

小结过渡：第二次看，小燕子发现了冬瓜和茄子的什么不同？（颜色不同）第三次呢？

3.品读"三看"

【课文原文】

　　燕子妈妈点点头，说："很好。可是，你能不能再去仔细看看，它们还有什么不一样？"小燕子又去了，回来高兴地说："妈妈，妈妈，我发现冬瓜的皮上有细毛，茄子的柄上有小刺！"燕子妈妈笑了，说："你一次比一次有进步！"（节选）

(1)品读妈妈的第三次要求，体会"不同"。

①锁定妈妈的话。

第三次妈妈提出的要求跟第二次又有什么不同？请一位同学读妈妈的话，其他同学仔细听。

②发现不同，理解"仔细"。

妈妈对小燕子的肯定是？再读"很好"。

同时提出的要求是——（读句子）

这次提出的要求，跟前两次有什么不同？每个句子读三遍。

第一次："你到菜园去，看看冬瓜和茄子有什么不一样？"

第二次："你能不能再去看看，还有什么不一样？"

第三次："你能不能再去仔细看看，它们还有什么不一样？"

圈出"仔细"。

读词两遍。

"仔细看"是怎样地看？

突出"仔细"，读第三次要求。

（2）品读小燕子的第三次发现，体会"小燕的自豪"。

①锁定第三次发现，圈出关键词。

仔细看，小燕子的发现是什么？你读。

大家读。

想想，该圈出哪些关键词呢？（皮上有细毛、柄上有小刺）

突出圈出的短语，再读这句话。

②比较三次发现，体会小燕子的自豪。

三次发现向妈妈的报告有什么不同？小声读，谁有发现？

"妈妈，妈妈，冬瓜大，茄子小！"

"妈妈，妈妈，冬瓜是绿的，茄子是紫的！"

"妈妈，妈妈，我发现冬瓜的皮上有细毛，茄子的柄上有小刺！"

相同：妈妈，妈妈（想要快快告诉妈妈）

不同：第三次多了"我发现"

读词：我发现

除了高兴，还有什么？（体验小燕子对细微发现的自豪）

读第三个句子，突出"我发现"。

（3）比较读"妈妈的三次评价"，感悟"一次比一次有进步"的含义。

①自主发现，交流。

妈妈对小燕子三次发现怎么评价？小声读，看看谁有发现？

燕子妈妈说："你说得对。……"

燕子妈妈点点头，说："很好。……"

燕子妈妈笑了，说："你一次比一次有进步！"

鼓励学生自主发现：

内容上：说得对，很好，一次比一次有进步；都在鼓励孩子；都在肯定小燕子……

妈妈的神态上：点点头、笑了

②理解"笑了"。

读词"笑了"。为什么"笑了"？

③感悟"一次比一次有进步"。

为什么说一次比一次有进步？

第一次：大小不同，冬瓜大，茄子小。

第二次：颜色不同，冬瓜绿，茄子紫。

第三次：冬瓜皮上有细毛，茄子柄上有小刺。

圈出"细毛、小刺"。

这样的发现怎么得来？（回扣"仔细看"）

"一次比一次有进步"的意思是什么？（一次比一次看得更仔细，一次比一次的发现更细微）

第一次：大小（一眼就可以看出来）。

第二次：颜色（稍稍注意就可以看出来）。

第三次：细毛和小刺（要仔细观察才能得到）。

有这样的孩子，妈妈当然开心，读——

燕子妈妈笑了，说："你一次比一次有进步！"

再读。还读。

三、课堂练习

1.根据课文内容填空。

燕子妈妈叫小燕子到（　　　）去，看看（　　　）和（　　　）有（　　　）。小燕子一共去看了（　　）次，第一次发现冬瓜（　　　），茄子（　　　）；第二次发现冬瓜是（　　　）的，茄子是（　　　）的；第三次发现冬瓜的皮上有（　　　），茄子的柄上有（　　　）。燕子妈妈笑了，说："你（　　　　　　　　　　）。"

2.在正确的说法后面画"√"。

"燕子妈妈笑了"，是因为：

(1)小燕子发现冬瓜是大的，茄子是小的。（　　　）

(2)小燕子发现冬瓜是绿的，茄子是紫的。（　　　）

（3）小燕子看冬瓜和茄子一次比一次看得仔细。（　　）

板书设计：

一次比一次有进步

小燕子	（冬瓜）	（茄子）	燕子妈妈
一看（大小）	大	小	说
二看（颜色）	绿	紫	点点头
三看（皮、柄）	细毛	小刺	笑了

示例　第二学段第二课时教学设计

第二学段第二课时教学要在"品读一段话"上下功夫。若干句子为什么可以组成一段话？它们之间的内在逻辑是什么？十种段式，也就是十种组句成段的结构，是第二学段品读教学的重点：

按照时间顺序组段

按照空间方位顺序组段

按照地点转换顺序组段

按照事情发展的先后顺序组段

按照总分关系组段

按照因果关系组段

按照选择关系组段

按照递进关系组段

按照并列关系组段

按照转折关系组段

这些组段方式，不是去讲懂，而是在第二课时中带着学生去读懂。在对文本理解、体验、感悟的基础上，明了每一段式结构的特点，并习得读懂一类段式结构文本的方法，体验不同段式结构在表达上的区别。

义务教育《语文课程标准》在第二学段对"阅读与鉴赏"提出的要求是："联系上下文，体会课文中关键词句表达情意的作用；能初步把握文章的主要内容，体会文章表达的思想感情；初步感受作品中生动的形象和优美的语言，关心作品中人物的命运和喜怒哀乐，与他人交流自己的阅读感受。"这些阅读要求，要在每一堂课中去一一落实。

《巨人的花园》第二课时教学设计

★教学目标

1.选择花园凄凉的段落，通过重点词句的品读，从三个层次感受花园的凄凉，理解是巨人的粗暴、霸道、自私导致花园从"可爱"变得"凄凉"。

2.对比巨人由"不懂"到"懂"语言和行为发生极大变化的词句，体会巨人的后悔，明了巨人从前的霸道和自私皆因"不懂"导致。

3.抓住"巨人有形身高的矮"和"人格形象的高"深度思考，感悟"什么样的人是真正的巨人"。

4.感受童话的恒久魅力，知晓"巨人的花园"的普遍意义。

★教学过程

一、导入新课

1.齐读课题。

孩子们，我们继续学习——（读课题）《巨人的花园》。

2.根据板书，回顾课文内容。

巨人的花园状态	巨人的行为
可爱	看朋友、住七年
凄凉	叱责、砌墙、挂布告牌
奇特	打开、走进、抱起
乐园	一起玩、欣赏

二、从三个方面品读花园的凄凉，并理解凄凉是巨人的行为所导致

1.三个方面品读花园的凄凉。

(1)锁定花园凄凉的段落，1分钟练读。

孩子们，花园四个阶段的样子分别是：可爱、凄凉、奇特、乐园。

这四个阶段最让你们揪心的是什么？（凄凉）

走进第7自然段，1分钟练读。

小鸟不肯在他的花园里唱歌，因为那里没有孩子们的踪迹；桃树也忘了开花；偶尔有一朵美丽的花从草丛中伸出头来，可是一看见那块布告牌，就马上缩回到地里睡觉去了。

（2）从"花园事物的表现"，体会花园的凄凉。

①锁定事物的表现。

曾经可爱的一切，此刻是什么样的？

小鸟：不肯

桃树：忘了

花：马上缩回

圈出关键词。

②理解"不肯、忘了、缩回"，品读体会。

读词，每个两遍。

"不肯"是什么意思？（不愿意）读两遍，回文读。

"忘了"的意思是什么？（不记得）读两遍，回文读。

从"缩回"，知道花儿什么态度？（抗拒、不情愿）读词两遍，回文读。

三个词语回文，读句子。

小鸟不肯唱歌、桃树忘了开花、花儿开了又缩回，这当然凄凉。

③对比朗读"花园事物前后的表现"，体会花园的凄凉。

可曾经是什么样子的呢？

请女生读：园里长满了柔嫩的青草，草丛中到处露出星星似的美丽花朵。

此刻——

请男生读：偶尔有一朵美丽的花从草丛中伸出头来，可是一看见那块布告牌，就马上缩回到地里睡觉去了。

桃树——

曾经：还有十二棵桃树，春天开出淡红色和珍珠色的鲜花，秋天结出丰硕的果子。

此刻：桃树也忘了开花。

小鸟——

曾经：小鸟们在树上唱着悦耳的歌，歌声是那么动听，孩子们都停止了游戏来听他们唱歌。

此刻：小鸟不肯在他的花园里唱歌，因为那里没有孩子们的踪迹。

此刻的花园用一个词来形容，那就是——（凄凉）。

（3）从"花园色彩的单调"，体会花园的凄凉。

①锁定描写花园色彩的句子，圈画描写色彩的词语。

从事物的表现我们感受到了凄凉，我们还从哪里感受到了凄凉？再走进这段话，圈出表示颜色的词。（白色　银色）

②对比朗读"花园前后的色彩"，体会花园的凄凉。

读词两遍。

花园只见白色和银色，知道了什么？（色彩单调）

曾经的花园是——

园里长满了柔嫩的青草，草丛中到处露出星星似的美丽花朵。还有十二棵桃树，春天开出淡红色和珍珠色的鲜花，秋天结出丰硕的果子。

此刻——

雪用他的白色大衣覆盖着青草。霜把所有的树枝涂成了银色。

绚烂多彩的春天没有了，此时此刻只有白色和银色，这就是——（凄凉）。

（4）从"花园声音的凛冽"，体会花园的凄凉。

①锁定描写花园声音的句子。

花园事物的表现、花园单调的色彩，让我们感受到了凄凉！还有哪些信息也在传递凄凉呢？小声再读这段话，去发现。

北风身上裹着皮衣，整天在花园里呼啸着。他说："这是个好地方，我们一定要请雹来玩一玩。"于是雹也来了。他每天总要在屋顶上闹三个钟头，然后又在花园里绕着圈子用力跑。

②圈出描写声音的词句。

读这段话，耳边听到的是什么？圈出描写声音的词：

呼啸　闹　用力跑

③理解"呼啸、闹、用力跑"。

什么样的声音称作"呼啸"？这样的声音响在耳边，什么感受？

一个"闹"字，听到了哪些声音？

这样的声音持续多久？圈出"两三个钟头"。这样的声音在耳边响两三个钟头，你的感受？

"雹"是什么？读词两遍。带来的是什么？（击碎敲打花园一切的生灵，播放雹施虐的视频）

④对比阅读"花园前后的声音"，体会凄凉。

花园可爱时，耳边萦绕的是——

小鸟们在树上唱着悦耳的歌，歌声是那么动听，孩子们都停止了游戏来听他们唱歌。"我们在这儿多么快乐！"孩子们欢叫着。

此刻是——

北风身上裹着皮衣，整天在花园里呼啸着。雹也来了。他每天总要在屋顶上闹三个钟头，然后又在花园里绕着圈子用力跑。

这样的花园用一个词来形容，那就是——（凄凉）

2.品读巨人的行为，理解巨人行为和花园凄凉之间的关系。

(1)议读巨人的行为，理解是巨人的行为导致了花园的凄凉。

①锁定巨人的行为。

曾经可爱的花园，此刻变得凄凉的原因是？捧书，读——

于是他在花园的四周砌了一道高墙，挂出一块布告牌：

禁止入内

违者重惩

②理解词语，议读叱责、高墙、禁止、重惩带来的结果。

A.理解叱责，体会叱责。

读词两遍。"叱责"是什么意思？文中"叱责"谁？结果是什么？放回文中再读。

B.理解"高墙"的阻挡。

怎样的墙？（高墙）

可能高到什么程度呢？你说。突出"高"，读词语。

这样的高墙带来的是？（孤独、寂寞、冷清，花园成了孤独的角落）

C.体会布告牌的警告。

什么叫"告示牌"？一般出现在哪些地方？

读布告牌信息——

严禁入内，违者重惩。

第二遍读。

第三遍读。

听到这样的警告，你什么感受？

原来，花园的凄凉就是因为，读——

他叱责，

他在花园的四周砌了一道高墙，

他挂出一块布告牌：

禁止入内

违者重惩

（2）根据巨人的行为表现，为巨人的形象题词。

①小组讨论。

此时此刻，如果要用一个词来形容他，哪个词最恰当？小组讨论。

②全班交流。

蛮横、霸道、专制、自私……

（3）再次引读做法与凄凉的句子，感悟两者之间的联系。

因为巨人——

他叱责，

他在花园的四周砌了一道高墙，

他挂出一块布告牌：

禁止入内

违者重惩

所以，花园——（齐读第7自然段）

（4）抓"不懂""盼望"，体会面对"花园凄凉"巨人的心情。

①锁定巨人"不懂"的段落。

我们都知道花园为何变得凄凉！但有一个人不知道，他是谁？

快速浏览课文，哪儿可以看出？

"我不懂为什么春天来得这样迟，"巨人坐在窗前，望着窗外那凄凉的花园，"我盼望天气快点儿变好。"

②抓"不懂、盼望"，体会巨人的"不懂"。

读这个句子三遍。从哪些词最能看出巨人"不懂"？圈出"不懂""盼望"。

这些词读两遍。

知道了什么？

突出"不懂""盼望"再读句子。

三、理解巨人的打开和接纳使花园变乐园，感悟爱的力量

1. 锁定巨人"顿悟"的句子，品读，体会巨人的"后悔"。

(1) 锁定句子。

不懂的巨人，他最终懂了还是没懂？快速默看课文后面部分。

哪句话看出巨人懂得了？

他对自己说："我多么自私啊！现在我明白为什么春天不肯到这儿来了。"他十分后悔自己先前的举动。

(2) 感悟"自私"赶走了"春天"。

读句子三遍。

巨人懂得了什么？

抽生交流。

(3) 反思奇特景象，明了"有孩子的地方就有春天"。

是什么带来这样的启示？回到第 11 自然段，去读去发现。

孩子们足迹所在：桃花开、小鸟唱、花儿伸出头来。

孩子够不到的地方：盖满雪和霜。

同处在一个花园里，唯一的不同就是"孩子"。原来，孩子，才是真正的春天。

明白了道理，怎能不后悔！再读句子。

2. 品读描写"巨人的动作的词"，体会巨人心的打开和接纳。

(1) 锁定巨人做法的句子。

懂得之后，巨人怎么做？提笔，勾画。

他轻轻地走下楼，静悄悄地打开前门，走进花园里。

巨人悄悄地走到他后面，轻轻抱起他，放到树枝上。

他拿出一把大斧子，拆除了围墙。

(2) 品读表示动作的词。

圈出三句话中表示巨人动作的词。

交流。(走下、打开、走进、走、抱、放、拿出、拆除)

读句子，突出表示动作的词。

(3)品读描写神态的词。

怎样走下？怎样打开？圈出"轻轻地、静悄悄地"。

怎样走到？怎样抱起？圈出"悄悄地、轻轻地"。

读词两遍。

知道了什么？(怕惊动了孩子，担心吓着了孩子……)

(4)给此刻的巨人画像。

眼前的巨人，让你想到哪些词？ (温柔、真诚、可亲、慈祥、慈爱……)

(5)朗读体会巨人的"温柔可亲"。

突出描写动作和神态的词再读，体会巨人的温柔可亲。

3.引读花园变化的句段，体会巨人的开放与接纳。

真正懂得后的巨人不仅这么做，还——

拿出一把大斧子，拆除了围墙。

他还允许——

孩子们站在巨人的脚下，爬上巨人的肩膀，尽情地玩耍。

他老了，走不动了——

他不能再跟孩子们一块儿玩了，只能坐在椅子上看孩子们玩各种游戏，同时也欣赏着他自己的花园。

他说：

"我有许多美丽的花，可孩子们却是最美丽的花。"

四、升华主题，明白什么样的人能称作"巨人"

1.回扣题目，猜测巨人的高度。

再读课题"巨人的花园"。

再次浏览全文，巨人到底有多高？(学生自由猜测)

2.小组讨论，锁定最矮和最高，探究巨人的真正含义。

(1) 锁定句子，引出阅读矛盾点。

花园从可爱到凄凉，经历奇特，变成乐园四个阶段中，巨人的身高有没有变化？何时最矮？

巨人身高最矮是坐在椅子上的时候——

许多年过去，巨人老了。他不能再跟孩子们一块儿玩了，只能坐在椅子上看孩子们玩各种游戏，同时也欣赏着他自己的花园。

看得见的身高在此刻最矮！那在你们的心中，四个阶段的巨人，何时形象最高大？

（2）感悟：何谓"巨人"。

巨人身高最矮的时刻，他的形象却在你心中最高大，这是为什么？什么样的人才能称作"巨人"，提笔，写下来。

先完成的孩子依序分享。

（3）感悟：有爱的花园就是巨人的花园。

孩子们，巨人的花园在哪儿？小组讨论。

小组代表分享。

小结：是的，有爱的地方，能够分享、能够接纳、给人允许的地方，就是"巨人的花园"。孩子们，希望你们都能成为真正的巨人，都能拥有一座巨人的花园。

板书：

巨人的花园

（第 1～2 自然段）可爱　看朋友、住七年

（第 3～9 自然段）凄凉　叱责、砌墙、挂布告牌　霸道、自私、专制　（不懂）

（第 10～13 自然段）奇特　开门、走进、抱起、拆墙　温柔、仁慈、和善　（懂）

（第 14～15 自然段）乐园　一起玩、欣赏　　最矮？　最高！

示例 第三学段第二课时教学设计

第三学段第二课时教学要在"辨别词语的感情色彩、体会表达效果"，以及"了解文中的顺序、体会作者的思想感情、领悟文章的表达方法"上下功夫，习得阅读"叙事性作品、诗歌、说明性文章、非连续性文本"的阅读方法。教学中，要不断帮助学生总结方法、提炼学法，实现"学习一篇、掌握一类"之目的。

《父爱之舟》第二课时教学设计

★教学目标

1.以第三个场景中父亲的做法为切入点，联系全文七个场景中父亲的做法，借助对关键词句的品读，三个维度感悟父爱。

(1)你的眼里有整个世界，而我的眼中只有你。

(2)我节俭到极点，也要满足你童年的好奇和渴望。

(3)你什么也不说，可我都知道。

2.立足描写"我"的句子，抓关键词句体会"我"的成长，理解"舟"的含义，感悟"父爱做舟，成长做帆"。

3.有感情朗读文章最后部分，体验对父爱深深的铭记之情。

★教学过程

一、导入新课

1.齐读课题。

2.锁定"父爱"。

什么之舟，再读，突出"父爱"。

这节课，我们要走进七个场景的细节中去感受父爱。

二、立足场景三，锁定父亲的做法，并联系全文，通过三个方面感悟父爱的内涵

1.锁定场景三

(1)引入第三个场景。

快速浏览全文，你发现哪个场景作者写得最长？

(2)出示场景三的内容。

好，那我们就一块儿走进第三个场景。

2.立足"看"字，通过合理想象补充父亲看到的画面，感悟父爱是"你的眼里有整个世界，而我的眼中只有你"

(1)理解"委屈"。

①读父亲的做法。

在庙会上，父亲领我做了这件事，读——

吃完粽子，父亲觉得我太委屈了，领我到小摊上吃了碗热豆腐脑，

我叫他也吃，他就是不吃。

②锁定"委屈"，理解词义。

父亲觉得我怎么了？圈出"委屈"。

读词两遍。

什么是委屈？——受到不应有的对待而心里难过。

(2)立足"看"字，通过合理想象补充父亲看到的画面，感悟父爱。

①质疑引发思考。

父亲怎么知道我委屈的？再次走进这段话。

怎么知道的？你说——

②锁定"看"字，变化角色情感朗读，感悟父爱。

原来，我看庙会，父亲看我。(教师引读)

我看各样彩排着的戏人边走边唱，

父亲看着——

看各样彩排着的戏人边走边唱的**我**！

我看踩高跷走路，

父亲看着——

看踩高跷走路的**我**！

我看虾兵、蚌精、牛头、马面，

父亲看着——

看虾兵、蚌精、牛头、马面的**我**！

我看人山人海，卖小吃的挤得密密层层，各式各样的糖果点心、鸡鸭鱼肉，

父亲看着——

看卖小吃、各式各样糖果点心、鸡鸭鱼肉的**我**！

我看卖玩意儿的也不少，彩色的纸风车、布老虎、泥人和竹制的花蛇。

父亲看到的是——

看彩色的纸风车、布老虎、泥人、竹制的花蛇的**我**！

此刻，儿子的眼中是——？

父亲的眼中只有——？

读到这儿，你觉得父爱就是什么？——提笔，写下来。

③分享感悟，配乐诵读，升华理解。

学生依序交流。

（引读）父爱就是——

"你的眼里有整个世界，而我的眼中只有你！"

（音乐起，请5～6个同学在轻柔的背景音乐中依序深情诵读。）

3.以"就是不吃"为切入点，联系七个场景中父亲"节省到极点，自己是一分冤枉钱也不肯花的"具体做法，对比发现，感悟父爱是"我节俭到极点，也要满足你童年的好奇和渴望"

（1）锁定"就是不吃"，发现父亲的节俭。

理解"就是不吃"。

再读这句话——

吃完粽子，父亲觉得我太委屈了，领我到小摊上吃了碗热豆腐脑，我叫他也吃，他就是不吃。

我吃了热豆腐脑，父亲呢？圈出"就是不吃"。

读词两遍。

什么意思？——一直不吃，始终不吃。

体会到不吃的态度很？——坚决。

突出"就是不吃"，读，体会。

（2）锁定句子"他平时节省到极点，自己是一分冤枉钱也不肯花的"，联系全文体会父亲的节俭。

①锁定句子。

不饿吗？真的不想吗？

既然饿，既然想吃，为什么态度如此坚决，再读课文，原因何在？回到文中，去发现。

交流，勾画句子：

他平时节省到极点，自己是一分冤枉钱也不肯花的。

②抓"极点"，联系全文，感受父亲"节省到极点"。

A.读"极点"，拆字理解"极点"。

父亲节省到什么程度？圈出"极点"。

读词两遍。

极是什么意思？——极限。

"节约到极点"什么意思？——节省到极限，不能再节省了。

B.联系全文找"节俭到极点"的句子。

回到七个场景中，哪些句子写出父亲节省到极点？

几个句子？有没有补充？

带了米在船上做饭，晚上就睡在船上，这样可以节省饭钱和旅店钱。

有一次，父亲同我住了一间最便宜的小客栈。

……腰里那条极长的粉绿色丝绸汗巾可以围腰两三圈，那还是母亲出嫁时的陪嫁呢。

船上备一只泥灶，自己煮饭吃，小船兼做旅店和饭店，节省了食宿费。

不过父亲不摇橹的时候，便抓紧时间为我缝补棉被，因我那长期卧病的母亲未能给我备齐行装。

C.突出"极点"，情感朗读。

锁定这5个句子，找出最能体现父亲节省到极点的词语，圈出。

交流。(你来)

突出词语，自由读，体会父亲节省到极点。

带了米在船上做饭，晚上就睡在船上，这样可以**节省饭钱和旅店钱**。

有一次，父亲同我住了一间**最便宜**的小客栈。

……腰里那条极长的粉绿色丝绸汗巾可以围腰两三圈，那还是**母亲出嫁时的陪嫁**呢。

船上备一只泥灶，自己煮饭吃，小船兼做旅店和饭店，**节省了食宿费**。

不过父亲不摇橹的时候，便**抓紧时间**为我**缝补棉被**，因我那长期卧病的母亲未能给我备齐行装。

这种种表现，都是因为——

他平时节省到极点，自己是一分冤枉钱也不肯花的。

（3）对比全文父亲为我花钱的做法，体会父亲对"冤枉钱"的定义，感悟父爱。

①联系全文，找父亲为我花钱的句子。

对自己是节省到了极点，可面对儿子，仅仅是花了买一碗热豆腐脑的钱吗？回到七个场景中去找父亲为我花钱的句子。

【课文原文】

卖了茧子，父亲便给我买枇杷吃。

父亲心疼极了，叫来茶房，掀开席子让他看满床乱爬的臭虫和我身上的疙瘩。茶房说没办法，要么加点儿钱换个较好的房间。父亲心动了……

吃完粽子，父亲觉得我太委屈了，领我到小摊上吃了碗热豆腐脑，我叫他也吃，他就是不吃。

于是家里巢稻，卖猪，每学期开学要凑一笔不少的钱。钱很紧，但家里愿意把钱都花在我身上。（节选）

②练读，发现父亲为儿子花钱的"大方"。

如果说用"抠门"来形容父亲对待自己，那为儿子花钱呢？小声读这几个句子，去发现。

抽生交流：大方、舍得……

提笔，再走进上面那几个句子，从哪些地方可以读出"大方"，读出"舍得"？完成勾画。

③朗读体会父亲为儿子花钱的"大方"。

突出关键词，朗读体会。

④回扣"他平时……也不肯花"这句话，理解"冤枉钱"的双重含义，感悟父爱。

A.回扣读"他平时……也不肯花"句子。

钱，都花在我身上，对他自己呢？再读——

他平时节省到极点，自己是一分冤枉钱也不肯花的。

B.理解"冤枉钱"的双重含义，感悟父爱。

圈出"冤枉钱"。

读词两遍。

对于父亲来说，"冤枉钱"就是什么？

学生交流：自己花的每一分钱都是冤枉钱，儿子花再多的钱都不冤枉。

此刻，你觉得父爱是什么？——提笔，写下来。

⑤分享感悟，配乐诵读，升华理解。

生依序交流。

（引读）父爱就是——

"我节省到极点，也要满足你童年的好奇和渴望！"

（音乐起，请几个同学在轻柔的背景音乐中依序深情诵读。）

4.立足"理解我那恋恋不舍的心思"，联系全篇，感悟父爱是"你什么都不说，可我都知道"

（1）读句子，锁定"理解"。

再走进场景四，回家后父亲为我做了什么？——

虽然不可能花钱买玩意儿，但父亲很理解我那恋恋不舍的心思，回家后他用几片玻璃和彩纸屑等糊了一个万花筒，这便是我童年里唯一的也是最珍贵的玩具了。

万花筒怎么来的？再读。

父亲为什么要给我糊万花筒，小声再读句子。

圈出"理解"。

我对父亲说我心思了吗？——没有。

我什么都没说，父亲却给我糊了一个万花筒，这就是父亲对我的——理解。

（2）联系全文，发现父亲对我的"理解"，感悟父爱。

品读父亲对"我"理解的句子。回到七个场景中去，细细地读，还能从哪些地方看出父亲对我的理解。

学生自由交流，课件出示保护我自尊的句子——

只是我们的船不敢停到无锡师范附近，怕被别的考生及家长见了嘲笑。

（3）回扣全文"无对话"，体悟"父爱是你不说，可我都知道"。

这么多的理解，我告诉他了吗？浏览全文，有没有一句对话描写？

没有说，却知道。父爱就是什么？——提笔，第三次感悟。

(4)分享感悟，配乐诵读，升华理解。

学生依序交流。

(引读) 父爱就是——

"你不说，可我都知道！"

(音乐起，请几个同学在轻柔的背景音乐中依序深情诵读。)

(5)小结，回扣单元情感主题。

是的，这样的事情就发生在父子之间、母子之间。孩子们，20 年以后，你们做了爸爸，做了妈妈，也会将这爱的薪火代代相传。读——

"舐犊之情，流淌在血液里的爱和温暖。"

三、发现"舟"的含义，理解课题，体会"我"的成长，感悟成长为帆

1.感悟"舟"的含义，理解课题。

(1)找出阅读的矛盾点。

再读课题两遍——父爱之舟。

"舟"就是指什么？

七个场景中，跟"船"有关的几个？(三个)

七个场景中，只有三个跟"舟"有关，课题可否改为"伟大的父爱"或者"父爱情深"？

看来"舟"字一定有特殊的意义！快速走进全文，去发现。

学生分享交流。

(2) 聚焦描写"我"的句子，发现"我"的成长。

①回顾描写"我"的句子，读出"我"的成长。

细读这几个句子，从"跟着父亲身后要枇杷吃的懵懂小孩"到"考取无锡师范"，"舟"上的儿子是怎么渐渐靠岸的？圈出关键信息。

我和父亲都饿了，我多馋啊！但不敢，也**不忍心叫父亲买**。

……所以我**从来不缺课，不逃课**。

我拿着凑来的钱去缴学费，**感到十分心酸**。

……他回家时，我**偷偷哭了**。这是我**第一次真正心酸的哭**，与在家里撒娇的哭、发脾气的哭、打架的哭都不大一样，是**人生道路中品尝到的新滋味了**。

我唯一的法宝就是考试，**从未落过榜**。

但我也睡不好，因为**确确实实已意识到考不取的严重性**……老天不负苦心人，**他的儿子考取了**。

分享交流。

读关键词。

你看到了一个怎样的儿子？（懂事、体贴、坚持、努力……）

②总结发现。

原来父爱是舟，成长是帆，把"我"从懵懂的此岸送到考取学业的彼岸。

③介绍作者一生的成就，再度感悟"父爱作舟，成长是帆"。

吴冠中老先生只考取了无锡师范吗？（课件出示一生的成就，抽读）

吴冠中（1919—2010），当代著名画家、油画家、美术教育家。

任教于中央工艺美术学院。

当选中国美术家协会常务理事。

法国文化部授予其法国文艺最高勋位。

大英博物馆打破了只展出古代文物的惯例，首次为在世画家吴冠中举办"吴冠中——二十世纪的中国画家"展览，并郑重收藏了吴冠中的巨幅彩墨新作《小鸟天堂》。吴冠中的画受到世界艺术家的推崇。

看，乘着父爱之舟，扬起成长之帆，吴老先生的人生不断地抵达远方的一站又一站，直至生命的最高处。

四、配乐朗诵课文最后一部分，再次体会父爱

所以，每每午夜醒来，父亲总在梦中，"我"总在那艘生命的"小渔船"上！捧书，读——

我从舱里往外看，父亲那弯腰低头缝补的背影挡住了我的视线。后来我读到朱自清先生的《背影》时，这个船舱里的背影也就分外明显，永难磨灭了！不仅是背影时时在我眼前显现，鲁迅笔底的乌篷船对我也永远是那么亲切。虽然姑爹小船上盖的只是破旧的篷，远比不上绍兴的乌篷船精致，但姑爹的小渔船仍然是那么亲切，那么难忘……我什么时候能够用自己手中的笔，把那只载着父爱的小船画出来就好了！

……醒来，枕边一片湿。

第三章

横看成岭侧成峰
远近高低各不同

◇

——把握文本体裁特点，实施高效教学

真正好的教学是帮助学生"学一篇，通一类"，实现"知识结构化"和"方法结构化"。同一体裁的文章，在教学中要善于把握体裁特点进行教学。

一、"寓言五步教学法"

寓言，以简短的故事寄寓意味深长的道理。作为一种文学体裁，寓言一般篇幅短小。若是文言文，更是只有几十或百来个字。如此的短小篇幅，所有的教学目标需在一个课时内完成。"寓言五步教学法"，保证了寓言教学的"底线"，还课堂以高效。

《自相矛盾》是五年级下册的一篇课文，我们以《自相矛盾》为例，谈谈寓言的"五步教学法"。

【课文原文】楚人有鬻矛与盾者，誉之曰："吾盾之坚，物莫能陷也。"又誉其矛曰："吾矛之利，于物无不陷也。"或曰："以子之矛，陷子之盾，何如？"其人弗能应也。夫不可陷之盾与无不陷之矛，不可同世而立。

第一步：立足课题，读懂、读顺课文。

一堂课只有四十分钟，真正高效能的课堂不应该有太长的导入，而是立足课题，快速进入文本的学习环节。"整体语文教学"倡导"不超过三个问题"帮助学生读通、读顺、读懂课文。《自相矛盾》这篇课文，课题本身已经概括了文章的主要内容，因此教学的第一步"读懂、读顺"课文，可依据课题设计这样三个问题展开学习：

①课题有几种事物？找出文中介绍矛、盾的句子。

②谁这样说？在什么情况下这样说？

③这样说时发生了什么？结果怎样？

三个问题恰好是这一环节的三个学习步骤，学生弄懂三个问题的过程就是将文本"读通、读懂"的过程，即在读懂的基础上，再回头通篇看文本，写作的顺序和文本的内在结构自然就出来了，读顺的目标得以实现。

第二步：紧扣重点句段，研读、议读课文，透彻理解文本。

《自相矛盾》通篇 71 个字，加上课题也不过 75 个字。在第一环节读懂、读顺的基础上，要进一步透彻理解文本，这两句话的研读和议读是重点：

"吾矛之利，于物无不陷也。"

"吾盾之坚，物莫能陷也。"

进入这一环节，相当于进入了"整体语文教学"的第二课时教学。品读、研读和议读有六种方式，结合文本，我们可以这样设计"吾矛之利，于物无不陷也"的教学步骤：

①找出"利"。

反复读这个句子，哪一个词写出了矛的特点，圈出。

②理解"利"。

"利"怎么讲？就是指"矛"怎么样？

突出"利"，读句子。

有感情地读，是在准确理解的基础上实现，理解了"利"之后，立刻引导学生突出关键词读，就是品读，就是有感情地读。若将理解和朗读割裂开来，则是教学的大忌。

③抓住"无不、陷"，理解矛"利"的程度。

"利"到什么程度？再读这句话。

"陷"是什么意思？

"无"的意思是什么？"不"表示什么？

发现了什么？

两个表示否定的词连用，这叫什么？（双重否定）

④换词比较读，体会"双重否定"的强调作用。

"吾矛之利，于物无不陷也。"

"吾矛之利，于物都可陷也。"

对比读这两个句子，有什么发现？是的，双重否定更能强调矛"利"到极致。

四个教学步骤的学习完成之后，无论是"矛"的"利"，还是文本的表达方式，学生都有了透彻的感悟。接下来，让孩子们带着品味矛的"利"所习得的学习方法，研读"吾盾之坚，物莫能陷也"就是非常简单的事情了。

⑤对比誉"矛"与"盾"的句子，发现"矛盾点"。

"吾盾之坚，物莫能陷也。"

"吾矛之利，于物无不陷也。"

反复读，有什么发现？

一个"莫能陷"，一个"无不陷"，怎讲？

第一个句子中的"物"一定包括"盾"，第二个句子中的"于物"也一定包括了"矛"。要引导孩子们理解"自相矛盾"的寓意，这一步是关键。有了"矛盾点"的发现，或曰的"何如"和售卖者的"弗能应"已经不需要老师再去一一讲解了。文末对事情的结论"不可同世而立"的理解也水到渠成。

深刻理解文本之后，再回头理解"誉"的意思，学生绝不会简单地理解为"称赞"，而是"夸大其词、过分赞誉、绝对化"。

第三步：从特例到一般，概括寓意。

寓言教学关键一步是"从特例到一般"。如果不能引导学生跳出故事，明了生活中的"誉矛""誉盾"，寓意的感悟就出不来。这一步，千万不能直杠杠地问学生"这个故事告诉了我们什么道理"，而应巧妙设计讨论话题，比如：

只是卖"矛"和"盾"者会这样"誉"？

只有卖东西的人会这样"誉"？

还有哪些人哪些情况下也会这样"誉"？

几个问题讨论之后，孩子们一下子明白："矛"和"盾"只是一个"指代"，原来故事中的"矛"和"盾"，已经是"矛"非"矛"，"盾"非"盾"了。

就像在《掩耳盗铃》中，"掩耳"的人也绝非指"掩上耳朵"的那个人，"盗铃"也绝不单指"盗取铃铛"这件事，掩耳非"掩耳"，盗铃非"盗铃"；《刻舟求剑》中刻舟非"刻舟"，求剑非"求剑"；《守株待兔》中守株非"守株"，待兔非"待兔"……突破了这一步，学生就能明白故事的寓意。若是没有这一步的"从特例到一般"，即便最后老师给出了寓意，学生也不会真正理解。

第四步：寓意在不同情境中的运用。

找到至少三篇跟《自相矛盾》同类的有代表性的文章，用5分钟的时间快速浏览，找出文中的"自相矛盾"，可以是观点的"自相矛盾"，也可以是言行的"自相矛盾"，甚至可以是同一件事情，因为利益关系的"自相矛盾"。比如美国关于"人权问题"对中国的攻击，就是显而易见基于利益的"自相矛盾"。

这一步的教学，是真正拓宽孩子的"大视野"和"大格局"。语文教学如果仅仅是让孩子读懂一篇文章，那就不能跳出文本的局限，是很可怕的。"整体语文教学"的高效，是课堂的高效，是不增加学生课业负担的高效，课堂"一篇带多篇"是基本要求。

第五步，教会学生读懂一类课文的方法。

天下的文章读不完，天下的寓言当然也不一定能读完。课堂教学，最重要的是通过一篇文章的学习，给学生结构化的知识，教会学生如何读懂寓言。

这一任务说起来有点复杂，其实也简单，就是在第四步学习结束后，帮助学生回顾文本的学习过程，梳理出学习步骤之后，让学生讨论：

如何读懂一则寓言，你有什么发现？

"教学方法的结构化"和"学习方法的结构化"是两个概念，前者是针对教师的教，是教师"教学能力"的体现；后者是针对学生的学，是学生"学习能力"的提升。"寓言五步教学法"给了教师寓言教学方法的结构化，"读懂一则寓言"是帮助学生实现"寓言学习方法"的结构化。

学生讨论出答案之后，可列出学过的和没有学过的成语，让学生"顾名"而"思义"——

守株待兔："守株"指什么？"待兔"指什么？生活中会有哪些"守株待兔"的现象？

掩耳盗铃：什么一定会发生？哪些行为会是"掩耳"？

刻舟求剑：生活中有哪些用"刻舟"的方式去"求剑"的行为或事件？

教无定法。但是，教有"底线"。寓言"五步教学法"，保证了寓言教学的"底线"，还课堂以高效，但绝不是寓言教学的"高线"。因为，教学本没有"高线"，本没有"最好"。教者自身的文化素养越是深厚，教者对文本理解越是透析，就越能实现教学的"优雅抵达"。

示例   寓言教学设计

《自相矛盾》教学设计

★教学目标

一、读通目标

1.学会"吾、弗、夫"3个会认字，理解字义；会写"矛、盾"等4个会写字。

2.正确读写"矛盾、何如、弗能"等词语，联系上下文，猜测"誉、弗、立"的意思。

3.读通重点句子：

(1)或曰："以子之矛陷子之盾，何如？"

(2)其人弗能应也。

(3)夫不可陷之盾与无不陷之矛，不可同世而立。

二、读顺目标

1.知道课文分为两个层次，能在读懂课文的基础上正确划分文章层次。

2.明了两个层次之间的关系，第一层次讲事情的经过和结果，第二层次是对这件事情引发的议论，"于物无不陷的矛"和"物莫能陷之盾"不可同世而立。

三、品读、议读目标

1.体会"鬻盾与矛者"对盾与矛的"誉"，并通过品读、研读、议读体会对二者"誉"到"不可同世而立"的程度。

2.通过比对读，理解"鬻盾与矛者"思维上的漏洞，最后招致结果的"弗能应"。

3.从特例到一般,概括寓意,掌握学习寓言的结构化方法。

4.通过品读提升学生的文言语感,增强对文言文的学习兴趣,提升学生的文言文学习力,能用自己的话讲述这个故事。

★教学重点

能根据楚人的言行推测其思维过程,发现其思维中的"不可同世而立",深入理解"其人弗能应也"的原因,领悟故事的寓意及其讽喻功能,习得寓言学习的结构化方法。

★教学难点

1.理解文中"矛"与"盾"为何不可同世而立。

2.由特例到一般,领悟寓意,并运用寓意读懂同类文章。

★教学课时

1课时

★教学准备PPT

★教学过程

一、立足课题,读懂、读顺课文

1.读懂课题中的事物。

(1)读课题,圈出事物。

今天我们要学习的课文是《自相矛盾》,齐读课题。

课题有几种事物?圈出"矛""盾"。

书空"矛""盾",提醒"矛"的第二笔是点。

(2)认识"矛""盾",推测两种兵器相遇的可能性。

有谁知道"矛"与"盾"?

矛:直刺兵器;盾:防卫遮挡兵器。图示:

"盾"是古代打仗时用于防卫的武器。甲骨文和金文的字形都是一块长方形或梯形的盾牌的样子,中间是使用者手执的把手。

"矛"是古代一种直刺兵器。长柄,在柄的一侧或两侧有耳。可以用绳子穿过,竖在兵车上的缚束。《尚书》:"称尔戈,比尔干,立尔矛,予其誓。"《韩非子》:"以子之矛,陷子之盾。"

两种兵器，一个进攻，一个防卫。

"矛"与"盾"相遇，有几种结果？

第一种：矛很坚硬，刺破盾，用盾防卫的人受伤；

第二种：盾很坚固，矛折损，拿矛攻击的人受伤。

突出"矛""盾"，再读课题。

2.读懂文中的"矛"与"盾"。

(1)初读课文，锁定"矛、盾"的句子。

快速阅读课文，找出文中介绍矛、盾的句子，用横线勾画出。

(2)交流订正。

"吾矛之利，于物无不陷也。"

"吾盾之坚，物莫能陷也。"

(3)读通介绍矛、盾的句子。

①读词：吾 利 于物 无不陷 盾 坚 莫能陷

②一分钟练读句子。

3.读懂"谁什么情况下这样说"。

(1)锁定说话人和说话的情景。

谁这样说？在什么情况下这样说？再次走进课文，完成勾画。

楚人有鬻矛与盾者，誉之曰："……"

又誉其矛曰："……"

(2)读懂"鬻""誉"的意思。

读这个句子，知道了哪些信息？(哪国人、做什么的)

突出国籍，读句子。

突出"做什么"，读句子。

突出事物，读句子。

"誉"的意思是？第一个句子里的"之"指什么？完成笔记。

(3)一分钟练读。

4.读懂"发生了什么"。

(1)锁定句子。

这样说时发生了什么？勾画：

或曰："以子之矛，陷子之盾，何如？"

（2）读懂句子。

或：有人；曰：说；子：你。

这个人让卖矛与盾的人干什么？哪个词是"用"的意思？标记。

（3）一分钟练读句子。

5.读懂"事情的结果"，概括课文第一层次内容。

（1）读懂结果。

事情的结果呢？齐读"其人弗能应也"。

读句子两遍，提出不理解的词。（弗：不）

（2）小结第一层次内容。

齐读课文前四句话。

在介绍什么？用自己的话概括。

6.读懂文章对"事情的议论"。

（1）锁定内容，练读。

课文最后一句话讲什么？练读一分钟。

（2）读懂最后一句话。

读这句话知道了什么？这是对事情的？

他的观点是？圈出"不可同世而立"。理解"同世而立"。突出"不可"读句子。

为什么？圈出关键短语：不可陷之盾、无不陷之矛。

理解"不可陷""无不陷"。

突出"不可陷、无不陷"读句子。

（3）体会句首语气词的用法。

读懂了这句话，你发现哪个词好像没有意思？圈出"夫"。

"夫"放在句首，常常用来引发感叹。

7.读懂文章结构，正确划分文章层次。

读到这儿，文章有几个部分？如何划分层次？正确标记。

第一层（第1～4句）：讲卖矛与盾的楚人誉自己的矛和盾。

第二层（第5句）：对楚人的"誉"发出"不可同世而立"的感叹。

（以上完成分课时教学中的第一课时目标）

二、紧扣重点句段，研读、议读课文，透彻理解文本

1. 锁定"誉"矛、盾的句子

之所以"弗能应"，是因为？齐读——

"吾矛之利，于物无不陷也。"

"吾盾之坚，物莫能陷也。"

2. 品读矛的"利"和盾的"坚"

(1)找出"利"。

反复读介绍矛的句子，哪一个词写出了矛的特点，圈出"利"。

(2)理解"利"。

"矛"怎么样？(锋利，锐利，尖利)

突出"利"，读句子。

(3)抓住"无不、陷"理解矛"利"的程度。

"利"到什么程度？再读这句话。圈出"无不陷"。

"陷"什么意思？(凹陷)

"无"的意思？"不"表示？

发现了什么？

两个表示否定的词连用，这叫——双重否定。

"无不陷"的意思是什么？

(4)换词比较读，体会"双重否定"的强调作用。

"吾矛之利，于物无不陷也。"

"吾矛之利，于物都可陷也。"

对比读这两个句子，有什么发现？哪个句子程度更深？

小结：双重否定更能强调矛"利"到极致。突出"无不"再读句子。

(5)品读盾的"坚"。

①自由朗读，体会盾的"坚"。

朗读体会了矛的"利"，怎样读，能表达出"坚"呢？自己试试。

②反思读，深度理解盾的"坚"。

谁来读？(抽读)

为什么强调"莫能"？"物莫能陷"就是什么？

突出"莫能陷",全班读。

3.对比誉"矛"与"盾"的句子，理解"不可同世而立"

(1)对比读"矛"与"盾"的句子，发现"矛盾点"。

"吾盾之坚，物莫能陷也。"

"吾矛之利，于物无不陷也。"

反复读，有什么发现？（抽生自由表达，然后引导讨论）

"物莫能陷"，包括哪些"物"？

"物无不陷"，包括哪些"物"？

（通过讨论理解：第一个句子中的"物"一定包括"盾"，第二个句子中的"物"也一定包括了"矛"。）

所以，文章最后的评论是——

夫不可陷之盾与无不陷之矛，不可同世而立。

"不可同世而立"怎么理解？谁"不可同世而立"？强调再读。

(2)回读楚人的话，体会"誉"。

之所以这样，都是因为——

楚人誉其盾曰："吾盾之坚，物莫能陷也。"

楚人誉其矛曰："吾矛之利，于物无不陷也。"

"誉"在句中的意思是什么？（夸大其词、言过其实）

生生互"誉"。

师生互"誉"。

三、从特例到一般，概括寓意

1.讨论，感知寓意。

只是卖"矛"和"盾"者会这样"誉"？

只有卖东西的人会这样"誉"？

还有哪些人哪些情况下也会这样"誉"？

小组讨论。

2.分享交流，提炼总结。

原来，"誉矛与盾者"会以各种形式出现在我们的生活中。自相矛盾泛指生活中的什么现象？

学生1说。

学生2说。

小结：言行前后不一致，互相抵触。

由此得到的启示是什么？（说话，做事不要夸大其词，过分赞誉，要实事求是。）

四、延展阅读，深刻体悟"自相矛盾"

1.阅读下面三篇短文，找出文中的"自相矛盾"，用横线勾出。

选段1：

一只狐狸为躲避猎人们追赶而逃窜，却恰巧遇见了一个樵夫，它请求樵夫让它躲藏起来，樵夫叫狐狸去他的小屋里躲着。

一会儿，许多猎人赶来，向樵夫打听狐狸的下落，他嘴里一边大声说不知道，又一边做手势，告诉他们狐狸躲藏的地方。

选段2：

一个年轻人对大发明家爱迪生说："我有一个伟大的理想，那就是我想发明一种万能溶液，它可以溶解一切物品。"爱迪生听罢，惊奇地问："什么！那你想用什么器皿来放置这种万能溶液？它不是可以溶解一切物品吗？"

选段3：

2020年7月16日，外交部发言人华春莹主持例行记者会。有记者提问：15日美国国务卿蓬佩奥称，华为是中共监视型国家的臂膀。美正对为全球侵犯人权政权提供物质支持的中国科技公司雇员实施签证限制。他认为中国在人权领域是世纪污点。中方对此有何评论？华春莹表示，恕我直言，美方虽然整天把人权挂在嘴边，但实际上美国才是这个世界上最大的人权侵犯者。美国关于中国的人权问题的指控是本世纪最大的谎言，美方的有关官员应该为他们感到羞耻。美国在建国后近百年的时间里通过"西进运动"大肆驱逐和杀戮印第安人，使美国印第安人人口从500万剧减到25万，也就是只有原来的1/20。美国在建国240多年的历史当中只有16年没有打过仗，2001年以来美国在伊拉克、叙利亚、利比亚、阿富汗等国都发动了战争和军事行动，而且也是"师出无名"，绕开了安理会。且不用说花费的财政开支超过了6万亿美元，造成死亡人数更是超过80万，导致了数千万人流离失所。在美国国内，非洲裔等少数族裔的人权处境非常艰难，弗洛伊德不是美国唯一一个因为"不能呼吸""无法呼吸"而窒息身亡的人。

2. 学生交流。

3. 背诵课文，用自己的话讲讲这个故事。

五、回顾学习过程，提炼读懂寓言的一般方法

1. 回顾学习过程，感悟读懂寓言的一般性方法。

回顾我们刚才的学习，对如何读懂一则寓言故事，你有什么发现？梳理学习步骤，小组讨论，并写下来。

分享交流。

2. 锁定重要步骤，触类旁通。

不仅读懂故事，还要超越"故事本身"，是读懂寓言故事最重要的一步。矛，已非"矛"；盾，也非"盾"。

请用读懂寓言的方法，完成以下练习。

(1)《守株待兔》中"守株"指什么？"待兔"指什么？生活中会有哪些"守株待兔"的现象？

(2)《掩耳盗铃》中什么一定会发生？哪些行为会是"掩耳"？

(3)《刻舟求剑》生活中有哪些用"刻舟"的方式去"求剑"的行为或事件？

二、童话永远向美好

相信童话，就是相信美好。《卖火柴的小女孩》却似乎是个例外。

《卖火柴的小女孩》是安徒生的一篇经典童话，结果让我们看到了悲伤：

"第二天清晨，这个小女孩坐在墙角里，两腮通红，嘴上带着微笑。她死了，在旧年的大年夜冻死了。新年的太阳升起来了，照在她小小的尸体上。小女孩坐在那儿，手里还捏着一把烧过了的火柴梗。"

大年夜，原本是家人团聚、享受欢愉的时刻，小女孩却孤苦伶仃冻死在冰冷的墙角。新年的太阳升起来了，照耀她的，不是欢笑，而是她小小的尸体。任何人读到这儿，都会潸然泪下。虽然，她"两腮通红，嘴上带着微笑"。

单论结局，这个故事真不应该归属"童话"，而应是个悲剧。现实的凄惨与火柴燃起的美丽幻觉之间形成的对比实在强烈，所有的美丽无非幻象，刹那间仅

存之后的消失，更让人觉出现实的残酷和小女孩的可怜。

"相信童话，相信美好"，《卖火柴的小女孩》童话的意义究竟在哪里？

翻阅教学参考书，对于故事的结局，参考书上是这样诠释的：小女孩死了，彻底摆脱了饥饿、寒冷和痛苦，她幸福了。有些编者也很听话，他们直接将这一理解作为正确的选项编入了习题，让孩子去练习、去巩固。如此巩固强化的是什么呢？难道是让学生明白：遇到困难，遇到挫折，死是最好的方式？

摆脱饥饿、寒冷和痛苦，靠的是"死"，这怎么可能是"童话"的意义？

一篇童话的意义解读，让我们看到的是教育"价值观"的偏离！

我知道每一个选择轻生的生命背后，都有仅凭他们"当下个人能力"翻越不过的一道坎。但是，这道坎一定可以求解。只是这个"解"，需要不屈不挠，需要坚持、努力、不放弃！

这个"解"，安徒生早已通过"卖火柴的小女孩"告诉我们了。只是，我们没有读懂，没有明白。童话是一盏明灯，引导人永远向着真，向着善，向着美，"永远向美好"是童话真正的意义。

那么，《卖火柴的小女孩》作为童话的"美好"怎样引导孩子们去体会、去感知呢？

教学时，引导孩子们充分体会了"美丽东西"带来的幸福之后，跟进了这样的环节：

1. 聚焦第五段火炉消失的句子。

什么时候她就知道火柴一灭，一切的美好都要消失？

2. 读五次擦燃火柴的句子。

尽管知道，可仍然怎么做？读——

(1) 她终于抽出了一根

(2) 她又擦了一根

(3) 她又擦着了一根火柴

(4) 她在墙上又擦着了一根火柴

(5) 她赶紧擦着了一大把火柴

圈出"终于、又、又、又、赶紧"，再读。知道了什么？小组讨论。

3. 体会小女孩的幸福来自"对幸福不停歇的追求"。

原来，擦燃火柴的过程就是小女孩不停歇地追求幸福的过程。她的幸福，就在一次又一次倔强的追求里。读——

　　谁也不知道她曾经看到过多么美丽的东西，曾经多么幸福，跟着她奶奶一起向新年的幸福中去。

　　4.升华理解"幸福"，一句话感悟。

　　一切有形的东西终将消失，而灵魂的追求却永不陨落。结合五次擦燃火柴看到的内容，完成填空练习——

　　虽然火柴灭了，（　　　　）不见了，但是小女孩（　　　　）却永不熄灭。

《卖火柴的小女孩》是童话中的经典，为了唤醒人们对美、对真、对善的追求，欲扬先抑，将人性"恶"的一面充分揭露：

"这一整天，谁也没买过她一根火柴，谁也没给过她一个硬币。"

"谁也没买过""谁也没给过"，就连过马路的时候，跑掉的一只拖鞋也被小男孩捡起据为己有，四面漏风的家里，还有父亲的打骂在等待。人情的冷漠，被刻画到极致。

　　经典的意义就在于：当世界都已经抛弃了你，只要你心中还有梦，还有追求，就一定会把幸福牢牢掌握在手中。

　　童年是一定要读童话的，它会帮助我们在未来的任何时刻，不论遭遇什么，都能让我们对生活抱有热忱和向往；不论现实多么残酷，始终要心向阳光、心向美好。

　　我一直说，学科教学有五个层次，一是基于学科，二是泛学科，三是关注学科的教育价值，四是学科知识的文化解读，五是通过学科实现教学对人性的培育和关怀。对文本价值解读的偏离，可以说是一种悲哀，我们从教育中拿到的东西，不足以让我们应对"现实对生命的拷问"。

　　不断频发的跳楼事件的背后，教育必须警醒。不，是觉醒！

　　觉醒，从教育开始。教育的觉醒，从课堂开始。课堂的觉醒，从语文出发。

示例 童话教学设计

《卖火柴的小女孩》第二课时教学设计

★教学目标

1. 将小女孩看到的幻象和残酷现实进行对比，明了小女孩内心的渴望。

2. 体会"谁也不知道她曾经看到过多么美丽的东西，她曾经多么幸福，跟着她奶奶一起走向新年的幸福中去"中小女孩两个层次的幸福。

3. 探究小女孩明知结果却仍要擦燃火柴，从而明了小女孩对光明、对美好的不懈追求才是真正的幸福所在。

4. 感悟童话的意义在于相信美好，不是童话里没有苦难，而是面对苦难时永远心向阳光、心向美好。

★教学过程

一、读最后两个自然段，引出"可怜—幸福"阅读矛盾点

1. 引读课文倒数第二自然段，体会小女孩的可怜、凄惨。

卖火柴的小女孩最后的结局是？捧书，读课文第 10 自然段。

读到这儿，你想说什么？（板书：可怜）

2. 引读课文最后一自然段，体会小女孩的"幸福"，聚焦"美丽的东西"。

在我们的眼中，小女孩是可怜的，小女孩自己呢？读课文最后一自然段，锁定句子：

谁也不知道她曾经看到过多么美丽的东西，曾经多么幸福，跟着她奶奶一起向新年的幸福中去。

二、锁定中心句，明白小女孩幸福的原因

1. 锁定"幸福"。

小女孩的感觉是什么？圈出"幸福"。

"幸福"在这个句子中出现了几次？强调"幸福"，再读。

2. 明白"幸福"的原因。

女孩儿幸福，是因为什么？再读这句话。

"看到过多么美丽的东西"，加上横线。这是幸福的第一个原因，

突出它，读。

"跟着奶奶一起走向新年的幸福中去了"，勾画，这是幸福的第二个原因，和奶奶一起走向了新年的幸福，再读。

三、体会"美丽东西"带来的幸福

1.体会寒冷中看到火炉的幸福

【课文原文】

女孩儿觉得自己好像坐在一个大火炉前面，火炉装着闪亮的铜脚和铜把手，烧得旺旺的，暖烘烘的，多么舒服啊！（节选）

（1）锁定句子。

第一次擦燃火柴小女孩看到了什么？捧书，读。

（2）抓"火炉、旺旺的、暖烘烘的"，理解描写火炉的段落。

火炉什么样？圈出"闪亮的、铜脚、铜把手"。

"闪亮"什么意思？读"闪亮的铜脚和铜把手"，知道了什么？突出短语，读。

火炉的火怎么样？圈出"旺旺的、暖烘烘的"，读词。

知道了什么？（火势很旺……）

突出两个词，再读这句话。

（3）引读擦燃火柴前小女孩"冷到极致"的处境。

①聚焦冷的句子。

擦火柴之前小女孩怎么样？

课件出示，学生读：

"小女孩只好赤着脚走，一双小脚冻得红一块青一块的。"

她又冷又饿，哆哆嗦嗦地向前走。

"她在一座房子的墙角坐下来，蜷着腿缩成一团。"

"她的一双小手几乎冻僵了。"

②抓关键词，体会女孩冷到极致。

四个句子让你知道什么？一个字？（冷）两个字？（很冷）四个字？（冷到极致、冷到极限……）

哪些词语读出？圈出。（红一块青一块、哆哆嗦嗦、蜷着腿缩成一团、几乎冻僵）

理解词语。突出词语读句子。

（4）品"寒冷中拥有温暖"的幸福。

快要冻僵的女孩，此刻最需要的是什么？（板书：温暖）

就在自己最需要温暖的时候，火炉真的出现了！这当然幸福。（抽生多种形式读）

（5）回扣中心句，换词读，体会"大火炉带来的幸福"。

此刻的幸福是大火炉带来的，读句子——

"谁也不知道她曾经看到过多么（温暖的大火炉），她曾经多么幸福。"

2. 体会饥饿中看到烤鹅的幸福

【课文原文】

　　桌上铺着雪白的台布，摆着精致的盘子和碗，肚子里填满了苹果和梅子的烤鹅正冒着香气。更妙的是这只鹅从盘子里跳下来，背上插着刀和叉，摇摇摆摆地在地板上走着，一直向这个穷苦的小女孩走来。（节选）

（1）锁定句子。

第二次擦燃火柴看到了什么？读句子。

（2）抓关键词品食物的丰盛。

圈出表示食物名称的词：苹果、梅子、烤鹅。突出词语读句子。

最神奇的是什么？读第二个句子。

（3）引读小女孩擦燃火柴前的处境。

擦燃火柴前的小女孩——（引读饿的句子）

她又冷又饿，哆哆嗦嗦地向前走。

此刻的小女孩？哆哆嗦嗦什么意思？知道了什么？读词语两遍。

饿到极致，连走路都没有力气了。从词语回到课文，再读句子。

（4）体会饥饿时看到烤鹅的幸福。

饿到极点，最需要的是什么？（食物）

想要食物，装满苹果和梅子的烤鹅就出现了！读——

这只鹅从盘子里跳下来，背上插着刀和叉，摇摇摆摆地在地板上走着，一直向这个穷苦的小女孩走来。

（5）回扣中心句，换词读，体会幸福。

这是烤鹅带来的幸福，读——

"谁也不知道她曾经看到过多么（喷香的烤鹅），她曾经多么幸福。"

3.体会获得"节日快乐"的幸福

【课文原文】

这一回，她坐在美丽的圣诞树下。这棵圣诞树，比她去年圣诞节透过富商家的玻璃门看到的还要大，还要美。翠绿的树枝上点着几千支明晃晃的蜡烛，许多幅美丽的彩色画片，跟挂在商店橱窗里的一个样，在向她眨眼睛。（节选）

（1）锁定句子。

第三次擦燃火柴看到的是，读——

（2）抓关键词品圣诞树的美丽。

翠绿的树枝上点着几千支明晃晃的蜡烛，许多幅美丽的彩色画片，跟挂在商店橱窗里的一个样，在向她眨眼睛。

抓住什么写圣诞树？横线勾画：树枝、蜡烛、彩色画片。

这些事物怎么样？圈出：翠绿、几千支、明晃晃、许多幅、美丽、眨眼睛。

理解词语，词语回文，读句子，体会圣诞树的美丽。

（3）引读小女孩擦燃火柴前处境句子，体会小女孩对"节日欢乐"的渴望。

擦燃火柴前，小女孩是——

"这是一年的最后一夜——大年夜。在这又黑又冷的晚上，一个乖巧的小女孩，赤着脚在街上走着。"

此刻，小女孩最想要的是——（课件出示：节日的欢乐）

（4）体会坐在圣诞树下的快乐和幸福。

想要拥有节日的欢乐，美丽的圣诞树就出现了。读——

"这一回，她坐在美丽的圣诞树下。这棵圣诞树，比她去年圣诞节透过富商家的玻璃门看到的还要大，还要美。翠绿的树枝上点着几千支明晃晃的蜡烛，许多幅美丽的彩色画片，跟挂在商店橱窗里的一个样，在向她眨眼睛。"

（5）回扣中心句，换词读，体会幸福。

这是圣诞树带来的幸福。读——

"谁也不知道她曾经看到过多么（美丽的圣诞树），她曾经多么幸福。"

4.体会被慈爱奶奶搂抱的幸福

【课文原文】

奶奶出现在亮光里，是那么温和，那么慈爱。

奶奶把小女孩抱起来，搂在怀里。她俩在光明和快乐中飞走了，越飞越高，飞到那没有寒冷，没有饥饿，也没有痛苦的地方去了。(节选)

(1)锁定句子。

第四次、第五次擦燃火柴又看到了什么呢？读——

(2)抓关键词体会奶奶的慈爱。

奶奶是？圈出"温和、慈爱"。突出词语，读句子。

奶奶还做了什么？圈出表示动作的词。强调"抱、搂"读句子。

(3)引读小女孩擦燃火柴前的处境，体会小女孩对亲人疼爱的渴望。

擦燃火柴之前，小女孩是——（读）

"这一整天，谁也没买过她一根火柴，谁也没给过她一个硬币。

她不敢回家，因为没有卖掉一根火柴，没挣到一个钱，爸爸一定会打她的。"

此刻，小女孩最渴望的是什么？（课件出示：亲人的疼爱）

(4)体会"被奶奶疼爱"的幸福。

想要奶奶疼爱，奶奶就把她抱起来，搂在怀里，这当然幸福。读——

"奶奶把小女孩抱起来，搂在怀里。她俩在光明和快乐中飞走了，越飞越高，飞到那没有寒冷，没有饥饿，也没有痛苦的地方去了。"

(5)回扣中心句，换词读，体会幸福。

这是有亲人疼爱的幸福。读——

"谁也不知道她曾经看到过多么（温和、慈爱的奶奶），她曾经多么幸福。"

四、对比凄惨的现实，探寻"幸福的真谛"

1.配乐引读第10自然段。

可现实呢？（音乐起），老师缓慢的语调读一遍——

"第二天清晨，这个小女孩坐在墙角，两腮通红，嘴上带着微笑。她死了，在旧年的大年夜冻死了。新年的太阳升起来了，照在她小小的尸体上。小女孩坐在那儿，手里还捏着一把烧过了的火柴梗。"

（音乐继续，老师开头，全班学生读第二遍）

所有的一切，不过是幻觉而已。小女孩的幸福从哪儿来？

2.读五次擦燃火柴的句子。

（1）聚焦第5自然段火炉消失的句子。

什么时候她就知道火柴一灭，一切的幸福要消失？

"她刚把脚伸出去，想让脚也暖和一下，火柴灭了，火炉不见了。"

（锁定第8自然段，小女孩请求奶奶留住的话，抓"美丽的火炉"引导学生发现，第一次擦燃火柴就知道：火柴一灭，美好的东西就会消失。）

（2）读五次擦燃火柴的句子。

尽管知道，可仍然怎么做？读——

①她终于抽出了一根

②她又擦了一根

③她又擦着了一根火柴

④她在墙上又擦着了一根火柴

⑤她赶紧擦着了一大把火柴

抽出"终于、又、又、又、赶紧"，再读。知道了什么？（很坚定，很勇敢。）

3.体会小女孩的幸福来自"对幸福不停歇的追求"。

（1）讨论"为何一次又一次擦火柴"。

知道火柴灭了，幸福要离去，为什么还要一次又一次地擦燃火柴？同桌讨论。

（2）分享，感悟"幸福源自对幸福的追求"。

抽学生交流。

小结：原来，擦燃火柴的过程就是小女孩不停歇地追求幸福的过程。她的幸福，就在这一次又一次的倔强的追求里。即便身处不幸与悲惨，只要心中有光，有追求，也会体验幸福。读——

"谁也不知道她曾经看到过多么美丽的东西，曾经多么幸福，跟着她奶奶一起向新年的幸福中去。"

4.升华理解"幸福"，一句话感悟。

孩子们，感受幸福只有一个器官，那便是"灵魂"。一切有形的东西会消失，而灵魂的追求却永不陨落。结合课文内容，谁来说一说：

虽然火柴灭了，（　　）不见了，但是小女孩（　　）却永不熄灭。

（教师提醒，第一次，第二次，第三次，第四次和第五次）

范例：

虽然火柴灭了，火炉不见了，但是小女孩对温暖的追求却永不熄灭。

小结：不是童话里没有饥饿，不是童话里没有寒冷，不是童话里没有苦难，而是面对苦难，面对悲伤，我们始终要心向阳光、心向美好。

（插图旁笔记：心向阳光，心向美好）

五、推荐童话阅读，明了童话对生命的意义

《卖火柴的小女孩》是安徒生最经典的童话之一。孩子们，童年是一定要读童话的，它会帮助我们在未来的任何时刻，不论遭遇什么，它都能使我们对生活抱有热忱和向往；不论现实多么残酷，始终要心向阳光、心向美好。

就在前两次擦燃火柴看到的火炉、烤鹅里，都有"美好"存在。回到文中去细读，发现。

女孩儿觉得自己好像坐在一个大火炉前面，火炉装着闪亮的铜脚和铜把手，烧得旺旺的，暖烘烘的，多么舒服啊！

桌上铺着雪白的台布，摆着精致的盘子和碗，肚子里填满了苹果和梅子的烤鹅正冒着香气。更妙的是这只鹅从盘子里跳下来，背上插着刀和叉，摇摇摆摆地在地板上走着，一直向这个穷苦的小女孩走来。

（铜脚和铜把手是闪亮的。台布是雪白的，盘子和碗是精致的。生活的美好处处彰显。）

板书设计：

卖火柴的小女孩

可怜：	冷	饿	大年夜街上走	爸爸会打她
擦火柴：	火炉	烤鹅	圣诞树	奶奶、抱、搂
幸福	（温暖）	（食物）	（节日的欢乐）	（亲人的疼爱）

（心向阳光，心向美好）

三、文言文教学的四两拨千斤

文言文在中考和高考中占比都不小，超过了 20%，但是学生的得分率却不高，特别是高考的文言文阅读，参考学生的平均得分率更是低。为什么会这样呢？追根溯源，是小学阶段的文言文教学出了问题。

问题可以归结为两个方面：

第一，"文言文"在教材中占比太少。

除开古诗词，入选统编教材的文言文一共只有 15 篇（则）。

六年级：《伯牙鼓琴》《书戴嵩画牛》《学弈》《两小儿辩日》；

五年级：《古人谈读书（二则）》《自相矛盾》《杨氏之子》《少年中国说》；

四年级：《精卫填海》《王戎不取道旁李》《囊萤夜读》《铁杵成针》；

三年级：《司马光》《守株待兔》。

六年 15 篇（则），每学期最多就是 2 篇（则）。这样小的量怎么可能将学生"文言文"的学习兴趣和阅读能力培养起来呢？

除了数量少，入编教材的年级也太靠后，三年级才开始选编。5 岁以后，儿童的语言发展进入"完整语法阶段"，这一阶段越是能接触到一些"新的语言形式"，孩子今后对"新的语言形式"的感知就会越加敏锐。三年级起，孩子才开始接触文言文，错过了儿童语言发展的最佳时间。

第二，教学中没有通过"文言文学习的乐趣"培养孩子对"文言文"的喜爱。

如果不通过"课堂教学"这条路径，生活中孩子们接触文言文的几率是很小的，仅是古诗词不足以培养学生对文言文的兴趣和热爱。因此，在数量极其有限的文言文教学中，教师的教尤为重要。

现实的教学中，研究文言文教学的很少。老师们教授文言文的时候，基本上只是完成两个任务：翻译为白话文和背诵课文。先说翻译，凡学过文言文的人，有哪位喜欢"文言文翻译"？就像一首诗，明明是那样传神，教学偏偏要把它的意思改写为白话文。既然要改写，要翻译，为什么还要学诗呢？非要把一样东西变成另一样东西，一定是另一样东西更好，更有用处才是！从读小学开始，我就对古诗词翻译持有怀疑和追问，不承想，自己当了几十年教师下来，语文教学还是这个样子，我们的各级出题考官仍然把"翻译"当成法宝来考。我相信，要读懂一篇文言文，一定不是只有"翻译"的方法。

再说背诵。任何背诵，本质上都是信息的留存。在我"高效记忆"那套教材里，介绍了十多种快速记忆方法，其目的是帮助孩子们用科学、高效的记忆方法对要求背诵的信息进行加工处理。"整体语文教学"要求教师利用"提取关键词、魔力之七、关键词凸显、图像还原"四种方法，教会孩子制作"背诵卡"，实现背诵的轻松和快捷。但是，很多语文老师根本没有接触过"高效记忆"，没有教会孩子们如何对记忆信息进行处理。所以，即便是白话文背诵，对于许多孩子都不是轻松的事情，而背诵文言文，就更加困难了。

如何调整文言文教学呢？可以从三个方面着手——

1. 教学中以培养学生"文言语感"为第一要义。

文言文最大的特点是精炼，特别适合诵读，用读来表达对文本的理解，总能收到意犹未尽之感。

例如《伯牙鼓琴》中锺子期两次对伯牙鼓琴的回应：

"善哉乎鼓琴，巍巍乎若太山。"

"善哉乎鼓琴，汤汤乎若流水。"

无论你怎样翻译，你绝对翻译不出"文言文原文"带给我们的感觉。与其翻译，不如锁定关键词，让学生品读、研读、议读。感受了文言文的魅力和意趣之后，学生们不仅会掌握文言文阅读的方法，也会爱上文言文。

2. 在教材中尽量多地引入文言文比对学习。

由于选入教材的文言文数量有限，所以教学中教师尽量结合现代文学习，把相关文言文引入教学中。

比如二年级下册第五单元的寓言二则《亡羊补牢》和《揠苗助长》，课文是现代文，学习完课文之后，便可引入两则寓言的文言原文进行比对学习。孩子们读懂了课文，完全可以通过比对将文言文读懂。通过比对朗读，习得读文言文的技巧和方法，从中悟出文言文在语法和用语上的一般性规律。

另一种引入是结合课文内容中的某一选段。比如《晏子使楚》一课中，晏子第三次交锋时反驳楚王关于"橘化为枳"的一段话。将晏子的话品读完毕之后，把文言文原文引入，甚至可以不加标点，让学生根据意思自己去断句，去添加标点。这样的学习，是不露痕迹地培养了学生的"文言语感"。

3. 每周一则文言文，积跬步至千里。

多读，是培养学生语言感受力最好的办法。从一年级开始，建议每周给孩子们朗读一则文言文，篇幅尽量短小，一两句话都可以。每天两分钟，读完三遍就好，不求背诵，也不求理解。每周一篇，一学期下来是 20 篇，一年下来是 40 篇，六年下来是 240 篇。进入教材的文言文是 15 篇，240 篇和 15 篇相比，我们不难想象六年后孩子在文言文阅读上的能力差别。

示例 文言文教学设计

【课文原文】

弈秋，通国之善弈者也。使弈秋诲二人弈，其一人专心致志，惟弈秋之为听；一人虽听之，一心以为有鸿鹄将至，思援弓缴而射之。虽与之俱学，弗若之矣。为是其智弗若与？曰：非然也。

——《孟子·告子上》

《学弈》教学设计

★教学目标

1.读通、读顺课文，知道课文按照"介绍弈秋、两人学习状态、学习结果、造成原因"几个方面依序介绍，明了几部分内容之间的内在联系。

2.通过文言文的短小和精炼，体会其表达的简洁与清晰，三言两语揭示学习的道理：为学必须专注。

3.通过朗读，表达对文本的理解，感悟专注的神奇。

4.根据文本的出处实现超越文本的感悟：悟学习、事业、人生与成功的秘诀。

★教学重点

1.通过朗读，表达对文言文的理解。

2.背诵课文。

★教学课时

第一课时

★教学过程

一、扣住课题，整体感知课文，找出文中"学弈"的部分

1. 读课题。

2. 理解课题。

"弈"是什么意思？学弈就是什么？

3. 默读课文，找出文中的"学弈"部分。

这是一篇文言文，标出句子序号。

订正句序。

这实在是一篇短文，加标点86个字，去掉标点74个字。快速默读课文，看看哪些句子具体写学习下棋。

订正勾画。

二、读懂、议读"学弈"部分

使弈秋诲二人弈，其一人专心致志，惟弈秋之为听；一人虽听之，一心以为有鸿鹄将至，思援弓缴而射之。

1. 两分钟练读。

两分钟，能读多少遍读多少遍，力争读通。

2. 检测练读，生字正音，生词连读。

弈秋　诲　专心致志　鸿鹄　弓缴

3. 读懂人物。

几人学弈？自读，圈出。

突出"二人、其一人、一人"读课文第二句话。

4. 读懂怎样学。

(1)读懂"专心致志、惟弈秋之为听"

怎样学？勾画。订正。

"专心致志"怎么理解？再读这句话，哪儿读出？

拿出笔尖，观察。所有的精力都汇聚到一个点上，就叫"专心致志"。

再读句子，这个"点"就是什么？(弈秋教学弈)

还从哪儿读出？看注释理解"惟"。突出"惟"读句子。

只听到什么？突出"弈秋、听"再读句子。

完整读句子，体会"专心致志"。

（2）读懂"虽听之，一心以为有鸿鹄将至，思援弓缴而射之"。

另一人呢？抽读。

一心以为有什么？强调"鸿鹄将至"，再读。"鸿鹄"就是什么？

"思援弓缴而射之"里哪个词是"想"的意思？读两遍"思"。

"思"啥呢？查阅注释，标记笔记：援：拉；缴：带丝绳的箭。

突出动作再读句子。

干吗？射谁？就在这个句子里，"鸿鹄"是哪个字在代替？（之）再读。

5. 读懂两个"之"的意思。

发现了没？两个分句都有"之"，意思一样吗？第一个意思是指代"弈秋的教学"，第二个是指代"鸿鹄"。一般说来，做"指代"时候，"之"字常常在句末。

6. 根据"学弈者"，读懂"诲弈者"。

（1）聚焦"使弈秋诲二人弈"，理解"诲"。

再读句子，与"学弈"的"学"，对应关联的一个词是什么？圈出"诲"。

根据"学"的意思，猜猜"诲"是什么意思。有一个成语叫"诲人不倦"。

（2）根据"关键词卡"背诵第二句。

使弈秋••••，其一人••••，惟••••，一人•••，一心以为•••••，思•••而••。

三、读顺文章结构：人物、学弈、结果、原因，读懂剩余部分

1. 读懂人物，明了"诲弈者水平高超"。

（1）练读，感知弈秋"棋艺高超"。

练读三遍。

弈秋这人怎样？句中哪些信息告诉我们，提笔，圈出。

（2）三个方面品读弈秋"棋艺高超"。

锁定"通国、善弈、弈秋"三个层次理解"弈秋下棋水平高"。

①抓动作的词"善"，体会高超。

圈出"善弈"，读词"善弈"。标记"善"的意思。

突出"善"。读句子。

②抓住表示范围的词"通国"，体会高超。

圈出"通国"，什么意思？"通国之善弈者也"，也就是什么？

读句子，突出"通国"。

③扣住名字中的"弈"，感悟高超。

用"弈"作为名字。生活中有这样的事例吗？成都的"赖汤圆"、天津的"泥人张"，通过这些名字，你知道了什么？

突出三个信息，再读第一个句子。

(3)联系"学弈"，理解第一句在文中的作用。

这句话从三个方面介绍弈秋下棋水平高，但这篇文章是在写他下棋吗？读课题。

引读"学弈"的句子。

阅读理解练习1

联系全文，第一句的理解在文中要表达的准确意思是（　　　）。

①弈秋是全国最擅长下棋的人。

②教二人学弈的人是全国棋艺最高超的弈秋。

孩子们，这就是联系上下文阅读理解。你们已经是六年级的学生了，阅读材料中的每一层意思都不是孤立地存在，必须通读。

2.读懂第三句学习的结果"虽与之俱学，弗若之矣"。

(1)练读，理解"弗若"和两个"之"。

读三遍。

写谁学习的结果？"之"指代谁？

标记"弗若"的意思：不如。

(2)读懂前后的转折关系。

分组读前后句子：虽与之俱学——弗若之矣

交换再读。

发现了什么？可以在"弗若之矣"前加一个什么词？(但，或但是)

教师引读。

3.读懂最后两句"评论和感慨"——为是其智弗若与？

曰：非然也。

（1）练读三遍。

面对这样的结果，发出什么样的感叹，读最后部分。

（2）读懂句子结构：自问、自答。

男生问，女生答。再来一次。

交换，女生问，男生答。再读。

自己问，自己答，叫"设问"。

（3）读懂问题。

提出了什么问题？"其智弗若与"，"为"是因为，"智"是智力、智商。

认同吗？齐读。"然"的意思是什么？不是哪样？（不是智力不如人）

（4）指导背诵三四句，明了两个"弗若"的关系。

学到这儿，有几个"弗若"？

引读1：虽与之俱学，弗若之矣。

引读2：为是其智弗若与？

因为有学习结果的"弗若"，才会有"为是其智弗若与"的疑问。能换吗？再读。

（5）找到"弗若之"的原因。

回读全文，原因在哪儿？捧书读。

真正不如的是什么？（学习状态、用心程度、是否专注是导致结果的关键要素）

4.小结全文结构，读顺课文。

《学弈》这篇文章，依序介绍了弈秋、两人学弈、学弈的结果、对结果的归因。每一部分内容紧密相连，都在为表达一个主题发挥作用。

5.再度理解"人物描写"在文中的作用。

学完了课文，我们再来完成阅读理解练习。

阅读理解练习2

联系两人学弈的结果，文章第一句介绍弈秋，哪一种说法表述的意义最符合文章主旨。（　　）

(1)学弈，必须要找全国棋艺最高超的人来教。

(2)学习的结果取决于自己，不在教师。

(3)即使有棋艺高超的教师教学弈，如果学习者不专心，也不可能学好。

(4)同样是棋艺高超的老师教，不同的人结果却不一样。

四、理解文章主旨，写下点滴感悟

1.介绍本文出处。

本文选自《孟子·告子上》。《孟子·告子上》记录了孟子和其学生告子之间有关人性道德的讨论。

孟子：伟大的思想家、教育家，儒家学派的代表人物，与孔子合称"孔孟"。

2.延伸理解。

作为一个大儒，孟子仅仅就是说"学弈要专心"？那是要借"学弈"这件事告诉我们什么？讨论，小练笔。

感悟1：对于学弈，学习者本人是内在，诲弈者是外在，决定事情关键的核心要素是内在。

感悟2：成功不是妄想，而是每一个当下的投入与专注。

感悟3：高效的秘诀是专注。

五、学习生词，完成练习

1.课文生字。

援　俱

2.课堂练习题单。

(1)按课文原文填空。

弈秋，_____之_____者也。使弈秋_____二人弈，其一人_____，_____弈秋之为听；一人_____，_____有鸿鹄将至，_____而_____。虽_____，_____之矣。为是_____与？曰：_____。

(2)联系两人学弈的结果，文章第一句对弈秋善弈的介绍，下面哪一种说法表述的意义最符合文章主旨？(　　)

A.学弈，必须要找全国棋艺最高超的人来教。

B.学习的结果取决于自己，不在教师。

C.即使有棋艺高超的教师教学弈，如果学习者不专心，也不可能学好。

D.同样是棋艺高超的老师教，不同的人学习结果却不一样。

板书设计：

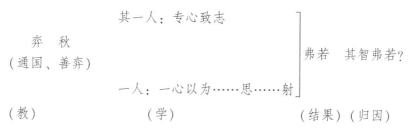

其一人：专心致志

弈　秋
（通国、善弈）

一人：一心以为……思……射

弗若　其智弗若？

（教）　　　　　　（学）　　　　　　（结果）（归因）

四、诗歌教学的"三重"和"三忌"

诗歌，是以最简洁的文字表达最丰沛情感的文学体裁。诗歌中的情感、意境和意象，是诗歌的魂，需要在诗歌教学中通过读去感知和联结。基于此，诗歌教学需要做到"三个重视"和"三个忌讳"。

1.诗歌教学重"整体把握"，忌"支离破碎"。

选入小学教材中的诗歌，大体是格律诗，篇幅短小，文字简约，教学中切忌将诗歌碎片化。比如统编教材将白居易的《池上》和杨万里的《小池》放在一篇课文里。

小池

泉眼无声惜细流，
树阴照水爱晴柔。
小荷才露尖尖角，
早有蜻蜓立上头。

池上

小娃撑小艇，
偷采白莲回。
不解藏踪迹，
浮萍一道开。

教学时，如果要逐字逐句去教、去学，不仅会将文本搞得支离破碎，还会浪费教学时间，最终导致学生对两首诗缺乏整体感知。因此教学中基于诗歌教学中的"整体把握"原则，对教学做了如下的设计。

一、读课题，找"相同"

1. 读课题。

2. 根据字形理解"池"。

二、锁定诗中的关键词，三个维度品读"相同"

1. 品"地点"相同，读懂事物。

(1)读懂《池上》与"池"相关的事物。

①师范读，学生听与"池"相关的事物；

②抽生交流，并指导圈出与"池"相关的事物；

③锁定"小艇"，读懂第一行；

④锁定"白莲"，读懂第二行；

⑤锁定"浮萍"，读懂第四行；

⑥完整诵读《池上》。

(2)读懂《小池》与"池"相关的事物。

①师范读，孩子听与"池"相关的事物；

②抽生交流，并指导圈出与"池"相关的事物；

③锁定"泉、流"，读懂第一行；

④锁定"水"，读懂第二行；

⑤锁定"小荷"，读懂第三行；

⑥完整诵读《小池》。

(3)小结地点相同，突出事物诵读两首古诗。

2. 锁定"小"，品两首古诗的意境。

(1)品《小池》中的"小"。

(2)品《池上》中的"小"。

3. 锁定"诗眼"，品两首古诗中的"情"和"趣"。

(1)锁定"偷采、不解"，品《池上》古诗中的童真。

(2)锁定"惜"，品《小池》古诗中的怜爱与珍惜。

三、"三个维度"品两首古诗的不同

1. 品诗体不同

(1)对比两首诗，发现字数不同。

（2）引读两首五言诗、两首七言诗。

（3）小结"五言诗""七言诗"的基本节奏。

2.品描写事物的不同

（1）对比读两首诗，发现一个突出写"人"，一个完全写景。

（2）小结：前者重在"趣"，后者重在"情"。

3.品作者的不同

（1）介绍两首诗的作者。

（2）比较年代，引导格局，延展综合实践活动。

整个教学过程始终围绕"整体把握"展开。第一环节"读课题，找相同"，锁定了"池"；然后以"池"展开，导入诗歌的整体感知，将诗中的景物找出并品读。学生们找景物，是以"池"为线索的，这好比是一根"藤"，不管有多少个"瓜"，这些"瓜"都在"藤"上。最后一个环节"品两首古诗的不同"，也是关照整体，"字数不同、景物不同、作者不同"，学习完毕之后，留存在孩子们脑海里的，不是"某个字"、"某个词"，而是"某个字""某个词"在古诗中。

2.诗歌教学重"情感体验"，忌"翻译至上"。

不知从什么时候开始，古诗教学、文言文教学中"翻译"成了教学的最高目标，让"学生读懂"和"将古诗和文言文翻译为现代文"是两回事。如果说"将古诗和文言文翻译为现代文"真的是教学的"最高目标"，那么不如请几位"文学大家"将所有的古诗、所有的文言文翻译为现代文就好。从中国的第一本诗歌总集《诗经》开始，人们是在用"诗言志"。诗歌，是劳动人民表达生活的一种形式。诗歌与生活的关系，只有在诗歌中才能真切感受，"翻译"会让"诗歌"的意趣尽失。这是教学的大忌。

把握诗歌的意趣，让学生真切体验诗歌表达的情感，抓住诗眼很关键。比如《江南》这首乐府诗：

汉乐府·江南

江南可采莲，

莲叶何田田，

鱼戏莲叶间。

鱼戏莲叶东，

鱼戏莲叶西，

鱼戏莲叶南，

鱼戏莲叶北。

这首采莲诗描写了采莲时的光景和采莲人欢乐的心情。第一、二行描写了采莲的光景，而"欢乐"的表达是在后面五行诗句中。五行诗句都有一个"戏"字，也就是这个"戏"字，道尽了这首乐府诗所有的"情趣"。哪里是鱼儿在莲叶间嬉戏，分明是采莲的人在莲叶间穿梭，就在这东西南北的穿梭间，莲渐渐满筐。因此教学中，抓住了"戏"，便把握住了整首诗的"情"和"趣"。

这样的情趣，怎么能去翻译呢？如果要翻译成这样一段话：鱼儿在莲叶的东、西、南、北四个方向游来游去，你觉得这首乐府诗还有味道吗？一个"戏"字儿，再加上"东、西、南、北"和"间"，充分展现了采莲的欢乐、采莲的勃勃生机，勾勒的是清新明快、意境隽永的生活画卷和劳动场景。这样的情和趣，只能体会，决不能"翻译"。

那不做"翻译"，怎样让学生读懂呢？我们以王维《鸟鸣涧》第一行诗的"读懂"给大家举例。

【课文原文】

鸟鸣涧

[唐] 王维

人闲桂花落，

夜静春山空。

月出惊山鸟，

时鸣春涧中。

★教学设计

1. 锁定"人"，读第一行诗。

人怎么样？谁用朗读来告诉大家？

生读。（板书"闲"）

2. 扩词理解，品读"闲"。

读"闲"三遍。

由闲，你想到了哪些词？（悠闲，清闲，空闲，游手好闲）

136

这里，诗人的"闲"指的是？

再读第一行，表达对"闲"的理解。

3. 联系生活，读出"人闲桂花图"。

悠闲的诗人在哪儿？你再读！（突出"桂花"）

想想看，悠闲的诗人会在这桂花树下做些什么呢？

（坐……看……想……喝……琴……）读！（学生说一次就读一次，体会诗描绘的意境）

瞧，由一个"闲"字我们读出了多少画面啊！孩子们，这还叫读诗吗？不，这叫"品"！每一首，每一行，都可以这样去"品"，这才是诗的乐趣呢！

再读第一行。

4. 扣住"落"，再悟"闲"。

桂花多大？米粒般大的桂花落下是什么声音？

轻轻地落。读。

悄悄地落。读。（反复朗读，体会"落"）

既然花落无声，怎么知道？突出"闲、落"再读诗行。

以上教学片段，如果教学中采用的是"翻译式教学"，其结果简直是不敢想象的。诗歌的意思是要通过多种学习方式让学生去领会。

3. 诗歌教学重"朗读品味"，忌"分析讲解"。

诗歌，作为一种文学体裁，在唐朝达到鼎盛。格律诗，是中华民族献给世界的文化瑰宝，课程标准对诗歌教学提出了这样的要求。

第一学段：诵读儿歌、儿童诗和浅近的古诗，展开想象，获得初步的情感体验，感受语言的优美。

第二学段：诵读优秀诗文，注意在诵读过程中体验情感，展开想象，领悟诗文大意。

第三学段：阅读诗歌，想象诗歌描述的情境，体会作品的情感，注意通过语调、韵律、节奏等体味作品的内容和情感。

三个学段，无一例外地对诗歌教学都提出了"诵读"的要求。在第三学段，还明确提出了要通过"语调、韵律、节奏"等体味作品的内容和情感。因此诗歌教学，唯有"读"。我们以二年级的《敕勒歌》为例，来看看诗歌教学中如何设计不同层次的"读"。

【课文原文】

敕勒歌

敕勒川，阴山下，

天似穹庐，笼盖四野。

天苍苍，野茫茫，

风吹草低见牛羊。

★教学设计

一、扣住"歌"，读懂课题

1.读课题。

2.理解"敕勒歌"。

敕勒是中国古代北方的一个民族。突出"民族"，读课题。

"歌"怎么理解？敕勒歌呢？突出"歌"再读课题。

二、初读全诗，读通读顺

1.通读全诗，读准字音。

(1)两分钟自由练读。

两分钟时间读古诗，能读几遍读几遍。

(2)指名朗读古诗，提示"野、见"的读音。

2.读懂诗中的事物。

(1)圈出诗中的事物。

(2)订正交流。

川、天、四野、风、草、牛羊

(3)突出事物读诗行。

敕勒**川**，阴山下，

天似穹庐，笼盖**四野**。

天苍苍，**野**茫茫，

风吹**草**低见**牛羊**。

3.隐去表示事物名称的词，尝试背诵全诗。

敕勒歌

（北朝民歌）

敕勒·，· · 下，

·似穹庐，笼盖· ·。

·苍苍，·茫茫，

·吹 ·低见· ·。

三、锁定前两行，品味敕勒歌：歌"家乡的天朗地阔，雄伟壮丽"

1.扣住"川"，品味辽阔

（1）锁定"川"。

突出"川"再读第一行。

（2）理解"川"，品味辽阔。

读"川"两遍。

知道带有"川"的词语吗？

抓住"山川"理解：川就是平原。

见过平原吗？给你的印象是什么？（很大，很辽阔）

"川"大而辽阔，怎么读？（反复抽读，体会"辽阔"）

敕勒民族就生活在这样的地方。再读第一行。

2.扣住"下"，品味"阴山做屏，雄伟奇丽"

（1）读懂地理位置。

如此辽阔的敕勒川，在哪儿？接着读。

圈出表示地点的词"阴山"。

读词两遍。

出示地理版图，明了"阴山"的位置。

"山"雄伟，"川"辽阔，再读第一、二行诗。

（2）锁定方位词"下"，体会"阴山做屏"。

敕勒川就在？（引读"阴山下"）

圈出"下"。

此刻的"阴山"是"川"的什么？（屏障）

见过屏风没？见过这么大的屏风没？

雄伟的"山"做了辽阔的"川"的屏风，谁读？（"川"音长而平，

"下"气短)

就在这儿，再读。

多好的地方，怎能不歌！再读第一行。

(3)联想品读。

如果"川"是一个孩子，那"阴山"是什么？（引导学生自主联想，联想一次，读一次。）

3.锁定"穹庐、笼盖"，品敕勒民族的"豪情、奔放"

(1)理解"穹庐"，品味"高远"。

①锁定"穹庐"诗行

抬头看，读——"天似穹庐"。

再读。

"穹庐"怎么理解？

蒙古包就是敕勒人的家。

②读词，理解。

天似什么？读。圈出"穹庐"。

读词两遍。"穹庐"是什么意思？（出示图片）这就是蒙古包，是敕勒人的家。

突出"天""穹庐"读诗行。

③品味"与天齐高"。

此刻的毡帐有多高？

跟"天"一样高，读后知道了什么？

品味"高远"，再读诗行。

(2)理解"笼盖"，品味"博大"。

①锁定"四野"诗行。

穹庐多大？接着读——笼盖四野。

②理解"四野"。

圈出"四野"。

读词两遍。"四野"是指哪儿？读后知道了什么？

目之所及，天地相连！读——笼盖四野。

敕勒川的天空，四面与大地相连，如同一顶毡帐。读——天似穹庐，笼盖四野。

（3）品味"博大"，体验豪情。

你的家多大？敕勒人的家呢？读——"天似穹庐，笼盖四野"。

天地之间是我家！体会到的是什么？

这样的豪情，唯有敕勒人！读——"天似穹庐，笼盖四野"。

这样的奔放，唯有敕勒人！读——"天似穹庐，笼盖四野"。

（引导学生理解一次，读一次，体会辽远和豪迈）

3.回扣课题，体会敕勒歌，歌"家乡的天朗地阔，雄伟壮丽"。

读课题。

此刻的歌，是歌家乡的？（雄伟壮丽）读——"敕勒川，阴山下，天似穹庐，笼盖四野。"

此刻的歌，是歌家乡的？（天朗地阔）读——"敕勒川，阴山下，天似穹庐，笼盖四野。"

四、锁定最后两行品味敕勒歌：歌"家乡的水草丰茂，生活惬意富足"

1.锁定"苍苍、茫茫"，体会视角改变中的空旷辽远

（1）引读诗行。

站在家里，抬头看，读——天苍苍。

眺望远方，读——野茫茫。

低下头来，读——风吹草低见牛羊。

（2）品味天地的"苍茫"。

①理解"苍苍"。

天怎样？圈出"苍苍"。

读词两遍。

"天苍苍"就是什么？突出"苍苍"，读诗行。

②理解"茫茫"。

"野"是怎样的？圈出"茫茫"。

读词两遍。

"野茫茫"就是什么？突出"茫茫"，读诗行。

③品味直接描写的酣畅。

比较读——

天似穹庐，笼盖四野

天苍苍，野茫茫

女生——天似穹庐，男生——天苍苍

女生——笼盖四野，男生——野茫茫

交换，再读。

发现了什么？（直抒胸臆让表达更酣畅）

读——天苍苍，野茫茫

再读——天苍苍，野茫茫

还读——天苍苍，野茫茫

2. 读懂生活方式，体会敕勒人生活的富足和惬意

(1) 锁定诗行。

一片苍茫中有什么发现？读。

突出"牛羊"，再读。

(2) 读懂生活方式。

牛羊是谁的？这是敕勒人的生活方式，这样的民族我们称之为"游牧民族"，他们逐水草而居。

突出"牛羊"，再读。

(3) 品色彩的比对。

牛羊是啥颜色？草呢？看到了一幅怎样的画面？

突出"草""牛羊"，再体会。

(4) 体会水草丰茂。

什么情况下看见？圈出"吹、低"，突出两个词读诗行。

风来之前，牛羊在哪儿？

牛羊多高？无风时牛羊居然看不见，知道了什么？

敕勒川水草丰茂，读——风吹草低见牛羊。

(5) 品牛羊的肥壮和生活的富足。

牛羊吃什么？草如此繁茂，那牛羊一定……（很肥壮）。再读。

再读——天苍苍，野茫茫，风吹草低见牛羊。

(6) 品牛羊生活的惬意。

身在茂盛的草丛里，什么时候吃，谁说了算？

身在茂盛的草丛里，想吃多少，谁说了算？

牛羊的生活怎样？（随性，惬意）

再读——天苍苍，野茫茫，风吹草低见牛羊。

(7)品敕勒人的惬意。

谁放牧？他们只需要做什么？剩下的时间呢，可以做啥？

体会的仅仅是牛羊的惬意？

是的，是敕勒人生活的惬意和随性。

读——天苍苍，野茫茫，风吹草低见牛羊。

3.回扣课题，体会敕勒歌，歌"生活的富足，随性和惬意"

(1)给生活题词，进一步理解"歌"。

这样的生活，给它一个词，你的是？你的是？

(幸福、安康、美好、富足、随性、惬意……)

(2)品读诗行，体味《敕勒歌》。

读课题——敕勒歌

读到这儿，你知道《敕勒歌》在歌什么？

随性惬意的生活怎能不歌？全班读——

> 敕勒川，阴山下，
> 天似穹庐，笼盖四野。
> 天苍苍，野茫茫，
> 风吹草低见牛羊。

五、引出历史背景，诵读古诗，升华情感

1.设计场景，品读体验。

(1)身在家乡，"歌"是赞美。

身在家乡，歌——

敕勒川，阴山下，

天似穹庐，笼盖四野。

天苍苍，野茫茫，

风吹草低见牛羊。

这是赞美！

(2)离开家乡，"歌"是不舍。

就要离开家乡了，歌——

敕勒川，阴山下，

天似穹庐，笼盖四野。

天苍苍，野茫茫，

风吹草低见牛羊。

这是不舍！

(3)身在异乡，"歌"是思念。

身在异乡，歌——

敕勒川，阴山下，

天似穹庐，笼盖四野。

天苍苍，野茫茫，

风吹草低见牛羊。

这是思念！

2. 引出历史背景，体会"豪情与壮志"。

如果美丽、富饶的家乡可能被践踏、被毁灭，你怎么办？

展示PPT资料：

公元546年，统治中国北部的东魏和西魏两个政权之间爆发一场大战。玉壁城是西魏插进东魏的一把利刃，要想保卫自己的家乡的富饶就得永远握住这把利刃。首领高欢带领战士们围攻玉壁城两个月之久，还没有拿下，在战士们筋疲力尽的时刻，这首歌在耳边响起……

(1)播放第一遍音乐（平），体会为"家乡"而战。

为美丽的家乡而战，读——

(2)播放第二遍音乐（渐强），体会为"亲人"而战。

为亲人而战，读——

(3)播放第三遍音乐（强），体会"为早日回归"而战。

为早日回到家乡而战，读——

(4)全班齐诵，品味"歌"的激励与鼓舞。

家乡遭遇危难时，"敕勒歌"是号角，是鼓舞，是斗志与不屈。伴随着这场战役的结束，这首歌永远在这片土地上回响！（配乐起——）

敕勒川，阴山下，

天似穹庐，笼盖四野。

天苍苍，野茫茫，

风吹草低见牛羊。

《敕勒歌》的教学，紧紧围绕"歌"的两个层次："歌"家乡的辽阔奇丽、"歌"生活的富足美好而展开，没有分析，没有讲解，但一切的理解和情感都在其中了。诗歌教学，唯有从整体出发，以朗读为抓手，重情感体验，才有希望和未来。

示例 诗歌教学设计

《示儿》教学设计

★教学目标

1. 借助注释，理解诗句内容，正确流利有感情地朗读并背诵古诗。

2. 抓住诗眼"空""悲"，体会诗人深沉浓烈的爱国情怀。

3. 以诗人不同时期的诗作为线索，追寻诗人一生的足迹，感受诗人一生忧民、爱国的情怀。

4. 超越文本的组诗诵读，塑造"爱国诗人"群像，激发学生爱国主义情感，培养学生正确的世界观、人生观和价值观。

★教学重难点

1. 通过诵读，体会诗人对山河破碎、民众流离的悲伤与悲愤。

2. 理解小我的"空"和对民族、对国家的"悲"之间的关系，初步感知"心系天下唯有放下自我"。

一、抓住"示"，理解题意，知晓遗嘱内容

1. 读课题。

今天，我们学习古诗三首中的第一首，读课题。

2. 理解题意。

"示"什么意思？"示儿"呢？

3. 初读课文，抓"死去、家祭"理解这是一份遗嘱。

什么时候告诉儿子？提笔，诗中找答案，圈出词语（"死去、家祭"）

临死之前，交代死后之事，这是留——遗嘱。对，这首诗，就是一份留给儿子的遗嘱。

4.锁定第2，3行诗，明了遗嘱内容。

遗嘱中，诗人给儿子交代什么？快速默读全诗。

抽学生交流，圈出"不见九州同、王师北定中原"。

二、初读诗歌，读通诗意

1.自由练读。

这是一首七言诗，一分钟时间练读，注意读准字音和七言诗的节奏。

2.检测读。

抽读。强调鼻音"乃"，后鼻音"翁"。

齐读。

3.借助注释读懂诗意。

借助注释，用自己的话说说从诗中读出了哪些信息。

给我的儿子：我本来就知道人死了以后什么都没有了。我心中唯一的悲伤是没能看到国家统一。如果朝廷的军队能够收复中原，你们祭祀祖宗的时候，千万不要忘记把这个好消息告诉我呀！

三、抓住诗眼"空""悲"，逐句品读，体会诗人的家国情怀

1.品读第一句"死去元知万事空"，重点理解"空"。

(1)锁定诗行。

捧书读诗歌的第一句——死去元知万事空。

(2)理解"元知"。

"元知"就是——原本就知道。

突出"元知"读第一行诗——死去元知万事空。

(3)理解"万事"。

这里的"万事"，可能包括哪些事？(财产、功名、子女的将来……)

也就是人所能牵挂的一切事。读——死去元知万事空，突出"万事"。

(4)理解"空"。

"空"怎么讲？(了结了，放下了，没有了)

读词"空"，体会。

突出"空"读诗行。

(5)完整朗读第一行诗。

2.抓"悲",品读第二行诗"但悲不见九州同"。

(1)锁定第二行诗。

真的放下了所有？接着读。

(2)理解"但悲"。

哪儿读出？圈出"悲"。"但"怎么理解？标记"只，唯一"，突出"但悲"读第二行诗。

(3)理解"不见九州同"。

①锁定"不见九州同"。

内心唯一悲伤的是什么？读——但悲不见九州同。

也就是说"不见九州同"是诗人心中唯一的牵挂。（标记"牵挂"）

②借助大宋版图，理解"九州"及"九州不同"。

这是大宋疆域图（出示），解释何谓"九州"。

九州：战国时期起，九州成为中国古代时期的代称，中华民族的九州区域指：冀州、兖州、青州、徐州、扬州、荆州、豫州、梁州、雍州。

"不见九州同"，就是此刻——"九州不同"！

(4)锁定"九州不同"，三个层次体会诗人的"悲"。

①悲叹"山河破碎"。

"九州不同"意味着什么？"山河破碎"。（出示地图，整个长江以北都被金人占领，比较南宋和北宋的疆域）

此刻的"悲"，是悲大宋山河破碎，读——但悲不见九州同。

②悲悯"万众疾苦"。

金兵占领区的人民过的是什么样的日子呢？引出两首诗，读——

    遗民泪尽胡尘里，南望王师又一年。

            ——《秋夜将晓出篱门迎凉有感二首·其二》

此刻的"悲"，是悲沦陷区人民的流离和疾苦，读——但悲不见九州同。

③悲愤"朝廷昏庸"。

人民是这样的生活，朝廷在干吗呢？

A.引读陆游诗《关山月》。

> 和戎诏下十五年，将军不战空临边。
>
> 朱门沉沉按歌舞，厩马肥死弓断弦。
>
> 戍楼刁斗催落月，三十从军今白发。
>
> 笛里谁知壮士心，沙头空照征人骨。
>
> 中原干戈古亦闻，岂有逆胡传子孙！
>
> 遗民忍死望恢复，几处今宵垂泪痕。

读这首诗，你知道朝廷对待失去的山河什么政策？（一味求和的不战政策，关键词：不战、厩马肥死、弓断弦、三十从军今白发）

B.引读林升《题临安邸》。

> 山外青山楼外楼，西湖歌舞几时休？
>
> 暖风熏得游人醉，直把杭州作汴州。

你又看到了什么？（大好河山丢失，统治者却在西子湖畔，歌舞升平，花天酒地，忘记了北宋都城汴州在金人的铁蹄之下。）

这里的"游人"指谁？（介绍背景资料：北宋首都汴梁，今天的河南省开封市；南宋首都临安，今天的杭州市。明了"游人"指南宋人。）

国家没有统一，人民泪尽胡尘，统治者却在干什么？（花天酒地，歌舞升平）

此刻诗人的"悲"，是悲什么？（对统治者不作为的悲愤，朝廷采取不抵抗政策，一味求和，终于被灭。）

满腔悲愤化作诗行，读——但悲不见九州同！

(5)引读第二行诗。

陆游的悲，是悲山河破碎，读——但悲不见九州同！

陆游的悲，是悲生灵涂炭，读——但悲不见九州同！

陆游的悲，是悲当权者能作为却不作为，读——但悲不见九州同！

3. 抓"王师北定中原",体会诗人心中的渴望。

(1) 锁定第三行诗。

临终"不见九州同",诗人心中有着怎样的渴望？齐读。

(2) 理解"定",品读诗行。

"定"什么意思？（平定，收复）

联系上文，收复了沦陷的国土，也就是什么？联系"悲"的三个层次，品读"定"的三个层次——

山河完整！突出"定"，读——北定中原。

人民安居乐业！这就是"定"，读——北定中原。

朝廷重振国威，不再妥协，定国，定家，定天下苍生，这就是——北定中原。

这一天，诗人想了一生，憧憬了一生。突出"北定中原"，再读第三行——

王师北定中原日（板书：期盼）

(3) 抓"无忘"，体会诗人的"家国情怀"。

北定中原的那一天就是什么日子？读第四行。

哪一天平定中原，哪一天就是"家祭"，你知道了什么？（家就是国，国就是家。这，就是诗人的家国情怀。）

齐读全诗——

死去元知万事空，但悲不见九州同。

王师北定中原日，家祭无忘告乃翁。

4. 引入诗人不同时期的诗作诵读，感悟诗人一生的"家国情怀"。

仅仅是临终前有这样的情怀吗？（引读诗人不同生命时期的作品）

(1) 年轻的时候，他在诗中这样表达——

上马击狂胡，下马草军书。

——《观大散关图有感》

(2) 人到中年，他这样感叹——

千年史册耻无名，一片丹心报天子。

149

楚虽三户能亡秦，岂有堂堂中国空无人！

——《金错刀行》

(3)65岁被罢官回乡，仍是一腔热血恋家国——

当年万里觅封侯，匹马戍梁州。关河梦断何处？尘暗旧貂裘。

胡未灭，鬓先秋，泪空流。此生谁料，心在天山，身老沧洲。

——《诉衷情·当年万里觅封侯》

(4)68岁高龄，铁马冰河入梦来——

僵卧孤村不自哀，尚思为国戍轮台。

夜阑卧听风吹雨，铁马冰河入梦来。

——《十一月四日风雨大作（其二）》

(5)直至生命的最后一刻仍是满满的牵挂和期盼——

死去元知万事空，但悲不见九州同。

王师北定中原日，家祭无忘告乃翁。

5.抓"空"，回顾全诗，感悟"家国情怀"是"因空而悲"。

(1)锁定"空"与"悲"的矛盾点。

不仅临终没空，一生都不曾"空"。但诗人却说——（齐读第一行）

死去元知万事空

(2)锁定课题通读全诗，明了"空"的是"私事、家事"。

诗人"空"的究竟是什么？

读课题，两遍。再次通读全诗，父亲告诉了儿子什么家事？（学生带着问题读全诗）有吗？（没有，作为陆家的家事只字未提）

也就是说诗人空的是作为个人的私事、家事。（"空"的旁边标注）

(3)引读第2～4行诗，感悟因"空"而"悲"，装下"国事、天下事"。

所以才——（引读第2，3行诗）

悲——不见九州同

盼——王师北定中原

此刻，你知道为什么作者有这样的"但悲"了吗？（讨论，交流）

小结：正是因为"空"了个人的私事和家事，才有了对国事、天下事的"悲"！读古诗——

死去元知万事空，但悲不见九州同。

王师北定中原日，家祭无忘告乃翁。

没有小我的"空"，哪来对国家、对民众深切的悲呢？再读上首诗。

四、引读组诗，感受中华民族爱国诗人的群像

1.介绍作者。

作者陆游，字务观，号放翁，生于 1125 年，卒于 1210 年。北宋（960～1126 年），南宋（1127～1279 年），出生不久，长江以北的中原就被金人占领。他始终坚持抗金，其作品光芒万丈，是我国杰出的爱国主义诗人。

2.引读不同时期爱国诗人的诗作，感悟"爱国群像"。

像陆游这样的爱国诗人，不止一位，5000 年中华文明的上空，他们，如群星般闪耀——（出示并引读爱国诗人组诗）

(1)这是公元前 300 多年的屈原的诗句——

路漫漫其修远兮，吾将上下而求索。

(2)这是公元 755 年的杜甫的诗作——

国破山河在，城春草木深。

感时花溅泪，恨别鸟惊心。

烽火连三月，家书抵万金。

白头搔更短，浑欲不胜簪。

(3)这是和陆游同时代的辛弃疾的诗作——

何处望神州？满眼风光北固楼。

(4)这是公元 1386 年的于谦的诗作——

粉骨碎身浑不怕，要留清白在人间。

(5)这是 1907 年的秋瑾的诗作——

拼将十万头颅血，须把乾坤力挽回。

结语：他们，都是"空"了私事、家事，装下了国事、天下事。正是一个个"小我"的空，才成就了中华民族的伟大，"小我""空"了、放下了，却让中华、中华魂在浩瀚的历史长河中永存。

全体起立，齐诵《示儿》。

第四章

会当凌绝顶
一览众山小

——单元整体教学，高效看得见

与第一、二课时教学同步实施的是"单元整体教学"。单元整体教学，就是把单元教学内容当作"一个整体"进行教材解读、教学规划和练习设计，让学生通过学习，习得本单元学习的结构化方法和技能，省去学习过程中不必要的重复，最大限度节约教学时间，以实现快乐和轻松的学习。

一、单元教材解读规划

实施"单元整体教学"，教材解读是前提。单元教材解读，最容易走入"单篇解读"的误区，将单元整体教学内容割裂为一个又一个的单篇，看起来是整体解读，实则是将单元内容割裂。这样的解读，必然导致教学碎片化，在实际的教学中会有诸多"不应该的重复"，白白耗费时间，无法实现教学的高效。单元教材解读，可以从以下几个维度进行，各个维度均要努力完成解读要求，以充分实现解读维度的教学价值和教育价值。

单元教材解读

解读维度	项次	解读要求	价值分析
整本书编写意图	单元构成	1. 整本书一共有几个单元。 2. 每个单元各自承担的教学任务。 3. 整本书要完成的总体目标概述。	教材的单元之间既独立又密切关联，解读的是某一单元，但一定要知道整个教材的构成以及该单元在本册教材中的序位。
	教材体例	1. 教材的几个单元按照什么原则编排。 2. 要解读的单元在整本书中的地位和作用。	八个单元内容是按照什么顺序编排，要找到整册教材单元之间的内在联系，每一单元在整册教材的地位和作用。
单元主题	单元主题占位分析	1. 明确单元主题及单元主题所处的学段。 2. 勾连与本主题相关的全学段主题，最好以表格形式列出。 3. 分析本主题单元基于编排位置所起的作用：前置任务形成的学习方法和技巧的迁移及如何为后继学习做储备。	整个小学学段，同一主题会有一系列的主题单元，分散在三个学段中。前一阶段的主题单元学习，除习得知识外，学生掌握的"学习该主题单元"的方法和技能要迁移运用到后一阶段的主题单元学习中；当下主题单元的学习也为后继学习做知识、方法和能力的储备。
	内容主题凸显分析	1. 各教学内容如何体现单元主题。 2. 内容之间凸显单元主题的内在逻辑。 3. 不同体裁内容承载主题的作用，包括语文园地中编排的内容也一并分析。	主题与教学内容之间的关系是魂与血肉的关系。任何主题都需要有具体的内容来承载；而任何内容如果缺失了主题，也就没有了存在的意义和价值。同一单元编排的内容，都体现了单元主题，也都在为凸显单元主题贡献自己的力量，不同体裁的文本，对主题的凸显会有所不同。
单元语文要素	语文要素占位分析	1. 单元语文要素在小学学段中的编排。 2. 单元语文要素占位分析、之前的要素技能储备、后继学习的要素技能要求等。	对语文要素的占位进行分析，可以清楚地知道该语文要素对应的学习技能当下学生的基础是什么，后续还应该有怎样的提升，避免教学的孤立与碎片化。

续表1

解读维度	项次	解读要求	价值分析
	语文要素的课标描述	1. 对标单元语文要素在课标中的描述。 2. 对课标描述进行简要分析。	课标的四大核心素养是通过一个又一个的语文要素实现的。语文要素的训练就是学生语文核心素养达成的必由之路。
	语文要素的学段要求	1. 将语文要素的课标要求分解为学段要求。 2. 尽量将语文要素的学段要求细分为可量化的技能指标。	语文要素的学段要求体现了学生语文素养提升的阶段性和递进性，不能"一把抓"，更不能凭感觉。
	语文要素的单元要求	1. 语文要素在本单元的具体要求。 2. 语文要素在每篇文本中的体现与落实。	将学段语文要素的要求落实到单元教学中，明确单元各文本需要承担的任务。
文本解读	文本体裁	1. 如果是同一体裁，比如寓言、童话、神话、说明文等，要对这一体裁的共同特性进行解读，同时解读不同文本的意象。 2. 若是不同体裁，则要对文本的体裁进行——分析。	一般说来，除了"童话、神话、说明文"这类按照体裁组合单元，一般的单元都是按照主题或是"教学任务"（习作、阅读策略）进行组合。一个单元里，一般是多种体裁的文本共存。
	文本结构	包括每篇文本的段落，文本内在的结构及重点段落的段式结构，文章的行文顺序和写作特点等。	文本的段落、结构、行文的顺序是一篇文本最基本的框架，文本结构的清晰解读是透彻、全面理解文本的基础。
	文本内容	1. 一年级的文本内容解读就是夯实基本结构： （1）什么，怎么样？ （2）谁，干什么？ 2. 解读文本中的人、事、景、物，基本围绕两个方面：写什么，怎么写，"怎么写"还要将写作手法、修辞、用词等都进行解读。	文字是为表达服务的。解读文本的前提是将文本读懂。读懂文本，起步年级和后续年级要求不一样，起步年级要将两个基本句式结构夯牢，为后面的读懂段落和读懂整篇、整本书做能力储备。
	文本情感及表达基调	1. 抓文本的文眼或是关键词句。 2. 解读文本表达的情感。	情感是文章的色彩，是教学的基调。情感从文字、文本中来，不是讲懂，不是告知。

续表2

解读维度	项次	解读要求	价值分析
	文本主题与主旨	文本的主旨表达即是文本传递的价值取向，要对文本表达的主旨进行文化、人性、哲学层面的解读，比如"金秋时节"主题单元中"金"的内涵。主题与主旨是穿越时空的恒久价值，体现了作品的民族意义和人类意义。	文本的主题和主旨是文本存在的"人文价值"，学生通过文本的学习，眼界得到拓展，格局得到提升，思想得到丰富，灵魂得到滋养，最终成长为一个具有完美人格、有修为、有独立思辨能力、三观正、有抱负的人。
	时代背景	文本创作的时代背景分析，解析出作品与时代之间的关联性，作品彰显的时代意义。	好的作品是时代的代言与急先锋，或唤醒，或激励，或鞭策，或揭露，或反对，或引发启思……
	作家与作品	作家的创作风格、作家个人的经历，作品的特点和风格，文本在作家作品中的地位和作用，是否具有代表性，都要进行解读。	通过一篇文本的阅读，走进作家的内心，触碰作家的人生和作家所处的时代。

二、单元教学整体规划

1. 目标设定。

（1）单元总目标设定。

单元总目标设定要充分体现语文核心素养的四个方面：文化自信、语言运用、思维能力和审美创造，从"识字与写字、阅读与鉴赏、表达与交流、梳理与探究"四个维度编制目标。

（2）板块目标设定。

将单元总目标分解为板块目标，每一个板块独立设定目标。板块确定的原则参考分课时目标。属于第一课时教学内容的板块，参考"分课时教学"中第一课时目标要求，从"读通、读顺、读懂"三个方面进行目标编制；属于第二课时教学内容的板块，参考"分课时教学"中第二课时目标要求，从"理解、体验、感悟、积累"四个方面进行目标编制。

几个板块目标完成之后单元总目标也就完成了。因此板块目标是总目标的落实，是总目标的具体体现。两者之间是"统领"与"照应"的关系。

2. 单元课时规划。

对整个单元进行总体课时规划，根据学习任务，安排出各个板块的不同课时，合理规划单元总课时。

需要注意的是，既然是单元整体教学，那一定要体现高效。如果单元整体教学的教学效益不能超越单篇文本教学，就一定不是真正的"单元整体教学"。要么在相同的时间学得更多；要么同样的内容用时更少；要么内容用时一致，但学生的获得更深刻、体验更多维。

3. 课时教学环节。

确定了板块目标和板块课时之后，要对每一课时的教学环节进行规划。教学环节以"环节教学目标"命名，跟"分课时教学"的教学设计一样。用"环节教学目标"作为教学环节的小标题，板块教学环节会更清晰。因为单从教学环节的"小标题"就能推测课时目标、板块目标、单元目标是否达成。

4. 单元教学的推进模式。

单元教学推进模式一般有两种：平行推进模式和一篇带多篇的主次推进模式。

（1）平行推进模式。

这种推进模式是整个单元文本不做重点和非重点区分，文本的学习价值处在同一水平线上，没有孰轻孰重。教学时，根据学习任务平均着力。这种方式放在"内容学习"（读通、读顺、读懂）环节最为恰当，也最为常见。

（2）主次推进模式。

在单元的几个文本中确定一篇主体文章，以"主体文章"的学习帮助学生习得本单元学习的方法和技能，并将方法和技能迁移到其他的文本学习中，从而节省教学时间，实现教学的高效。

"主次推进模式"又可以有两种情况：一是在整个单元的学习中始终以一篇文本为主体；二是在不同的板块中确定不同的"主体课文"。比如，三年级上册第二单元的"金秋时节"在文本读懂板块是平行推进，在"赏景"和"悟情"板块则采用主次推进模式，且"主体课文"确定有变化，前者是《铺满金色巴掌的水泥道》，后者是《古诗三首》。

三、单元练习整体设计原则

单元练习设计要充分照顾教材解读的进程，要在教材解读完成之后与教学设计同步进行，切不可在教材解读没有完成之前进行"孤立"的练习设计。练习设计应遵循以下原则：

1. 紧扣教学目标进行设计。

练习是实现教学目标的重要环节，是对学生学习效果的及时检测和落实，脱离教学目标的练习设计没有意义。

2. 教学的过程就是练习的过程。

课堂练习属于"教学过程"，课堂练习要贯穿教学过程的始终。绝不可课堂上"一讲到底"，课后再来"大量练习"，一节课结束的时候，就应该是目标达成的时刻。

3. 注重练习的层次性。

练习要体现层次性，跟随单元教学板块渐次推进。知识考查的级次应同步板块设计。比如，生字生词在"读通、读懂、读顺"的环节考查的可能是"字音"和"字形"，到了"感悟、理解"的环节，考查的也许就是"词语的情感色彩"和"体会其表达效果"了。

4. 体现练习的针对性。

练习要结合单元语文要素和语文知识点考查方式进行合理设计。各类练习和练习的难易度要均衡。

四、"单元整体教学"教材解读示例

"金秋时节"是统编教材三年级上册第二单元的主题。该单元包括《山行》《赠刘景文》《夜书所见》三首古诗和两篇散文《铺满金色巴掌的水泥道》《秋天的雨》以及一首现代诗歌《听听，秋的声音》。根据"整体语文教学"的"单元教材整体解读规制"，教材解读从"整本书编写意图、单元主题、单元语文要素、文本解读"四大板块展开，每一个板块又各有自己的解读要点。

①整本书编写意图：单元构成、教材体例。

②单元主题：单元主题占位分析、单元主题凸显分析。

③单元语文要素：语文要素的占位分析、语文要素的课标描述、语文要素的学段要求、语文要素的单元要求。

④文本解读：文本体裁、文本结构、文本内容、文本情感及表达基调、文本主题与主旨、时代背景、作家与作品。

教材解读，既可以依据解读规划表，使用表格方式填写，也可以围绕解读要点，形成一篇表述流畅的文章。《秋色秋景寓秋情，金秋时节颂"金"秋》是围绕解读要点，用文章形式来表达。

示例

秋色秋景寓秋情，金秋时节颂"金"秋
——三年级上册第二单元"金秋时节"教材解读

一、整本书编写意图

三年级上册教材共有 8 个单元，其中第四、第五单元为特殊单元，分别是阅读策略单元和习作单元，剩余 6 个单元为普通单元。

二、单元双线结构

本单元是按照"人文主题"和"语文要素"双线结构来编排的。

1. 单元主题。

本单元主题为"金秋时节"，一、二年级时，学生已经感受了"自然四季""夏天""春天"之美，五年级还会进一步感受"四季之美"，由此可见，单元主题是从低年级向着高年级纵向延展的。

"金秋时节"单元，一共编排了《山行》《赠刘景文》《夜书所见》三首古诗和两篇散文《铺满金色巴掌的水泥道》《秋天的雨》以及一首现代诗歌《听听，秋的声音》。

三首古诗均为七言诗，借由秋景，或咏景言志，或借景劝勉朋友，或借景表达思乡怀旧之情。其余三篇，写作的角度皆从儿童出发，分别从秋天的叶、秋天的雨、秋天的声音，展现了"金秋时节"的别样风景。虽然体裁不同，却相聚"金秋"，构成特色鲜明的"金秋时节"主题单元。

2. 单元语文要素。

本单元的语文要素是运用多种方式理解难懂的词语。

《语文课程标准》中关于第二学段理解词语有这样的要求：

(1)能联系上下文，理解词句的意思，体会课文中关键词句表情达意的作用。

(2)借助字典、词典和生活积累，理解生词的意义。

在一、二年级时，学生已经学会了"查字典、联系上下文、联系生活经验"等理解词语意思的方法。本单元是在此基础上的延展和提升，还将习得"结合插图、找近义词、拆词组词"等理解词语的方法，以此增强学生的阅读兴趣，提升他们的阅读与鉴赏能力。

三、文本解读

紧扣单元主题和语文要素双线枝干，文本的整体解读从"知秋色、赏秋景、悟秋情、解'金'意"四个层面展开。

1.锁定事物，知秋色。

不论是古诗，还是散文，五篇文章里，都有鲜明的"秋"的印记。

《山行》中，通过"寒山""枫林""霜叶"知"秋"。《赠刘景文》中，"尽荷""残菊""橙""橘"知"秋"。《夜书所见》中，"梧叶""秋风""促织"是秋的印记。

《铺满金色巴掌的水泥道》中以"梧桐叶"作为秋的意象贯穿全文，描述了深秋时节铺满金色落叶的上学路上的美景。

《秋天的雨》中抓住"银杏树、枫树、田野、果树、菊花"知秋色；抓住"梨、菠萝、苹果、橘子"知秋味；抓住"小松鼠、小青蛙、松柏、杨树、柳树"知秋忙。

略读课文《听听，秋的声音》是一首现代诗歌。由"大树""蟋蟀""大雁""秋风"，感知秋天。

2.锁定特点，赏秋景。

找到了代表"秋色"的事物，第二层次就是要抓住文中"景物的描写"部分——"赏秋景"。五篇文章，是怎样展现和描绘秋天景物的呢？继续深读教材，会发现古诗《山行》中，通过"远上寒山""石径斜"获得秋的延伸和无尽；"有人家"会使人联想到炊烟袅袅，鸡鸣犬吠；"霜叶"比二月的花还要红，一驱寒山清冷之意。《赠刘景文》中，"荷尽已无擎雨盖""菊残"点明此时已入深秋，"橙"已黄，"橘"已绿，显露出勃勃生机。《夜书所见》中，"梧叶"的萧萧，夜深的灯明，给我们描绘出了深秋的寒凉。

《铺满金色巴掌的水泥道》中梧桐树叶的描绘集中在第二部分，通过反复研读，会发现文本从五个维度来展现秋天的美：天空和水洼的明朗之美、梧桐树叶"梨花带雨"的美、落叶铺展和延伸的美、落叶不规则排列的美、小雨靴在落叶间蹦跳的美。五个层次的美又通过文中的关键词传递出来。

《秋天的雨》从秋雨开始，又从秋雨结束，通过"红色""金色"等一系列描写颜色的词写出了秋天的五彩缤纷，"香""甜"等描写味道的词写出了秋天的诱人气味，"找粮食""挖洞"写出了秋天动植物的忙碌。

《听听，秋的声音》中，秋天的美在那"道别的话音""告别的歌韵""暖暖的叮咛"和"丰收的歌吟"里。

3. 锁定文眼，悟秋情。

第三个层次的解读，旨在抓住每篇文章的文眼，通过文眼去引导学生体会对"秋"的不同情感。

《山行》中"爱"字指出了停车不前的原因，道尽了诗人对深秋枫林晚景的喜爱。

《赠刘景文》是苏轼送给好友刘景文的勉励诗。用"一年好景君须记"写出了金秋时节是一年的"好景"，"君须记"表达了诗人对友人的劝勉之情。

《夜书所见》中，秋风起时客未归，瑟瑟秋风"动客情"。后两句写由深秋夜晚的灯火勾起诗人对家乡的追忆、思念，更显客居他乡的孤寂无奈。

《铺满金色巴掌的水泥道》最后一句发出赞叹，"我第一回觉得，门前的水泥道真美啊！"一个"真美啊"让喜秋之情跃然纸上。

《秋天的雨》的最后一个自然段，唱响了丰收的歌、欢乐的歌，抒发了喜秋、赞秋的情感。

《听听，秋的声音》中，"好好地听"，诗歌借声音绘秋景，突显了秋天的神韵和活力。

整个单元图文并茂，落叶纷纷，山花遍野，树林丛丛，我们除了从文中，还能从图画中帮助学生进入课文描绘的情境，对秋天产生无限遐想，感受秋景之美。

4.抓住阅读矛盾点，解"金"意。

研读五篇文本，本单元的主题是"金秋时节"，但是，无论是梧桐树叶，还是枫叶、田野，色彩上有绿、黄、红、橙，哪里只是一个"金"字了得？分明就是"炫秋""彩秋"啊！那为何人文主题是"金秋"呢？如果对教材的解读仅仅停留于此，是没有真正读懂教材的。回顾整个单元，找出表示颜色的词并与人文主题的"金"字比对思考，阅读矛盾点就出来了：

色彩如此丰富，为何主题是"金"秋？

循着阅读矛盾点展开去，将五篇文章串联起来，再次反思读文本，便有了顿悟："金"不仅指颜色，更寓意着成熟，寓意着丰收，寓意着欢乐和成长。

四、单元整体教学规划

基于以上的文本解读，将本单元按照四个板块来进行教学设计，分别是：知秋色、赏秋景、悟秋情、解金意，共整合为六个课时的教学内容。

在"知秋色"这个板块，主要落实本单元的识字、写字目标，读通读顺课文，找出每篇课文中"秋"的事物，勾画出描写事物特点的句段并练读，能用钢笔正确、规范地书写生字。

"赏秋景"板块将精讲细读《铺满金色巴掌的水泥道》，利用习得的结构化知识，自主研读《秋天的雨》和《听听，秋的声音》。在"赏秋景"的第二课时，还将细读三首诗，赏析三首诗中的秋景，背诵这三首古诗，完成小练笔。

第五课时"喜秋情"，首先找出五篇课文中表达秋情的文眼；再回扣单元主题"金秋"，找到阅读的矛盾点，深度感悟"金"的寓意：成熟、丰收、喜悦。

最后一个课时，学生习得了语文素养和单元主题两条主线的结构化知识后，再回顾文本，领悟单元主题"金秋时节"中"金"的深刻寓意，拓展延伸，配乐颂秋。

五、单元练习设计

单元练习贯穿课堂始终，以"秋的日记"串联四份作业单为一个整体，实现高效达成语文要素的目标。

秋的日记1

（　）月（　）日　　　星期（　）　　　天气（　）

周末下了一场雨，今天早上我去学校时，我看见□□（yuán qiáng）外的□□（shuǐ ní）道上，铺满了□□（luò yè）。桂花树上掉落了一大片桂花，妈妈说这预示着夏天真的和我们说再见了。

不过我特别开心，我最喜欢秋天啦！

好巧，今天语文课上老师也和我们一起讨论了秋天，秋天真美！红红的□□（fēng yè），像一枚枚□□（yóu piào），银色的□□（shuāng）地洒落，既有□□（cán jú）的傲雪，也有□□（chéng zi）的金黄。

老师还和我们一起玩了成语接龙呢，我学到了不少关于秋天的成语，秋（　）气（　），秋（　）习（　），一叶知秋，（　）尽（　）来，五谷（　）（　），春华（　）（　）……语文课真好玩啊！

放学回家，我得好好考考妈妈。

秋的日记2

一、根据导学单，自主研读《秋天的雨》《听听，秋的声音》并填空。

（一）根据导学单，自主研读《秋天的雨》并填空。

1.《秋天的雨》从 ____，____，____ 三个方面描写秋雨的美。

2.第二段通过哪句话感悟到秋雨的色彩美。在文中用"——"勾画，在文中圈出选段中描写秋天事物颜色的词语，"五彩缤纷"这个词语的意思是 ____，"五彩缤纷"的近义词有 ____，____ 等。

3.第三段通过哪句话感悟到秋雨的气味美。在文中用"——"勾画，在文中圈出选段中描写秋天事物气味的词。

4.第四段通过哪句话感悟到秋雨的热闹美，在文中用"——"勾画，用"~~"在文中勾出动植物为过冬做的准备。

（二）根据导学单，自主研读《听听，秋的声音》并填空。

1.细读描写秋天声音的句子，小组交流，你知道了什么？

二、小练笔："铺满金色巴掌的水泥道"，多美的发现啊！你在上学或放学路上看到了什么样的景色？可以从哪些方面来写，先用结构图表达，再用几句话写下来吧。

秋的日记3

（　）月（　）日　　　星期（　）　　　天气（　）

一、反复练读下面三首古诗，从诗中找出表达诗人情感的词语，圈出来。

《枫桥夜泊》
（唐）张继
月落乌啼霜满天，
江枫渔火对愁眠。
姑苏城外寒山寺，
夜半钟声到客船。

《峨眉山月歌》
（唐）李白
峨眉山月半轮秋，
影入平羌江水流。
夜发清溪向三峡，
思君不见下渝州。

《天净沙·秋思》
（元）马致远
枯藤老树昏鸦，
小桥流水人家，
古道西风瘦马，
夕阳西下，
断肠人在天涯。

二、根据三首古诗表达的情感，如果要用颜色来表示，你会选择哪种色彩，试着画一画，并用一句话简述。

《枫桥夜泊》　　　《峨眉山月歌》　　　《天净沙·秋思》

秋的日记4

（　）月（　）日　　　星期（　）　　　天气（　）

一、回顾整个单元课文，读一读表示秋天颜色的词，思考单元主题为什么要定为"金秋"，到文中寻找"金"的信息，小组交流。

1.本单元的课文，都出现了哪些具体表示颜色的词？

2.文中勾画出"金"的信息的句子，用"——"勾画。

3.反复读文中"金"的信息的句子，你从中联想到哪些词语，试着写一写。

二、配乐诵读《秋天的歌》

从池塘里掏一掏清凉
从果园里摘一摘醇香
秋来了，唱着一支金色的歌
来到城里，来到村庄
没有春风桥柳的得意
没有落红飘零的忧伤
没有如火骄阳的狂热
没有寒霜飞雪的冰凉
你唱远行的艰难和苦涩
但并没有失望和悲伤
你唱秋收的喜悦和满足
但并没有自负和狂妄
啊，应对遍地黄花
满园桂香，秋风啊
我想和你一齐歌唱

五、"单元整体教学"教学示例

"单元整体教学"对教师的教学能力有一定挑战。要想设计出高水平的"单元整体教学"教案和学案，需要教师对"分课时教学"中第一、第二课时教学策略熟知并熟练地运用。同时"单元整体教学"对学生的学习能力也有一定要求，需要从第一学段开始着手培养。第一学段的"单元整体教学"可以在"分课时教学"基础上，从教学策略的调整入手，到了第二学段，再按照标准实施"单元整体教学"。

1.第一学段分课时教学调整示例。

从学生学科学习的角度考量，第一学段的语文教学要为学生扎牢三个功底：

①学科学习习惯夯实；

②学科学习方法习得；

③学科学习能力培养。

因此，对于一、二年级的语文课，我们虽然采用的是"分课时教学"，但由于课文篇幅短小，对两个课时的教学任务做如下调整：

第一课时：20分钟完成读通、读顺、读懂课文的目标，20分钟完成理解、体验、感悟、积累的目标。

第二课时：15分钟完成生字集中学习，15分钟完成课堂集中练习，10分钟师生共读一本绘本。

这样调整之后，所有的练习都在课堂完成，不留一点书面作业。同时每两课时就能完成一本绘本的师生共读，一周就可以读5本，一学期下来，师生共读绘本在80~100本。两年下来，所有学生都能在课堂完成300本以上的绘本阅读。不要小看这个阅读量，如果每个班级都能做到"300本保底"，你会发现，学生的识字量"蹭蹭蹭"就上去了。那些到了第二学段还在抱怨"识字量大、识字教学任务重"的老师，是自己在一、二年级的语文教学中"偷"了懒，是自己亏欠了孩子们。

示例

《四季》教学设计

★教学目标

一、读通

1. 会认 10 个生字，会写 3 个生字，学习多音字"地"。

2. 正确朗读词语和短语：草芽、尖尖、小鸟、春天、荷叶、圆圆、青蛙、夏天、谷穗、弯弯、鞠着躬、秋天、雪人、顽皮地说、冬天。

3. 读通句子，并能根据句子结构断句。

主谓结构：什么怎么样（草芽尖尖）。

主谓宾结构：谁是什么（我是春天）。

偏正结构：怎么样地说（顽皮地说）。

二、读懂

1. 读课文，在文章中圈出"谁在说话，对谁说话，怎样说话，说了什么"。

2. 根据字形理解"尖尖"的意思，根据构造法理解叠词"圆圆、弯弯"的意思。

3. 明白四个小节分别从"草芽、荷叶、谷穗、雪人"四种事物写出了四个季节的特点，第一行写事物的样子，第二行写对谁说，第三行说自己是什么季节。

三、读顺

1. 知道文章用四个小节写了一年的四个季节，并标出小节序号。

2. 发现第一、二小节结构的完全相似，第三、四小节第二行结构的完全相同，比对第四小节第一行与前三小节第一行的不同。

四、理解、体验、积累

1. 理解四个季节代表事物的特点，读出叠词的韵味。

2. 体会"鞠着躬"的谦卑和"大肚子一挺"的顽皮，并能传神表达。

3. 体会四个小节最后一行诗抒发的自豪，并能迁移读好"谁是什么"。

4. 积累"ABCC"的词语，背诵课文。

★教学课时

两课时，共计 80 分钟

★教学过程

一、导入课文第一课时，整体感知

1. 导入新课。

孩子们，今天咱们一起学习一首小诗，读课题——《四季》。

2. 读课题。

(1) 读课题。

齐读课题两遍。

(2) 读准"四"的字音。

"四"是平舌音，读两遍，起。

再读课题。

四季是哪四季？(春夏秋冬)

再读课题。

二、整体感知，读懂四个小节、四个人物、四个季节

1. 整体感知课文。

听老师读课文，思考：诗中谁在说话？

2. 交流人物，圈出表示事物名称的词。

诗中谁在说话呢？(草芽、荷叶、谷穗、雪人)

来，我们用圆圈圈出他们。(指导学生在文中标注：PPT 课文出示第一节，示范圈出"草芽"，再由学生照样子圈出剩下三个事物。)

3. 学习生词"草芽、荷叶、谷穗、雪人"。

(1) 自由小声读。

(2) 小老师教读。

(3) 开火车读。

4. 读顺课文，标记小节。

这四个事物，谁第一个说话？(草芽)

这是诗的第一小节，请标记"①"。(出示标有①的课文)

第二个说话的是谁？请标记"②"(荷叶)

第 3，4 小节请快速标出。

仔细观察，小节和小节之间你有什么发现？

小结：这首小诗一共有 4 个小节，小节和小节之间用分行来标记，留出了宽宽的通道。说话的"人"啊都在每小节第一行的开头，也就是首先介绍说话的是"谁"。（板书："谁"）

5.读懂文中事物代表季节，完成勾画。

(1)读懂第一小节人物说的话。

那他们四个分别说了什么？先读第一小节。

草芽说它是什么？（春天）用"△△"标出"春天"。

(2)学法迁移，自主标记 2～4 小节。

荷叶、谷穗和雪人分别说自己是什么呢？默读课文，用"△△"快速标出。

(3)读表示季节的词语。

春天　夏天　秋天　冬天

(4)词语回文，读课文。

三、读通、读顺、读懂课文

1.读通、读懂第一小节。

(1)读第一行，理解"尖尖"。

①锁定"尖尖"。

我们先看第一小节，草芽什么样？读第一行。

哪一个词？（尖尖）用横线勾出"尖尖"。

读词两遍。

"尖尖"什么意思？

根据字形理解：上小下大，就是"尖"。"尖尖"就是很尖很尖。读词两遍。

看图理解：看图，草芽什么样？下面粗，上面细，这就是——（齐读两遍）

"尖尖"写出了草芽的样子。（教师板书"什么样"）

生活中你见过哪些尖尖的东西？

再读"尖尖"。

②读出句子结构。

什么尖尖？（突出"草芽"读第一行）

(2)读第二行，理解说话对象。

①锁定"小鸟"。

它对谁说? 读第二行。用"□"框出"小鸟"。

读词两遍。

②词语回文,朗读体会。

这句话告诉我们草芽对谁说。(板书"对谁说")

再读第二行,突出"小鸟"。

(3)读第三行,理解说话内容,体会自豪感。

①锁定内容。

说了什么? 接着读。("我是春天")

②体会句子的主谓宾结构。

我是什么? 圈出"春天"。

读词两遍。

突出"春天"再读。

谁是春天? "我"下面标记"△"。

再读句子,突出"我"(多种形式单独读)

③体会骄傲。

你听出了什么?(骄傲) 你读!

说这句话时,草芽会是什么样子?

你来试试。你再来! 读出骄傲的感觉。

小结: 这一行写草芽说了什么。(板书:说什么)

(4)回顾小结,明了结构。

(PPT出示笔记后的第一小节。)

发现了吗? 第一小节有三行,第一行告诉我们"谁,什么样";第二行写"他对谁说";第三行写"他说了什么"。

(回顾板书:谁   什么样   对谁说   说什么)

2.根据段式结构,自学第二小节。

(1)自主完成勾画,练读。

第二小节也有三行,你能从第二小节中快速找到这三个信息吗? 快速勾画。

(2)引读,订正,读词语。

(课件出示第二小节,订正勾画)

谁? 什么样?(学生读:荷叶圆圆。)

理解"圆圆"：很圆很圆，请用动作表示。再读。

对谁说？（学生读：他对青蛙说）

它说了什么？（学生读"我是夏天"）

（3）学习第二小节的词语。

①读词语。

荷叶、圆圆、青蛙、夏天

②理解词语。

"圆圆"什么意思？生活中还见过哪些圆圆的东西？

（4）自由练读，齐读。

突出这三个关键信息，自由读第二小节。

捧书，齐读。

3.学习第3，4小节。

（投影出示第3，4小节。）

（1）引导读，感受第3，4小节结构的不同。

原来，第1，2小节都是按照这样的顺序介绍，那第3，4小节呢？是不是也是这样？现在听我读第3，4小节，当你听到第3，4小节与第1，2小节有不同信息的时候，你站起来，一样的部分就坐下去。

（2）学习相同部分（第1，3行）。

①引读。

我们先来看看跟第1，2小节相同的部分。注意，老师问，你们就用读课文来回答。第3小节1组、2组，第4小节3组、4组。

谁？

1组、2组：谷穗弯弯

3组、4组：雪人大肚子一挺

②理解"弯弯、大肚子一挺"。

勾出词语：弯弯、大肚子一挺。

"弯弯"就是，很弯很弯，看图理解。你还发现你身边，什么"弯弯"？

读词：尖尖、圆圆、弯弯。有什么发现？对，当表示"某个特点"特别突出的时候，就可以用两个字相同的叠词来表示。谁还会说这样的词？

读"大肚子一挺"。

理解"大肚子一挺"：小手伸出来，模仿"大肚子一挺"。

③读第三行，体会骄傲和自豪。

谷穗是哪个季节？读。

雪人呢？

多么骄傲！交换再读。

也在告诉我们：说了什么。

(3)学习不同部分（第2行）。

刚才说到不同的时候，大家都找到了第二行，我们来看看，不同在哪儿。

(课件出示：他鞠着躬说，他顽皮地说)（板书词语：鞠着躬，顽皮地）

①读词。

鞠着躬　顽皮地

②理解词语"鞠着躬"。

谁会鞠躬？(请学生表演，动作感受"鞠着躬")

秋天的谷穗成熟了，他轻轻地弯下了腰，就是鞠躬。

读第三行。

谷穗向谁鞠躬？向大地和自然表达什么？(抽答：谢谢你们养育我!)

再读词语。

③理解词语"顽皮地"。

"顽皮"什么意思？(调皮、开心)

你来读。

④小结不同。

这是他们说话的样子。没有对谁说，我们却知道了他们怎样说。(板书：怎样)

(4)齐读第3，4小节。

学生齐读第3，4小节。

4.试背课文。

让我们在插图的帮助下，背诵课文。

四、仿照文本段式，创作小诗

出示四种事物，指导仿说"四季"。

听了草芽、荷叶、谷穗、雪人说话，还有很多朋友也想说话呢。（出示四个季节里常见的事物，学生自由选择，仿照结构创作小诗）

可以仿照第1，2小节，也可以仿照第3，4小节。

谁　什么样　　　　　谁　什么样

对谁说　　　　　　　怎样说

说什么　　　　　　　说什么

（以上为第一课时学习内容）

五、学习字词

1.学习要求会认的字。

（1）小声自由读。

（2）小老师教读。

（3）带音节读。

（4）去掉音节读或"词语卡片"回家游戏。

（5）认识偏旁和多音字：言字旁，虫字旁，折文旁以及多音字"地"。

认读并书空偏旁：言字旁、虫字旁、折文旁。

学习多音字"地"：就在火车通道里面，有个蓝色的字，你发现了吗？它是（地），是一个多音字，也是我们本学期认识的第一个多音字。

就这个字，之前读什么？组词可以组成哪些？

在这里读作什么？课文中哪里出现了这个字？读作"de"的时候后面跟的是表示动作的词语，可以是"顽皮地说"，也可以是"顽皮地唱""顽皮地跳"。

笔记多音字"地"。

2.学习要求会写的字"天、四、是"。

（1）读生字。

（2）给生字注音。

（3）生字扩词，完成笔记。

（4）识记字形。

①识记"天"。

识记笔画："二"加"人"；"大"加"一"。

书空笔顺。

②识记"四"。

识记笔画:"口"加"儿"。

观察字形"儿"的变化:竖弯钩变成了竖弯。

外面一个"口"把"儿"全部包住,这样的结构叫全包围结构。

我们还学过哪些全包围结构的字?(生字表里找:目、日、田。)

书空笔顺:先里头,后封口,来,一起书空,三遍。

③识记"是"。

识记字形:上下结构,上面"日",下面部分书空。

书空笔顺:从上到下,先写"日",再写下面部分。

(5)指导书写"四""天""是"。

①观察占位(注意关键笔画)。

要写得漂亮,哪一笔最关键?

"天":第二笔"横"压横中线,第三笔"撇"在第一笔横的中间起笔,并且也要压着横中线写一段,第四笔"捺"在中心点起笔。

"四":四字的口要写得扁扁的,里面的竖弯没有钩。

"是":"日"字占上半格,第五笔"横"压横中线,第六笔"竖"压竖中线。

②教师范写学生书空。

③学生描红。

④独立写:一看二默三组词(第一个看后写,第二个默写,最后组词)。

六、集中完成课堂练习

1.生字抄写2～1行。

2.照样子写词语。

尖尖 _____ _____ _____

3.根据课文内容连线。

草芽 圆圆 稻穗 冬天

荷叶 尖尖 雪人 秋天

4.背诵课文。

七、共读绘本《小树的四季》

绘本共读后,学生完成之前没有完成的作业,教师随堂批阅。

板书设计：

四　季

谁　什么样	对谁说/怎样说	说什么
草芽尖尖	小鸟	春天
荷叶圆圆	青蛙	夏天
谷穗弯弯	鞠着躬	秋天
雪人大肚子一挺	顽皮地	冬天

2. 第二学段"单元整体教学"示例

三年级上册二单元"金秋时节"一共设计了四个教学板块：

文本勾画，知秋色

品读句段，赏秋景

玩味文眼，悟秋情

紧扣主题，解金意

四个板块整合为一个整体，共计六个课时完成单元教学目标。

示例

"金秋时节"单元整体教学设计

板块主题	教学课时	教学目标	分课时教学设计
文本勾画，知秋色	两课时	1.认识35个生字，读准1个多音字，会写39个字，会写31个词语。 2.知道课文抓住哪些事物写秋，勾画出描写事物特点的句段并练读。 3.能用钢笔正确、规范地书写生字。	第一课时： 1.读通读顺所有课文。 2.找出每篇课文中秋的事物。 古诗中秋的事物： 《山行》：寒山、枫林、霜叶 《赠刘景文》：荷尽、菊残、橙黄橘绿 《夜书所见》：梧叶、秋风、促织 散文中的事物： 《铺满金色巴掌的水泥道》：梧桐树、梧桐树叶 《秋天的雨》：银杏树、枫树、田野、果树、菊花、小松鼠、小青蛙、松柏、杨树、柳树 《听听，秋的声音》：大树、蟋蟀、大雁、秋风、叶子、小花、谷粒 3.随文识"秋"的事物的生字：径、残、橙、橘、蟋蟀 4.勾画出描写事物特点的句子，交流、

续表1

板块主题	教学课时	教学目标	分课时教学设计
			订正、练读。 第二课时： 1.按结构分类学习生字词。 左右结构：径、斜、赠、刘、残、橙、挑、铺、泥、院、墙、印、排、列、规、则、乱、棕、颜、料、仙、洞、油 上下结构：寒、霜、盖、菊、晶、盒、票、争、紧 半包围结构：君、送、迟、闻、勾 独体字：曲、丰 2.了解钢笔字的用法后书写生字。（园地书写提示）
品读句段，赏秋景	两课时	1.锁定每篇文章中描写景物的重点句段，逐次推进，通过"抓关键词句"赏秋。 2.借助所习得的结构化知识自主研读《秋天的雨》《听听，秋的声音》。 3.赏读三首古诗中的秋景，完成小练笔：上学或放学路上看到了什么样的景色，用几句话写下来。	第一课时： 1.细读《铺满金色巴掌的水泥道》，回顾描写事物特点的句段。 2.分三个维度感知水泥道的"美"。 （1）梨花带雨的美； （2）铺展和延伸的美； （3）不规则排列的美。 3.通读全篇，抓关键词"明朗"和"小雨靴"，再次感知"秋天的美"。 4.利用所习得的方法，自主研读《秋天的雨》和《听听，秋的声音》，背诵《秋天的雨》第二段。 5.补充完善"理解词语"的思维导图。 第二课时： 1.抓住关键词句，欣赏三首古诗中的秋色。 2.完成小练笔"我上学/放学路上看到的景色"。 3.补充完善"理解词语"的思维导图。
玩味文眼，悟秋情	一课时	1.能知晓每篇课文中表达"情"的词语，并通过词语体会表达的感情。 2.能正确默写古诗《山行》。	1.扣住三首古诗中的"文眼"，体悟秋情。 2.扣住《铺满金色巴掌的水泥道》《秋天的雨》《听听，秋的声音》三篇文章情感的"文眼"，体悟喜秋、乐秋、赞秋。 3.延展阅读三首古诗《枫桥夜泊》《峨眉山月歌》《秋思》，体验愁秋、念秋、思秋。

续表2

板块主题	教学课时	教学目标	分课时教学设计
紧扣主题，解金意	一课时	回顾单元文本，比对色彩，立足矛盾点，深刻领悟"金"的含义。	1. 回顾单元文本中秋的意象的颜色。 2. 结合"金秋时节"的单元主题，锁定"金"，比对后，找出矛盾点。 3. 小组讨论，深刻体悟"金"的寓意。 4. 配乐颂秋。

第一个板块"文本勾画，知秋色"，相当于完成了"分课时教学"中的第一课时目标：读通、读顺、读懂；后面三个板块完成"分课时教学"中的第二课时目标。在第一板块的教学中，用"平行推进"的方式，第一步让孩子们找出五篇文本中"秋的事物"；第二步勾画出描写事物特点的句子，并练读。这样安排第一课时学习内容，孩子有足够的时间对整个单元文本熟知并了解；第二课时再集中安排识字和写字，速度快的孩子，识字能力强的孩子，还可以在第二课时的学习中节约大把时间做"课外的任务"。

第二个板块"品读句段，赏秋景"，第一课时用的是"主次推进"模式。将《铺满金色巴掌的水泥道》作为主课文精讲细读，并习得阅读文本的结构化方法，然后利用习得的结构化方法，自主研读《秋天的雨》和《听听，秋的声音》。

第三个板块"玩味文眼，悟秋情"，紧紧围绕一个"情"字，锁定五篇文章中表达"秋情"词语，反复玩味，体验"秋"的寓意，同时还引入《枫桥夜泊》《峨眉山月歌》《秋思》三首古诗，体验愁秋、念秋和思秋。

第四个板块"紧扣主题，解金意"，是回顾单元内容，将"金"字的寓意引向深入。秋天有如此绚丽的颜色，为什么单元主题不叫"炫秋"，不叫"彩秋"，而单单叫"金秋"呢？就在这样的追问和思索中，孩子们对"金"的理解就不会仅仅停留在色彩层面，而是体悟丰收，体悟成熟，体悟劳动后的喜悦与自豪。

3. 第三学段"单元整体教学"示例。

原北师大版教材六年级上册第六单元主题为"我们的家园"。该单元的整体教学采用的是"主次推进模式"。教学中，始终以主课文《只有一个地球》为线索，整合阅读其余四篇学习材料，并在学习完五篇阅读材料后，完成本单元的语文综合实践活动。

示例

"我们的家园"单元整体教学设计

★单元文本

1.《只有一个地球》；

2.《地球万岁》；

3.《鸟儿的侦察报告》；

4.《西雅图酋长的宣言》；

5.综合实践活动"倾听家园的呼唤、保护家园"。

★教学目标

1.以《只有一个地球》作为主课文，以"主次式"方式带入其余课文的学习，真切感受学习的高效和有效。

2.以"家园"为线索，实施教学的四大环节：美丽家园、家园劫难、倾听心声、保护家园，以内容为线索，贯穿一条内在的情感主线：美丽、易碎、呼唤、责任在肩。

3.体会"浏览、略读"等阅读方式在阅读中的不同功效。

★教学重难点

1.体会"我们这个地球太可爱了，同时又太容易破碎了"表达的含义和蕴含的情感。

2.激发学生"保护地球，爱护环境"的强烈责任意识。

★教学准备

1.课件一套：美丽家园、家园劫难、保护环境。

2.乐曲《哭泣的心灵》。

★教学过程

一、赏读课题"地球"，整体感知课文

1.写课题，读课题，初步体会"只有"。

师生共写课题"地球"，讨论，对于地球，你知道多少？

加上"一个"，怎么读？体会到什么？

加上"只有"，怎么读？——"只有一个地球"

突出"只有"，读四遍课题，有什么新的体会？

(在提醒，在呼唤……)

2. 浏览课文，锁定中心句。

为什么要提醒，要呼唤？快读浏览课文，找出与课题相呼应的一句话。

"我们这个地球太可爱了，同时又太容易破碎了"。

3. 读懂中心句。

这句话至少有两层意思，读第一层意思。圈出"可爱"。突出"可爱"，再读。

读第二层意思。圈出"容易破碎"。突出"容易破碎"，再读。

4. 自读课文，读懂地球的"可爱"与"易碎"。

默读课文，从哪些方面读出了地球的"可爱"，又从哪些方面读出了地球的"易碎"。在每个自然段旁边批注，然后小组交流。

5. 全班交流，完成"读顺课文"的目标。

地球美丽（第 1 自然段）

地球渺小（第 2 自然段）

自然资源有限（第 3 自然段）

随意毁坏可再生资源，造成生态灾难（随意毁坏资源）（第 4 自然段）

没有第二个星球可供居住（不可移居）（第 5，6，7 自然段）

保护地球（第 8，9 自然段）

二、以主课文学习为主线，整合五部分学习内容，高效实现教学目标

1. 赏读第一、二段，感受地球的美丽与圣洁。

(1)生读课文第一段，体会地球的美丽、可爱。

映入眼帘的是一个晶莹透亮的球体，上面蓝色和白色的纹痕相互交错，周围裹着一层薄薄的水蓝色"纱衣"。

①整体感知"美丽、可爱"。

读这句话，脑中会留下一个词，试试看。

②赏读第 1，2 句，四个维度体会地球的美丽。

有这个词吗？从哪儿读出？

第一，美在光泽：晶莹透亮。

第二，美在颜色：蓝色、白色、水蓝色。

第三，美在颜色的搭配：相互交错。

第四，美在朦胧、婉约：体会比喻手法，地球穿着"纱衣"，婉若一位妙龄女子。

A.出示课件——欣赏"云"的图片。

这就是地球母亲美丽的纱衣！

B.再读课文第 1 自然段第一句。

③赏读第二句，体会"赞叹"与"热爱"。

这美丽的星球就是我们的家园，作者由衷地发出赞叹：

地球，这位人类的母亲，这个生命的摇篮，是那样美丽壮观，和蔼可亲。

反思读：谁来读读这个句子，讨论，为什么要这样读？

引导学生先读，然后谈感受：亲切、赞扬、歌颂、欣赏、排句的韵味儿等。

（看课件：美丽家园）看了这组图片，对这个句子一定又有了新的理解。是吧……母亲，无私地为人类奉献了她的一切！没有地球，就不会有地球上一切的生灵！（再读，体会依恋）

（2）读第二段，体会地球的"渺小"。

与茫茫宇宙比，这生命的摇篮怎么样？齐读课文，边读边理解。

6300 多米：这是用"列数字"的方法。在群星璀璨的宇宙中，就像一叶扁舟：做比较、打比方。

2.分组对读第 3，4 自然段，感受"可爱"和"易碎"两个方面。

（1）分男女生读课文第 3，4 自然段。

以"但是"为界，前面部分由女生读，后面部分由男生读。

（2）默读两个部分，发现内容上的不同。

默看这两个部分，在内容上有没有什么发现？

课文前面部分写可爱，后面部分写易碎。

(3)体会句子的结构。

如果要给这两个自然段分层次，该在哪儿分？

第一部分：地球可爱。

第二部分：地球易碎。

(4)读写"易碎"的两个句子，感悟"人类的破坏"，学习《鸟儿的侦察报告》。

请同学们捧书，读两个自然段的第二个层次，说说你有什么发现。

可爱是与生俱来，而易碎却是人类所为。

人类有哪些破坏行为呢？略读《鸟儿的侦察报告》。

3.略读课文《鸟儿的侦察报告》。

(1)第一遍浏览，提取"侦察报告"的份数，聚焦报告数据。

鸟儿带回了几份报告？圈出带有报告数字的词语。

(2)第二遍略读，知晓"人类的破坏"。

在每份报告中，人类分别做了什么？勾出相关的句子并做简单批注。

第一份：喷洒农药除草——野鸡胚胎变异。

第二份：喷洒农药除害虫——鸟儿食物中毒。

第三份：海面油污染——海鸥不再飞翔。

第四份：烟囱冒烟大气污染——鸟儿迷失方向，没有飞回。

(3)回扣中心句，感悟"易碎是因为破坏严重"。

了解了这一切以后，再读这个句子，有新的发现吗？

"我们这个地球太可爱了，同时又太容易破碎了！"

怎么理解？（不是地球太容易破碎了，而是人类的破坏行为太严重了！）

你还知道哪些破坏地球的行为？

（抽学生交流）

4.诵读《地球万岁》。

(1)配乐诵读《地球万岁》。

是的，破坏地球的行为，还有太多太多。师生合作朗诵诗歌：《地球万岁》第6小节。

地球把她的一切都给了我们，

它从来不懂得自私和吝啬，

总是倾其所有，

可是人类，

曾经和正在做着多少惭愧的事情

……

但是，破坏地球的行为一刻也没有停止，这是一组来自高原屠宰场的图片——（播放课件）

（2）面对"破坏行为"的诉说。

地球，伟大而圣洁的母亲，无私地奉献一切，可是，她生养的儿女们却啖着他的肉，喝着她的血，践踏她的身躯，摧残她的灵魂。

面对这一切，此刻，你最想说的是什么？（提笔写，同时抽请几个学生板书）

5.共读绘本《西雅图酋长的宣言》。

孩子们，其实今天，一切的生态灾难在一百多年前就有人预测了，早在100多年前就有人发出了呼唤。

（师生共读《西雅图酋长的宣言》）

6.升华情感，完成综合活动"倾听家园的呼唤"和"保护家园"。

（1）展示"地球十大资源危机"。

人类，作为地球母亲的儿女，有多少人倾听到了母亲的呼唤呢？

（播放课件：展示地球十大资源危机）

看着这一张张图片，你听到什么在呼唤？

（2）任选一个方面，完成诗歌创作。

任选一个方面的资源危机，完成诗歌创作。

（先完成的学生，起立并交流）

（3）播放收集的图片，明了"伤害在当下"。

地球在哪儿？在我们的身边，脚下的每一寸土地，都是地球母亲身躯的一部分，一片纸屑，一个烟头，一口痰……那都是破坏环境的行

为，都是对地球母亲的践踏！(播放破坏校园环境的图片)

(4)分组讨论：保护家园，我们的行动。

这样的事情每天都在我们的身边重演着，怎么办？小组讨论制订"家园保护行动计划"。

(5)小组行动计划全班分享。

主题宣传活动、网站发布、发放环保卡、成立校园护卫队……

三、回顾小结，完成生字生词检测

1.齐读中心句。

"我们这个地球太可爱了，同时又太容易破碎了"。

2.完成本单元生字和生词的课堂检测。

板书设计：

只有一个地球

人类的母亲} —— {无节制开采
生命的摇篮} {随意毁坏

保护地球

单元整体教学，是教师对"分课时教学能力"的综合运用。无论是教材解读，还是单元教学的整体规划，都需要教师对"分课时教学"各项技能掌握并熟练。对于初学者，我们仍然建议教师先完成"分课时教学"的技能，再着手尝试"单元整体教学"的实践。

第五章

清水出芙蓉
天然去雕饰

——作文这样教

许多孩子不喜欢语文，原因是讨厌作文。有多讨厌呢？

"哎，又要写作文了，好烦啊！"

"要是不写作文就好了。"

……

语文周末作业，拖到最后完成的多半是作文。"难写"，是作文给大多数孩子的感受；"不想写"，是大多数孩子面对作文的态度。

一、作文为什么难

作文"难"，问题出在"作文教学"。梳理一下，至少有四个方面的原因。

1. 口头语言和书面作文之间没有达成一致性。

教学中，我们会发现一个很奇怪的现象：孩子很会说，但是一提笔就词穷了，根本动不了笔。

按理说，说与写不都是表达吗？把所"说"的变成文字写下来，不就是作文了吗？说起来道理确实是这样，但是，孩子们"会说"，就是"不会写"！原因何在呢？

会说不会写的孩子，本质上是老师没有帮助孩子建立起两者的联系。孩子们不知道"我手表我口，我手写我心"。在孩子们的潜意识里，不知道"会说话就是会作文"。

几年前，一位年轻教师要到区上上公开课，内容是看图写儿童诗。若干次试讲和调整教学设计都没能将孩子的表达欲望激发出来的情况下，我给了年轻教师这样的建议：

使用"讯飞语记"，在第一个孩子起来说第一幅图的时候，老师录音，然后用手机直接投屏，让孩子看到，原来我口头表达的，就是我一会儿执笔要写的。

这样的设计，以最直观的方式，帮助孩子快速在"口头表达"和"书面写作"之间搭起桥梁，让孩子们明白："口头表达"和"书面写作"本是一体的事情啊，只是表达的形式不一样罢了。

当天的公开课，有了这样的"点燃"，有了这样的"别开生面"，上得十分精彩，孩子们的生成远远超出了教者的预期。

今天的课堂，帮助学生搭建"口头语言"和"书面表达"的桥梁，帮助学生明了二者"一体化"的方式实在太多。现代信息技术不是摆设，是来丰富和生动我们的教学的。对于一、二年级的教师，可随时将手机的录音功能打开，录下平常生活里孩子们的即兴交流内容，并运用软件将其转变为"文字"，然后读给孩子听。试想：一学期下来，我们能收录几十条这样的"随性"与"即兴"，并将文字与当时的场景结合做成一本专属于孩子们的"作品"，是件多么有意义的事情。我相信，每一个孩子都会喜欢，都会一遍又一遍去捧读。这样的"喜欢"，最终将转化为孩子们对"作文"的爱与恋。

2. 教师没有尊重儿童已有的语言能力和表达习惯。

六岁的学龄儿童，口头语言的掌握已经达到了成人的80%，这相当于成人80%的语言能力，教学中我们该怎样充分运用呢？有多少老师真正思考过。你跟一个六岁的孩子交流，会有障碍吗？不会。他们对发生的事情，都能从头到尾清楚介绍，并能在介绍的过程中表达自己的感受，表明自己的立场和观点。我的侄儿那年七岁，暑假跟着我去瓦屋山避暑。到达的第一天晚上，我俩都因为择铺睡不着，我和他头挨着头，聊了两个小时。我们从生活中的琐碎小事，一直聊到"细节"，聊到班级管理，聊到父母的婚姻，聊到他对班上一个女孩的喜欢，聊到未来若干年自己要怎样努力才能在十八岁的时候向今天心仪的女孩表白……七岁孩子的表达、思考着实让我惊讶。

但是，六七岁儿童如此丰富的语言表达力，教学中完全被疏忽了。我们要求孩子从一句话开始写，从一段话开始写。我们甚至还要给孩子几个"关键词"，生怕孩子不会表达、不能表达，美其名曰"给孩子搭台阶"。

这样的做法，严重影响了孩子作文能力的形成。这相当于你已经能够自如地走路，但是别人却要让你重新学习：把右脚抬起来，向前迈，迈下去的同时，将左脚提起来，同时身体前倾，然后左脚向前迈……用这样的方法学习走路，谁愿意？世间的母亲，没有一个人是这样教孩子走路的，也没有一个人这样呆板且被限制性地学习写作而写好作文的。

而我们的教学，就是这样在教孩子写作文。现实的写作教学不是在培养孩子怎么写，而是活生生把孩子拉回到"不会"的状态。

3. 割裂阅读与作文之间的联系。

从来就没有离开阅读独立存在的作文。阅读是"输入"，作文是"输出"，没有"输入"，哪来"输出"？作文时需要的布局谋篇能力，遣词造句能力，写作技巧运用……无一不是来自阅读。一个班级，若是孩子整体作文水平差，一定是老师的教学在阅读方面出了问题。

第一，阅读教学浅尝辄止，无趣无味。

学生的语感，学生的表达，学生的情感体验……无一不是来自阅读教学。那种在课堂上一讲到底，不给孩子读书机会的老师，一定培养不出会写作的孩子。再有，对教材解读是否到位，对文字表达的主旨和内涵，教师是否通过品读、赏读、议读让孩子通过语言文字去感受到，是阅读教学的关键。文字为表达服务，作文不是堆砌辞藻，这些基本认知和基本能力都必须在阅读教学中完成。

第二，没有为孩子插上阅读的翅膀。

阅读教学是一扇门，教师要通过这扇门，将孩子引导到"书的海洋"中去。一学期读一本书的孩子和一学期读 40 本书的孩子，差距会显著地表现在作文上。

4. 太过重于教授技法，扰乱思维，阻碍表达。

什么时候想写文章？一定是内心有感触的时候。无论是孩子的作文，还是成人后的创作，都是内在有话要说。作文教学是要激发孩子想写和愿意写的兴趣。但是，习作课上，老师们偏偏最喜欢教的是"技法"，关于开头，关于用词，关于中心思想的表达……作为老师，我们自己在写文章的时候，有多少人会对照技法写作？我算是一个比较喜欢写作的人，写了这么多年，回想起来，真没有一篇文章在写的时候是照着"技法"而来。

比如，你要动笔写文章了，你真的会先把文章有哪些开头的方式列出来，然后从中选择，再开始创作吗？你不是。你一定是从"要表达的内容"出发，怎样开头合适就怎样开头。你也许会否定自己最初的一种、两种甚至三种想法，但否定的原因一定不是因为这个技法不好，而是这样开头不能满足你的表达需要。

那是不是就完全不能讲技法呢？不是。该讲还是要讲。只是不要为"技法"而"技法"。教师的讲要结合学生的表达，你要在学生表达的过程中，去点拨，去启发学生思考。

四年级上册"神话单元"安排的习作是："我和_____过一天"。这是一个半命题作文，作文中的"谁"，要求是神话和童话里的人物。题干中，对本次习作做了这样的提示：

如果有机会和他们中的某一位过上一天，你会选择谁？你们会一起去哪里？会做些什么？会发生什么故事？

这样的习作，就文章开头的方式，一定是超出老师预想的。你不要让孩子回忆文章开头有哪些方式，你只需要让孩子"开头"就好。然后，根据孩子的交流进行点评和点拨，总结提炼出孩子开篇使用的方式。十个学生交流后，十种技法就在黑板上了。这个时候老师给出的东西，就是"活"的，就是从"内容出发"。至于孩子在听了别人的交流后，做出调整，那更好，说明孩子已经掌握了"根据内容恰当调整"的技能。

所以，随性表达，无拘无束地表达，才是习作中最重要的事，孩子有话可说，是写作的前提。至于技法，写作的技巧，会跟随表达自然到来。如果教师在进行习作指导时，太过强调技法，会限制孩子的思维，严重影响孩子的表达。在孩子写作的起步阶段，作文是先有感受，后有表达，跟技法真没有什么关系。

二、作文中的"愤"与"悱"

多年前，曾经看过一则笑话：一个孩子坐在书桌前写周末作文，迟迟动不了了笔。母亲在旁边实在看不下去了，说："难道你现在写作文比我当初生你都还难吗？"

孩子答道:"当然啦,你当初生我的时候肚子里有我,我现在肚子里什么也没有啊!"

笑过之后,带给我们什么样的思考呢?

第一,有东西写,才能写,肚子里有"货"是前提。

孩子没有感悟,没有思考,没有储备,你让孩子写,孩子是动不了笔的。我们常常看到孩子们写作时,不断地数字数,就是因为无话可说,但又必须要写够老师规定的字数。其实,不说也知道,这样拼凑起来的文章实在算不上好文章。孩子经历的这个痛苦过程,无疑强化了孩子内心的两个感受:作文难,作文无趣。一件又难又无趣的事情,试问:谁喜欢?谁能坚持?

第二,"下笔如有神"得在"瓜熟蒂落"时。

肚子里有东西,也不是随时都可以生,得在"瓜熟蒂落时",也就是像母亲生产发作的时候。没有发作,你想生,也生不下来。作文的"瓜熟蒂落"是什么时候呢?就是在孩子想写、愿写时。

子曰:"不愤不启,不悱不发,举一隅不以三隅反,则不复也。"愤,心求通而未得之意;悱,口欲言而未能之貌。"愤""悱"就是求通未通、欲言未言。"愤""悱"之时,即"心求通、口欲言"的时候。这个时候,是学生内在想要表达、渴望表达的时候。"愤""悱"之时,就是教师的作为之时,教师只需轻轻一带就出好文章了。

因此,作文教学中,教师需要做到两点:

第一,敏锐捕捉"愤""悱"时刻,努力营造"愤""悱"时机。

第二,"愤""悱"时刻给孩子搭建台阶,给孩子表达机会。

三、作文这样教

那么,在教学中何以能让孩子们体验作文的快乐和轻松呢?"整体语文教学"倡导将"作文"作为一个整体,将口头表达和书面表达、专门的习作训练和与语文学习同步的各类"小练笔"有机结合,让习作贯穿语文学习的整个过程。

1. 从"篇章"入手,满足儿童完整表达之需。

顺应六岁儿童已有的语言积累和语言表达能力,第一学段作文起步跳过单独的"句子和段落练习",从"篇章"入手,满足儿童的能力之需和内在表达之需。

义务教育阶段的课程标准规定了孩子们需要阅读的文章体裁有：

第一学段	第二学段	第三学段	第四学段
童话、寓言、故事、儿歌、儿童诗	叙事性作品（纪实和想象）、书信	说明文、非连续性文本、应用文	诗歌、散文、小说、戏剧、议论文

在日常的练习中，这些文体都要让学生有所见识并尝试写作。而第一学段的"篇章"入手，实在没有比"绘本"更好的媒介了。所有经典的绘本都是献给孩子童年的礼物。第一学段老师在教学中，可以一天一本，或者两天一本，通过绘本引路，引导孩子开启作文之门。

(1)《猜猜我有多爱你》——类比表达。

绘本是一只大兔子和一只小兔子的对话，他们对爱做了极有深度的哲学表达，让爱有高度、有深度、有宽度，让爱看得见、摸得着。故事中的"手张开、跳得高、小路、小河、山那边、月亮那里"，是远远不能满足儿童的表达之需的。所以，读完了这本绘本，就让孩子将生活中所见的一切表达出来：

天上的星星有好多，我就有多爱你！

树上的叶子有多绿，我就有多爱你！

海里的鱼儿有多少，我就有多爱你！

……

生活中的一切，都可以用作"爱的表达"。思维一旦打开，孩子们表达就收不住。教学中，你既可以一人一本独立创作，也可以四人一本循环创作，甚至全班合作创作一本属于班级独有的"爱的表达"，特别有意义。

(2)《大卫，不可以》——延展表达。

《大卫，不可以》系列绘本全套6册，第一本《大卫，不可以》最适合用于"延展表达"。和孩子们一起共读完大卫的故事，我们可以让孩子创作系列的"不可以"：

吃饭时的不可以

上课时的不可以

做作业时的不可以

过马路时的不可以

乘坐飞机时的不可以

与小朋友玩游戏时的不可以

……

一年级的儿童，习惯培养是第一要义，而习惯的培养必经过"常规的践行"。这样的习作练习，哪里仅仅是在写作呢？分明就是规则入心。这样的练习，是将"常规"以诗一般的语言巧妙地播撒到孩子的心间。教育只有在不打上教育痕迹的时候，才叫教育。真正好的教育，一定无痕。我经常说，一个优秀的语文老师，一定是一位优秀的班主任。这是不假的。

(3)《母鸡萝丝去散步》——补白表达。

《母鸡萝丝去散步》是一本文字极少的图画书，整本书加起来共44个字：

母鸡萝丝出门去散步

她走过院子

绕过池塘

越过干草堆

经过磨坊

穿过篱笆

钻过蜜蜂房

按时回到家吃晚饭

在每一短语的后面，都有一页留白，是单纯图画，无文字。每一个孩子都是阅读图画书的高手。《母鸡萝丝去散步》虽然文字极少，但3岁的孩子都能看懂，且能看得哈哈大笑。教学中，我们可以将绘本的插画复印，然后，让孩子们给留白页的图配话，一张图一句话或几句话都行。用这样"图+画"的方式，就把流淌在孩子内心深处的那个动听的故事给"勾勒"出来了。这样的"勾勒"，哪里是一句话，分明就是一个超百字的完整篇章。

像《母鸡萝丝去散步》这样的少字或无字图画书还有很多。莫妮克·弗利克斯的《飞机》，就是一本只有十四个画面的无字书。书里讲的是一只小老鼠，跑着跑着，停下来把纸咬出了一个三角形口子。透过这个三角形口子，它看到了一片麦田，可这么高，它怎么下去呢？它把纸做成了纸飞机，然后坐上纸飞机飞下去了，在麦田里吃起了香喷喷的麦粒。这样的故事，六七岁的孩子怎能不喜欢呢？他们跟随画面，不仅会写，而且还能在写出之后，绘声绘色地讲给你听。一年级刚开始写作的时候，孩子们会写的字不多，就用"拼音+汉字"的方式创作。随着会写的字的增加，慢慢变成"汉字+拼音"，最后过渡到纯汉字的写作。千万不要因为孩子们会写汉字的数量有限而耽搁了孩子的书面表达，限制了孩子们的创作热情。

即使是那些有足够文字的绘本，也可以用"补白"的方式让孩子们练习创作。绘本《胡萝卜的种子》，被《野兽国》作者莫里斯·桑达克誉为"美国绘本的鼻祖"，自1954年问世以来，陪伴了一代又一代的孩子。绘本讲述了一个小男孩种下了一颗胡萝卜的种子，妈妈说不会发芽，爸爸说不会发芽，哥哥也说不会发芽，所有人都跟小男孩说："不会发芽。"但小男孩仍然每天拔掉种子周围的杂草，往土里浇水。终于有一天，一棵胡萝卜长出来了。从种下种子到胡萝卜长出来，所有人都说了话，唯独小男孩没有说过一句话。小男孩内心要说的是什么呢？这是一条"创作线"，听完故事之后，让孩子们沿着这条线索进行创作，一定是篇好作品。

(4)《逃家小兔》——猜读式表达。

《逃家小兔》实在是一本经典的绘本。那只一心想要离开家的小兔子诞生在1942年。八十年过去了，他依然可爱，依然每天夜晚和妈妈用语言玩着捉迷藏的游戏。

这个百听不厌的故事，是三个节拍的节奏：第一个节拍，小兔子说他要变成什么；第二个节拍妈妈说根据小兔子的变化自己要变成什么；第三个节拍是一个彩色的画面，就是母子二人对话内容中的场景。这样的节奏，非常适合边讲边猜，让孩子根据上一个回合的母子对话，猜测下一次小兔子要变成什么，妈妈又会根据"小兔子的变化"变成什么，他们会怎么说。当孩子发现了这样的三拍子循环模式之后，后面的完全可以让孩子自己猜、自己想。连续做三次以上猜测，一本新的《逃家小兔》就出炉了。

利用绘本引导"作文入门"的方法还有很多。"整体语文教学"的建议是：每天一本绘本故事讲述，每周结合其中的两本进行创意写作。类比、延展、补白、猜读四种方式放在第一学段十分恰当。在第一学段两年的教学中，教师若是扎实推进绘本引路的"写绘创作"，就可以让孩子们轻松越过"写作关"。

不过，老师们千万不要以为借助绘本的"写绘创作"只适合第一学段。绘本是写给"0～99岁"的人的读物，如《西雅图酋长的宣言》《开往远方的列车》《铁丝网上的小花》《一片叶子落下来》……这些讲述着人类命运与生命哲理的绘本，更适合第二学段和第三学段的孩子进行"写绘创作"。相比于第一学段，第二、第三学段的"写绘创作"应注重感悟和体验，引导孩子们立足绘本的故事，去讨论、去思考，提升孩子的思考力，拓展孩子的眼见和格局，让孩子们能通过"写绘创作"由"小我"走向"大我"。绘本，是打开"写作大门"的一条铺满鲜花的小径。带领孩子们迈上这条小径，收获的不仅仅是"到达"。

2. 扎牢段式结构训练。

小学阶段学生写作困难，还常常表现为对材料的组织困难，就是有很多话，不知道用什么办法把它们组织起来，并且在表达的过程中，常常语无伦次，没有逻辑关系。这是什么原因呢？它是因为学生"组句成段"的能力没有被培养起来而导致的。

学生需要知道的是，这些句子是按照什么内在逻辑组合在一起的。因此，在一、二年级时，十种常见的段式结构，也就是"组句逻辑"，要让学生掌握。这属于写作的基本能力，不属于"写作技巧"。

在第二章"分课时教学"第二课时的教学设计中提到：第二学段第二课时要在"品读一段话"上下功夫。若干句子为什么可以组成一段话？它们之间的内在逻辑是什么？掌握十种段式，也就是十种组句成段的结构，是第二学段品读教学的重点。

十种段式结构，十种组句成段的内在逻辑，包括时间顺序、空间方位顺序、地点转换顺序、事情发展的先后顺序、总分关系、因果关系、选择关系、递进关系、并列关系、转折关系。

其中，"时间顺序、空间方位顺序、地点转换顺序、事情发展的先后顺序"可统一归为"顺承关系"，分别涵盖以下情况：

时间顺序：包括季节、一天早中晚、事物的生长过程等；

空间方位顺序：包括从上到下、从左到右、从内到外、从天到地、由近及远等；

地点转换：包括游览景点为序、活动地点为序等。

事情发展：包括顺序、倒叙，用在写一件事、写一次活动等。

总分关系包括了先总后分、先分后总、总分总三种结构。总分关系的段式结构常常用在描写天气炎热、天气寒冷、雾浓雾大、空气新鲜、花朵漂亮、水果鲜甜、动物可爱……"围绕一个中心写具体"的情况都适合用总分关系组句成段。

因果关系包括了"前因后果"和"前果后因"两种情况。是先描写"因"还是先描写"果",根据表达的需要,看是要强调"果"还是要强调"因"。

教学中,每一种段式,都要在具体的写作练习中让孩子们实实在在地去运用、去体会。孩子们组句成段的能力不是靠"老师讲",而是通过练习得来的。

3. 与阅读教学始终相伴的课堂小练笔。

我经常说,作文不用教,一个语文老师,若是抓好了阅读教学,学生一定会写文章,哪里还需要专门的"写作指导"?当然,更不需要去上补习班和写作训练班。一个班级的孩子若大面积不会写,而要去参加作文培训,是语文老师的失败。因为再好的培训班,也就是一周两节课,可一周的语文课却足足有十来节。十来节课解决不了的问题,两节课就可以解决,要么是语文老师"专业能力"不够,要么是语文老师偷懒了。

于作文而言,阅读教学承担了两大使命:一是给孩子足够多的阅读积累。你必须通过提高课堂效率,将"课外阅读"放到"课内"进行。阅读是一个广泛采蜜的过程,你采了足够多的花粉,就一定会酿出"优质的蜜糖"。蜜蜂采集花粉酿出花蜜是个自然而然的过程,孩子们有了足够积累后的"写作"也是一个自然而然的过程,是一种"满溢"的状态。二是在阅读教学中安排"课堂小练笔"。阅读教学中,有太多适合学生表达和倾诉的"愤""悱"时刻,一节课三五分钟,让孩子们将阅读课中学习到的写作方法和写作技巧即刻运用,是再好不过了。这样的练习,花的时间短,取得的成效却很大。

(1)第一学段的仿写。

第一学段阅读课文一般都篇幅短小,在教学中可以多安排仿写。一句话、一段话、一个小节……都是可以的。

《四季》是一年级上册的一篇课文,是一首儿童诗,第1,3小节结构完全相同,阅读课上,孩子们通过品读明白每一行的句式结构:

草芽尖尖:什么怎么样

他对小鸟说:谁对谁说

我是春天:我是什么

能够代表春天的一定不只有"草芽",还有迎春花,还有柳条儿,还有樱桃花……换一种事物,就是一首"代言春天"的诗行。

若是"迎春花"代言春天,就变成了:

迎春花黄黄，

他对小鸟说：

"我是春天。"

若是"柳条儿"代言春天，又变成了：

柳条儿长长，

他对小鸟说：

"我是春天。"

这样的仿写，孩子们可喜欢了。他们绝不会认为这是在作文，他们只觉得是一场有趣的"春天的约会"，是一个好玩的"春天的游戏"。

当然，夏天也不止有荷叶，秋天也不止有谷穗，冬天也不止有雪人。每一个季节都可以做这样的仿写，一首属于孩子自己的《四季》小诗就诞生了。

第一学段的教材，适合这样仿写的素材多的是，只要你愿意，几乎每篇都可以这样设计。"整体语文教学"的建议是：除了课后要求的练习，可以一个单元锁定1～2次仿写。这样的仿写，质量高，完成的速度快，胜过每周一次的周末作文。

（2）第二学段的迁移写。

第二学段要在写作方法的迁移运用上下功夫。从三年级起，教材在八个单元中专门安排了"习作单元"。每个习作单元安排了两篇"习作例文"，3～6年级一共就有八个"习作单元"，共计16篇"习作例文"。每个单元都通过习作例文教给孩子写作的方法。

三年级上册：仔细观察

三年级下册：展开想象

四年级上册：按照一定顺序把事情写清楚

四年级下册：按顺序写出景物特点

五年级上册：用上说明方法写清楚事物的特点

五年级下册：通过外貌、动作、神态，表现人物的特点

六年级上册：围绕中心意思选材和表达

六年级下册：让真情在笔尖自然流露

需要说明的是，八个写作方法，不是递进关系，也不是独立存在，而是融为一体的。一篇好的习作，不论长短，一定将八大方法蕴含其间。阅读教学中，不

要将习作指导和练习局限在"习作例文"上，教材中所有的文本都是可以让学生习得"写作方法"并用于自己的创作。

《总也倒不了的老屋》是三年上册第四单元的一篇精读课文。老屋想要倒下，但是不行：小猫要避暴风雨，让他坚持一天；老母鸡要孵小鸡，让他坚持21天；小蜘蛛要捉虫子，让他再站会儿……不断到来的小动物，让老屋始终不能倒下。蜘蛛有什么样的故事？蜘蛛之后又有谁会向老屋提出什么样的请求？孩子们完全可以将文本中习得的方法用到自己的创作中，将这个故事续编下去。

《赵州桥》是三年级下册第三单元的一篇课文，文章很经典，编入教材几十年了。文章第三段是总分结构，"这座桥不但坚固，而且美观"作为总起句，后面从石栏、栏板上雕刻的"龙"的图案具体说明怎样美观。学完课文之后，教师可以让孩子们用十分钟的时间，选定一个事物，用"总分"段式结构进行习作练习。

《猫》是老舍先生的名篇，不管哪个版本的教材，都会将其选入。用500多个字将猫写得如此传神的，还真的只有老舍先生。文章第二段，整体来看是并列段式结构，写了猫老实、贪玩和尽职三个特点。但是，每两个部分之间，又用"转折句式"承接。文中两个"说它"，两个"可是"，将猫的古怪的性格写得真实可爱，与第一段"猫的性格实在有些古怪"形成总分关系。描写事物几个方面的特点，老舍先生的这种手法完全可以迁移运用。因此，阅读教学中，拿出15分钟的时间，让孩子们选定一种事物3～4个特点，用这样的方式进行表达，又活泼，又有趣。如果这些写作方法的"迁移写"不随阅读教学进行，丢失的就是孩子写作的"愤""悱"状态，错过了写作的最佳时间，不仅效果打折，写作兴趣也会荡然无存。

（3）第三学段的感悟写。

经历了第二学段的"迁移写"，一般说来，孩子们的写作单从内容和表达上来说，已经没有多大问题了。但是深度思考、个性表达，有独立的思辨与判断，必须在第三学段的阅读教学中历练。

按照"整体语文教学""分课时教学"对课时的安排，精讲课文的两个课时各有明确的教学目标：

第一课时：读通、读顺、读懂；

第二课时：理解、体验、感悟、积累。

　　"历练学生思想"的小练笔一定是安排在第二课时的"理解、体验、感悟"环节，理解内涵，体会情感，感悟主旨。

　　《去年的树》是金子美铃的一篇童话，文字朴实无华，讲述一棵树和一只鸟儿是好朋友。鸟儿天天给树唱歌，树呢，天天听着鸟儿唱。鸟儿要飞回南方了，跟树约好明年春天再相见。然而，第二年春天如约回来的鸟儿却没有见到树，一路追寻，最后见到的是历经"树干、木条条儿、火柴"一路变化后闪烁的"灯火"。鸟儿对着灯火唱起了歌，灯火摇曳，鸟儿在灯火中看到了自己的朋友，并跟他做最后的告别。这样一个故事读完了，孩子们该感悟什么呢？那就是"生命的形式会变化，而友谊却永恒"。

　　《鸟的天堂》是巴金的作品。文章写两次经过大榕树，一次在傍晚，一次在清晨，傍晚时看到了大榕树的"大"和"茂盛"；清晨看到了群鸟在林间的活动。如果学习这篇课文，仅仅停留在事物的"动态"和"静态"，实在是辜负了老舍先生。两个部分的内容学习完之后，一定要让孩子关注另一条线——人。课文第9自然段，对于"人"有这样的描述："朋友告诉我树上有很多鸟，这里的农民不许人去捉他们。"这是文本中唯一提到"人与鸟"关系的句子。很多老师在教这篇课文的时候，往往忽略。但是，要能真正感悟文章的主旨，这个句子一定不能忽略。教学时，可在赏读了第11自然段、第12自然段，体会了"鸟儿的欢快和自由"后，介绍背景资料：眼前的大榕树是1459年一个村民随意在河中的小丘上插下的一根枝条。设计讨论让孩子们明白：是五百多年绵延不尽的爱成就了"鸟的天堂"。继而感悟：何谓天堂？课上到这儿，总是会带给你惊喜，没有两个孩子的表达会是一样，但所有的表达都指向一个主旨：有爱就有天堂。人的一生很长，孩子的人生才刚刚启幕，谁也无法预料孩子们一生会经历什么，但是懂得了"有爱就有天堂"的孩子，哪怕在成人后跟自己的丈夫（妻子）住在60平方米的小屋里，因为明了爱的真谛，也一定能将生活经营得浪漫温馨，也会把小屋收拾得如同天堂一般。

　　《父爱之舟》是五年级上册的课文，吴冠中先生用朴实真挚的语言描绘了生活中与父亲在一起的七个场景。是否能真正读懂父亲，就看孩子们是否能感悟文字中流淌的父爱。教学中，可设计三次感悟：

　　对比庙会上父亲"看什么"和儿子"看什么"，感悟：父爱是你的眼中是整个世界，而我的眼中只有你；

对比父亲"为自己花钱"和"为儿子花钱",感悟:父爱是我节俭到极点,也要满足你童年的好奇和渴望;

反思全文无语言描写父亲却能"理解"儿子,感悟:父爱就是你不说,可我都知道。

三处小练笔,是三次对"父爱"的深刻体悟。这些小练笔,给了学生深度思考、哲学表达的机会。孩子们到了五六年级,写出的文章堪比中考的高分作文,一点不奇怪。

四、作文长什么样子

作文是什么样子呢?每个人在脑海里想一分钟,浮现在你脑海里的是不是就是作文本和作文本上那些被老师画了圈、画了线、打上了分数或者等级的文字。除此之外,是不是就是每年老师给班级做的那本"作文集"。

其实,让学生爱上作文的,还有"作文的样子"。

除了上面提到的作文本和作文集,作文还有什么样子呢?

台湾有一位作文教得很好的老师叫郭嘉琪。她真的很了不起。几年前一位朋友介绍她到我的学校做教学交流,嘉琪老师给孩子们上了一堂作文课,作文课后,又给老师们做"作文教学分享"。看到她从随身携带的大提包里不断掏出孩子们的作品,作品的多样呈现简直惊呆了我们——

长在树上的作文

会飞的作文

写在扇子上的作文

明信片似的作文

镶嵌在窗子里的作文

……

一本台历,一本小书,都是"作文"。谁说作文就是一本正经写在"作文本"上,就应该长成一行一行呆板的模样?不要说小孩子,就是我看到,也立刻喜欢上了这样的"花式作文"。单看模样,就能激发孩子们创作的欲望。

平常的教学中,如果说为了规范,每学期八次教材要求的习作练习你可以写在作文本上,但其余的习作练习,你真的不要拘泥于所谓的"规范",一切可能的形式,你都可以用起来——

一节课，一本书：一人一句，每个人写在小粘贴纸上，几十个孩子组合在一起就是一本书。

一篇文，一本书：分段写作，一段一页，装订起来，就是一本书。

几个人，一本书：小组或者自由组合，一人一段，一人一句，连起来就是一本书，或者一幅长长的卷轴。

阅读教学中的小练笔，你可以这么做；第一学段的仿写，你可以这么做；课外阅读中一切写与绘的练习，你也可以这么做……孩子们不喜欢的老师，一定是"墨守成规、呆板、迂腐"之人。当了老师，你一定要有创意，你要让你的孩子们通过"作文的样子"爱上"作文"。

五、作文教学中的"三个反对"

教了 37 年书，在作文教学中，我有旗帜鲜明的"三个反对"：

反对看"小学生优秀作文"；

反对先打草稿后誊写；

反对让学生背诵自己的"高分作文"。

这三个方面，我称之为"孩子爱上写作的三大杀手"。至少，如果我是一名小学生，这三大杀手于我而言是"招招毙命"。

1. 看"小学生优秀作文"。

我不是说"小学生优秀作文"不优秀，几十年教书，我时常惊喜于孩子们习作中的发现与表达。但是，如果把"小学生优秀作文"当作范本和范例，让孩子们去模仿，就没有太大的意义。因为，无论怎样说，处在作文的起步阶段，不管怎样优秀的作文，或许都只能称为"半成品"。前面我们说过，写作是一种"输出"，而"输出"取决于"输入"，如果我们"输入"的营养并非"应该"和"品质"，那"输出"会怎样呢？再有，0～12 岁正是"好读书不求甚解"的时候，是应该扎牢"童子功"的关键期。我们要把童年最宝贵的时光用于经典阅读，让孩子们站在巨人的肩膀上前行。

关于读经典，我深有体会。初三那年，考上卫校到乐山读书的姐姐给我带回两本书——《名家笔下的人》和《名家笔下的景》。那两本书让我爱不释手。每天清晨，我都会带上小板凳，到家门前的田埂边诵读。通过那些片断，我也走进了片断后面的名家名著中。最为神奇的就是，初三之前我的作文通常只有七八十分，而在那之后，我的作文得分从来没有下过九十分。

2.先打草稿后誊写。

"先打草稿后誊写"至少存在以下三个方面的问题：

（1）错过"愤""悱"最佳时刻。

小学阶段是练习写作，写作的最佳时间是孩子有东西写、想写的时候，也就是写作的"愤""悱"时刻，让孩子们"先打草稿后誊写"，在打完草稿誊写的时候，早已错过了孩子写作的"愤""悱"时刻。我们可以到学生中去做个调研：看看有几个孩子喜欢"先打草稿后誊写"。你也许会说：让孩子工整誊写是培养孩子"认真书写"的习惯，那我要问你：认真书写、漂亮书写，是通过"誊写作文"培养出来的么？错过"写作"愤""悱"的作文誊写"，是对学生写作兴趣的扼杀。

（2）浪费有效学习时间。

这世界上最公平的，莫过于时间。不管是谁，每天拥有的时间都是 24 小时。不会因为你认真一点儿，时间就多给你一点儿。将每一个时段合理运用，实现每一个学习时段的有效和高效，是教育人必须要为孩子考虑的。

何谓有效呢？就是从学习时段的开始到学习时段的结束，这之间孩子有多少提升、多少收获。从写作的角度出发，誊写的过程能让学生收获什么、提升什么呢？是思维更流畅了，还是用词更准确了？是表达方式更多样化了，还是细节描写更生动了？如果有，那也是修改出来的。要修改，你让孩子直接在原文上修改就好，不做任何修改的"誊写"是对"有效学习时间"的浪费。有这个誊写的时间，不如让孩子去看看书，或者练练书法。看书增加积累，练字提升"规范写字的速度"，这些"增加的积累""提升的速度"，才是下一次提高孩子写作的能力保障。

必须要申明的是：我反对的"先打草稿后誊写"是指老师整齐划一的要求，不是反对出精品、出好文的"反复推敲和琢磨"。若是孩子自己想要修改后誊写，不反对，那是孩子自己的事。再有，反对"先打草稿后誊写"，不是不修改文章。请尽早教会孩子使用修改符号，在原文上修改就好。

（3）严重阻碍了学生达成"写作要有一定速度"的教学目标。

《语文课程标准》对写作的总体要求是："能根据需要，用书面语言具体明确、文从字顺地表达自己的见闻、体验和想法。"九年义务教育对小学六年的习作没有提出具体的字数要求，但在第四学段明确提出了"45分钟能完成不少于500字的习作"。那么结合课标在第三学段提出的"要有一定速度"，我们可以确认小学阶段至少应该达到：40分钟完成不少于400字的习作。40分钟完成一篇能够将自己的见闻、体验和想法具体明确、文从字顺地表达清楚的文章，恐怕不是靠"先打草稿后誊写"能够训练出来的吧？

习惯了"打草稿再誊写"的孩子，"下笔成文"的能力会非常弱。"40分钟，不少于400字"这是基本要求，是所有人都要达成的目标，这在考试中是要接受检验的。阅卷的时候，达不到字数的基本要求，会直接打入"三等作文"。若在平时的教学中，缺少了"有一定速度"的练习，上了考场何来这样的能力？哪一届中考、高考会给孩子打草稿的时间？成人后写个便签条都要重写，就是"表达的流畅性思维"没有得到锻炼所致。

3. 让学生背诵自己的作文以应试。

"整体语文教学"非常讲究"教学效果"，也十分追求"教学质量"。但是，效果和质量是以提升学生的素养和能力为前提，是素养和能力提升后的轻松应试，而非"背下来默写"。现实的教学中却有这样的老师，考试之前，选人、事、景、物各一篇文章让孩子背下来，考试时哪篇符合要求就把哪篇誊写上去。

无论是当学生还是做老师，我有一个切身体验——写过的文章自己根本背不下来，记住的只是一个大概，要一字一句重新默写，根本不可能。也就是说，让学生背诵自己的作文，跟背诵一篇字数相近的名家名篇是一样的难度，花费的时间同样多。试想：花费时间同样多的情况下，为什么不让孩子们去努力记下两篇经典呢？或者，为什么不用同样的时间去阅读，去采集"花粉"，以酿制"优质的花蜜"？

因此，"看小学生优秀作文、先打草稿后誊写、背诵自己的习作以应试"这三个做法，不仅不能激发孩子的写作兴趣、提升孩子的写作能力，反而会对学生能力的提升造成阻碍，"扼杀"学生写作的兴趣，让学生觉得作文不仅"难"，而且还"烦"。

作文教学中，教师一定要远离"三大杀手"。语文教师一定要坚信：作文是语文教学的有机的组成，不是独立的存在。只有把语文教学当作一个整体，无论是作文，还是阅读，才有未来。

六、作文教学示例

示例

成功的秘诀

★教学目标

1.创设情境，真切体验"聚精"的神奇，明了"聚精"与"会神"的内在联系。

2.践行"四步作文法"，让学生亲历"完整成文"的四步：经历—体验—感悟—表达，体验作文的"轻松、愉悦"。

3.感悟世间一切神奇之事皆源于精神和精力的高度集中，坚定"一生只做一件事"。

★教学重难点

由"笔尖""笔头"外形的不同，感悟"笔尖"如同"内在生命力的汇聚"，如同"生命力当下的高度专注"，如同"一生只做一件事"。

★教学准备

与学生人数相等的铅笔，笔尖削尖。

★教学过程

一、体验"同样的力"，笔尖和笔头戳手心的感觉

1.体验笔尖戳手心的感觉，完成写作

(1)体验笔尖戳手心。

拿起手中的铅笔，用笔尖轻轻戳手心。注意，一定要轻。

不说话，用心体会。

(2)学生交流自己的感受。

什么感觉？自己说说。

抽生交流。

(3)两分钟完成书面表达。

两分钟时间完成写作。

(先完成的孩子起立诵读交流)

(4)教师小结。

用笔尖轻轻戳手心，这是我们的"经历"。

静静地感受笔尖戳到手心的感觉，这是我们的"体验"。

将我们的经历和体验写出来，这是我们的"表达"。

所谓作文，就是"经历—体验—表达"。

2.体验笔头戳手心的感觉，完成写作

(1)体验笔头戳手心。

这一次，我们用笔头戳手心。啥感觉？谁来交流？

用点力，再戳。啥感觉？

可以使劲吗？试试看。

可以使出浑身力气吗？这时候手心的感觉是？

(2)两分钟完成写作。

3.感悟：两种方式的寓意

(1)讨论，明确两者的不同。

同样用笔戳手心，为什么用笔尖时要小心翼翼，而用笔头时却可以使出浑身力气？

(2)类比推理，得出结论。

如果"戳穿"叫作成功，我们得到的结论是什么？

笔尖：用小小的力，轻松获得成功。

笔头：使出浑身解数，也不能成功。

(3)两分钟完成书面表达。

(4)比较"体验"与"感悟"的不同。

刚才的这段话，与前面两段话相比，有什么不同？

对，这是对现象的思考，是我们的"感悟"。

一次完整的写作，经历四个步骤："经历—体验—感悟—表达"。

二、观察笔尖，感悟现象，明了事理

1.分析现象，提出问题

同样的力，为什么有如此大的区别呢？答案藏在笔尖和笔头上。

2.观察笔尖和笔头，描述观察的结果

(1)观察笔尖。

静静地观察笔尖30秒，你有什么发现？

观察发现：由粗到细，到了末端变成一点了，因此，虽然用的力不算大，但所有的力都汇聚到一点上。

（2）观察笔头。

静静地观察笔头30秒，又有什么发现？

观察发现：平平的，虽然用了同样的力，但力分散了，没有汇聚，手心当然就没有了刺痛的感觉。

（小结板书：聚精→会神）

三、体验"精力高度集中带来的神奇"

1.亲历"聚精会神"。

四十个成语，熟练背诵，需要多长时间？（鼓励学生猜测）

如果我说5分钟的时间，所有孩子都可背下来，你相信吗？

不信，我们来试试。

（用计时速读法，以每次25秒的速度诵读词语。8次诵读后，所有孩子完成四十个成语首尾接龙背诵。）

2.回想经历，感悟先有"聚"，后有"神"。

快速诵读成语接龙时，还知道自己是谁吗？还想到自己的同桌、自己的老师吗？是的，除了成语接龙，我们忘记了一切，包括我们自己。这就是"聚"。我们认为20分钟、30分钟都不可能完成的事情，5分钟轻松搞定，这就是"神"。"神"的出现，是因为有"聚"。

四、感悟"成功的秘诀"

1.列举生活中因"聚"而"神"的现象或事例。

2.小组讨论：成功的秘诀何在？

3.分享交流。

成功，不由天资决定，也不由运气决定，而是由你是否将所有的精力都汇聚于这件事，是否专注于这件事，是否心无旁骛、全力以赴决定。

4.为文章命题。

重悟"聚精会神"、成功的秘诀、一生只做一件事……

五、完成习作

第六章

问渠那得清如许
为有源头活水来

◇

——比课内教学更重要的儿童阅读

义务教育阶段《语文课程标准》对课外阅读做了这样的要求：九年课外阅读总量应在 405 万字以上。405 万字，分摊到九年，一年仅 45 万字，再分到两个学期，一个学期 22.5 万字。一本书假设以 5 万字计算，一个学期阅读课外书四五本。想想看，一学期四五本，一年 9 本的阅读量，能培养出什么样的孩子呢？一个人的阅读史，决定着一个人精神的高贵与富足。因此，如果一位语文老师以这样的标准开展儿童阅读，只是做到了阅读的"扫盲"。405 万字，是课标对课外阅读的"门槛级"要求，是底线。405 万字的后面有两个字"以上"，是我们很多语文老师没有注意，也没有真正读懂的。错把"保底"当作标准，是当下语文教学"课外阅读"的现状。

当然，课标对 405 万字并非像我这样平均分摊到九个年级，而是分成了四个学段，第一学段 5 万字，第二学段 40 万字，第三学段 100 万字，第四学段 260 万字。我不敢说这样的阅读量分配不科学，但我想说这样的规定无疑忽略了四个方面的因素：

第一，错过了阅读的"最佳采蜜期"。

人在 12 岁以前这个阶段，是如海绵般汲取文化滋养的关键时期，这一阶段阅读的东西，是同步进入"两个半脑"的，不仅有文字的信息，更有色彩和图像。也就是说，人在这一时期的阅读，是在用身体的所有感官参与，是生命的"全阅读"模式。这一时期的阅读，扎下的是人一生受用的童子功。著名国学大师南怀瑾老先生在谈到他一生的渊博时，曾经说过这样一句话："我这辈子啊，就是卖弄12岁以前扎下的那点童子功。"

大师的谦逊自不必说，但让我们知道的是：童年的阅读决定人的一生。因此，对于小学语文老师而言，没有比"让儿童阅读"更重要的事情了。从某种意义上讲，错过"童年的阅读"，就是错过一生。

第二，低估了第一学段儿童的阅读理解力和阅读接受力。

第一学段两年时间只读"5万字"，显然是远远不够的。小学一年级上期，孩子们掌握了拼音之后，就应该开始自主阅读，只不过这一阶段的阅读材料应尽量选择"注音读物"。拼音绝不应该仅仅用于"正音"，拼音强大的功能是"帮助识字"。"帮助识字"不是让孩子借助汉语拼音去读一个一个的"生字"，而是在语境中，在故事里理解字意。大凡教过第一学段又注重阅读的老师，一定知道，孩子在这一阶段接受力相当强，一本两万字左右的"注音读物"，一周时间便可轻松搞定。5万字，怎么能满足孩子如海绵般超强的阅读渴望和阅读需求？

第三，无视教育的现实，忙碌的初中已无闲暇用于阅读。

三十多年的教育观察告诉我一个不变的事实：真正有时间阅读的阶段是在小学，一旦进入初中，孩子的课业负担陡增，大多数孩子无法拿出足够的时间用于"课外阅读"。因此，将义务教育段405万字的基本阅读量分三分之二的量给初中，极为不妥。除了时间外，还有习惯问题。若是在0～12岁没有养成阅读的习惯，初中以后的阅读就成了"完成任务"，在课业繁重的前提下还要去完成老师强行要求的"任务"，只能是"跑马观花"，或者是"做做样子"。

把三分之二的阅读任务推迟到初中完成，还有一个弊端：那些课程标准规定的阅读书目，若是在小学阶段完全没有接触过，到了初中才开始"初读"，孩子很难达到真正的"读懂""读透"。阅读经典好比牛儿吃草，是需要"反刍"的。越早涉及，越能在生命的各个时段"回味咀嚼"。在12岁以前以不同的方式接触了初、高中需要阅读的"经典书目"，等到了初、高中再阅读的时候，就已经是"回味"和"反刍"了，不仅时间节约，而且也能真正读懂、读透。

第四，错过了阅读习惯培养的关键时期。

阅读，是生命的一部分，是像呼吸一样自然的行为。这个自然，好比是一颗种子，越早植入孩子的心间，越能根深叶茂。儿童是天生的阅读者，这世间没有一个儿童不喜欢阅读。哪怕是三个月大的婴儿，只要你给他讲故事，给他念儿歌，他立刻给你热切的回应。因此，儿童阅读，其实从生下来的第一天就开始了。

美国诗人惠特曼的诗歌《有一个孩子，每天向前走去》很好地诠释了早期阅读对儿童的影响——

有一个孩子，每天向前走去，

他看见最初的东西，他就变成那东西，

那东西就变成了他的一部分，在那一天，或者那一天的一部分，

或者几年，或者连绵很多年。

那些被发现不喜欢阅读的儿童，是由两种情况导致的：一是家长根本不给孩子读书，不给孩子讲故事，整个家庭中没有阅读的习惯，孩子从幼儿期开始，没有见到过身边人"读书的样子"，当然更没有见到过阅读中"沉醉的样子"和"狂喜的样子"；二是家长要给孩子讲故事，要给孩子读书，但是，家长很功利，每每读完一本书、讲完一个故事，就要让孩子说说，自己知道了什么、懂得了什么。两种情况，都会伤害孩子的阅读兴趣，没有兴趣的阅读，孩子的坚持就是"慑于家长的权威"。这样"阅读"怎么可能让孩子爱上阅读，当然更不可能让阅读成为其"像呼吸一样自然的行为"。

所以，从童年的早期开始的儿童阅读，可以为孩子一生的发展奠定坚实的基础。教学中，教师千万莫要以为孩子只有在"学会认字"之后才能阅读，阅读有很多种方式：听，是阅读；唱，是阅读；读图，也是阅读。不管 6 岁的学龄儿童在学龄前期家庭给他的阅读基础怎样，只要你能在教学中坚持每天一本"绘本共读"，每天固定一个时段，或者 20 分钟，或者 30 分钟为班级"静心阅读"时间，一学期下来就能读上 100 来本，一年下来就超过 200 本。你会发现，随着阅读书目数量的累积，一个班的孩子都会变成"小书迷"，无论是口头语言还是书面语言的发展，尽不在话下。

一、如何确定阅读书单

儿童阅读，首先要解决"读什么"的问题。确定阅读书单，要注意几个

问题。

1. 避免阅读材料的单一。

说起阅读，人们会自然而然想到"语文老师"，仿佛阅读就是语文老师的事情。其实，错了。阅读不分学科，阅读是所有学科学习的基础，阅读理解，是学习和工作的"工具"。不具备阅读理解力的孩子，可以说是无法工作和学习的。所以，阅读材料绝对不能只为"语文"而设定，要包括各个学科、各个领域，规避阅读材料的单一。

九义学段和高中学段，课标在阅读材料的确定上有这样的描述：

九义学段：阅读材料包括适合学生阅读的各类图书和报刊。

高中学段：课外读物包括适合高中生阅读的各类图书和报刊。

"各类图书和报刊"，课标又将"各类"做了具体的规定：

(1)九义学段阅读材料类别。

童话：安徒生童话、格林童话、叶圣陶《稻草人》、张天翼《宝葫芦的秘密》等。

寓言：中国古今寓言、《伊索寓言》等。

故事：成语故事、神话故事、中外历史故事、各民族民间故事。

诗歌散文：鲁迅的《朝花夕拾》、冰心的《繁星·春水》、《艾青诗选》、《革命烈士诗抄》、中外童谣、儿童诗歌等。

长篇文学名著：《西游记》《水浒传》《骆驼祥子》《红岩》《鲁滨孙漂流记》《格列佛游记》《简·爱》《童年》《钢铁是怎样炼成的》等。

此外，义务段阅读材料还包括科普科幻、历史读物、文化读物、传记、自然科学常识、社会科学常识等。

(2)高中学段阅读材料类别。

文化经典著作：《论语》《孟子》《庄子》等。

小说：《三国演义》《红楼梦》《呐喊》《子夜》《家》《边城》《堂吉诃德》《巴黎圣母院》《欧也妮葛朗台》，狄更斯《匹克威克外传》，托尔斯泰的《复活》，海明威《老人与海》，莫泊桑的短篇小说，欧亨利短篇小说等。

诗歌散文：郭沫若《女神》、普希金的诗、泰戈尔的诗、鲁迅的杂文、朱自清的散文等。

剧本：王实甫《西厢记》、曹禺《雷雨》、老舍《茶馆》、莎士比亚《哈姆莱特》等。

语言文学理论著作：吕叔湘《语文常谈》、朱光潜《谈美书简》、爱克曼《歌德谈话录》。

此外，当代作品、科学读物、人文读物由教师推荐。

所以，那种认为阅读只为"语文"而读的观念是大错特错，认为阅读只是读"文学类"作品，也是狭隘至极。

2. 阅读书目的确定不分学段。

课标对九义学段和高中学段的阅读材料做了建议性规定。但这个"建议性规定"并不是说一定要"某个学段"只能看"某个学段"的书，不是一定要等到"初中"才能读"初中"的课外书，等到了"高中"才能读"高中"的课外书。只要过了识字关，进入自主阅读阶段，"开卷"就有益。因此，在确定阅读书目的时候，要站在"阅读优秀、阅读经典"的角度思考，快速把孩子引进"人类优秀文化作品"的园子中来，让孩子们尽早牵手"经典"。也只有这样，才能让孩子拥有在生命的不同时段"反刍"经典、回味经典的机会。

3. 合理配置不同阅读材料在不同年段的阅读数量。

阅读书目的确定不受年段限制，但仍然要考虑不同年龄阶段儿童的阅读取向。第一学段，用绘本将孩子引入阅读的殿堂，这时的孩子，读图能力超强，在数量上要以绘本为主。而八九岁的孩子，时刻想要拥有一段奇幻之旅，因此，这一阶段在书的配置上，可加大科幻、神话、民间传说等阅读材料的数量。小学阶段，除开绘本至少还应该读 400 本书，这 400 本书我的分配建议如后表。

小学阶段选书策略

类别	数量	选书策略
童话	40	1. 选择经典童话：如安徒生童话、格林童话、林格伦童话等。2. 选择著名作家童话：《稻草人》《宝葫芦的秘密》等。3. 选择现代童话，如郑渊洁童话等。
寓言	20	1. 中国古今寓言。2. 拉封丹寓言。3. 克雷洛夫寓言。4.《伊索寓言》等。
故事	40	1. 表现英雄模范事迹、革命传统的作品，如《小兵张嘎》《闪闪的红星》等。2. 成语故事。3. 神话故事。4. 中外历史故事。5. 民族、民间故事等。
神话	20	1. 中国神话故事。2. 古希腊神话故事。3. 其他神话故事。
儿童小说	120	1. 按照世界儿童作品的奖项进行选择，原则上选择各类奖项历年的金奖和银奖作品。2. 国内知名儿童作家的作品。3. 动物小说，如《西顿动物故事》、沈石溪笔下的动物故事等。
诗歌散文	20	1. 鲁迅的《朝花夕拾》、冰心的《寄小读者》、《艾青诗选》、《革命烈士诗抄》、中外童谣、儿童诗歌等。2. 唐诗、宋词、现代诗、中外散文经典、中外著名诗人作品（如泰戈尔、普希金、雪莱等）、中外著名散文家作品（如朱自清、冰心、林清玄等）。
文学名著（长、短篇）	40	1. 中外文学经典名著：《西游记》《水浒传》《骆驼祥子》《红岩》《鲁滨孙漂流记》《格列佛游记》《简·爱》《童年》《钢铁是怎样炼成的》等。2. 中外名家作品。3. 诺贝尔文学奖获奖小说。4. 其他大奖小说。
科普	20	1. 自然科学作品，如《十万个为什么》《昆虫记》《万物简史》等。2. 社会科学作品。3. 民俗作品，如介绍中国24节气系列作品等。4. 自然地理和人文地理。5. 学科类读本，如《有趣的数学》《数学的历史》等。
科幻	20	1. 科幻经典作品，如《海底两万里》。2. 著名作家作品，如凡尔纳、刘慈欣等。
历史读物	20	1. 中国历史读本，各个时期都需要，挑选经典的，如《万历十五年》。2. 世界历史读本。3. 记述人类历史生死攸关时刻的作品。4. 历史重大事件，如长征、二战等。
文化读物	20	1. 文化经典著作：《论语》《孟子》《庄子》等。2. 文化经典著作的解读作品，如：历代名家对《论语》《大学》的解读等。3. 名家对美、对艺术、对习俗、对地方文化的解读，如吕叔湘《语文常谈》、朱光潜《谈美书简》、爱克曼《歌德谈话录》等。4. 哲学类作品等。
传记	30	1. 按照不同领域、不同时代来确定中外名人30个。这30个名人一定是要对民族、对世界、对时代有着重要的影响和卓越的贡献。影响是正反两个方面，不仅仅局限在贡献上。2. 确定人员后，再检索他们的传记，自传或他传，要挑选最优秀的传记版本。

续表

类别	数量	选书策略
剧本	20	中外名家名著，如王实甫的《西厢记》、曹禺《雷雨》、老舍《茶馆》、莎士比亚《哈姆莱特》等。
当代综合读本	自选	1.可以查阅热销书目进行检索。如《海底捞，你学不会》等介绍企业的书籍；再比如《谁动了我的奶酪》等引发思考的书籍。2.教师定时推荐。
报纸杂志	2	每个班级每年至少订阅报纸一份，杂志一份，培养阅读期待。

二、 1～6年级阅读清单

"整体语文教学"根据多年的教学实践，形成了1～6年级阅读清单。完成了清单上的书籍阅读，到小学毕业人均阅读量至少可以达到2500万字。

1.1年级阅读清单240本：

序号	书名	序号	书名
绘本（200本）			
1	《大卫上学去》	2	《你看起来很好吃》
3	《风喜欢和我玩》	4	《一口袋的吻》
5	《小熊宝宝绘本——散步》	6	《第一天上学记》
7	《你真好》	8	《鼠小妹离家记》
9	《月光男孩》	10	《快乐的狮子》
11	《月亮，生日快乐》	12	《阿罗有支彩色笔》
13	《我喜欢你》	14	《风到哪里去了》
15	《阁楼上的光》	16	《三只小猪的真实故事》
17	《下雪天》	18	《第一次上街买东西》
19	《好朋友》	20	《我绝对绝对不吃番茄》
21	《大卫惹麻烦》	22	《小魔怪要上学》
23	《夏天的天空》（无字书）	24	《鳄鱼怕怕牙医怕怕》
25	《我长大了》	26	《鼠小弟的小背心》
27	《小机灵鬼皮科》	28	《小种子》
29	《红气球》	30	《我的妈妈真麻烦》
31	《鲑鱼向前冲》	32	《阿罗的童话国》

续表1

序号	书名	序号	书名
33	《你很快就会长高》	34	《可爱的鼠小弟》
35	《胆小如鼠的巨人和胆大包天的睡鼠》	36	《我的情绪小怪兽》
37	《大象艾玛》	38	《楼上的外婆和楼下的外婆》
39	《大猩猩》	40	《我不困，我不睡觉》
41	《大卫，不可以》	42	《笨拙的螃蟹》
43	《我爸爸》	44	《小袋袋学游泳》
45	《生气的亚瑟》	46	《一起去野餐》
47	《大家一起来拍照》	48	《小阿尔伯特》
49	《蜡笔盒的故事》	50	《打瞌睡的房子》
51	《爷爷没有穿西装》	52	《阿罗房间要挂画》
53	《恐龙王国历险记》	54	《小黑鱼》
55	《我是霸王龙》	56	《奥莉薇》
57	《小猪离家记》	58	《看得见的歌》
59	《最特别的生日礼物》	60	《妈妈与我》
61	《大卫，圣诞节到啦!》	62	《猜猜我有多爱你》
63	《我妈妈》	64	《好饿的小蛇》
65	《我喜欢书》	66	《你很快就会长高》
67	《米丽的大秘密》	68	《妈妈发火了》
69	《小金鱼逃走了》	70	《迟到大王》
71	《獾的礼物》	72	《月亮，地球，太阳》
73	《神秘的生日礼物》	74	《嘻哈农场》
75	《雪人》	76	《在森林里》
77	《夜里的猫》	78	《肚子饿扁了》
79	《都是放屁惹的祸》	80	《好忙的蜘蛛》
81	《大卫，快长大吧!》	82	《蚂蚁和西瓜》
83	《胡萝卜种子》	84	《是谁嗯嗯在我的头上》
85	《爸爸的袜子》	86	《和我一起玩》
87	《和爸爸一起读书》	88	《小黄和小蓝》
89	《影子》	90	《云上的小孩》

续表2

序号	书名	序号	书名
91	《我变成一只喷火龙了》	92	《我最讨厌你》
93	《爱花的牛》	94	《小威向前冲》
95	《老鼠牙医生》	96	《我最讨厌你了》
97	《永远吃不饱的猫》	98	《大象先生和老鼠弟弟》
99	《南瓜汤》	100	《歌舞爷爷》
101	《飞机》	102	《母鸡萝丝去散步》
103	《莎莉，洗好澡没有?》	104	《搬家》
105	《打破杯子的鼠小弟》	106	《大大行，我也行》
107	《彩虹的尽头》	108	《小恩的秘密花园》
109	《小房子》	110	《秋秋找妈妈》
111	《愿望树》	112	《一天中的火车站》
113	《少年派奇幻漂流》	114	《克里克塔》
115	《一颗超级顽固的牙》	116	《和你在一起真好》
117	《我不知道我是谁》	118	《拔呀拔呀拔萝卜》
119	《城里最漂亮的巨人》	120	《树屋真好玩》
121	《我一直一直朝前走》	122	《树真好》
123	《我讨厌妈妈》	124	《别这样，小乖》
125	《朱家故事》	126	《大兔子，胆小鬼》
127	《我的爸爸叫焦尼》	128	《阿秋和阿狐》
129	《狐狸村传奇》	130	《不睡觉世界冠军》
131	《牙齿大街的新鲜事》	132	《你别想让河马走开》
133	《一园青菜成了精》	134	《我不知道我是谁》
135	《远方寄来的礼物》	136	《呼吸的空气》
137	《鸭子当总统》	138	《彩虹的尽头》
139	《彩虹鱼迷路了》	140	《特别的客人》
141	《第一次上街买东西》	142	《彩虹色的花》
143	《彩色的鸭子》	144	《鸭子骑车记》
145	《蚯蚓的日记》	146	《彩色的乌鸦》
147	《德沃夫爷爷的森林小屋》	148	《多多老板和森林婆婆》
149	《让路给小鸭子》	150	《揭秘汽车》

续表3

序号	书名	序号	书名
151	《狼大叔的红焖鸡》	152	《长大做个好爷爷》
153	《我家动物园》	154	《我的爸爸真麻烦》
155	《蹦蹦，你的牙怎么嵌在胡萝卜里了？》	156	《会爬的豆子》
157	《爷爷变成了幽灵》	158	《老虎外婆》
159	《今天运气怎么这么好》	160	《我有我感觉》
161	《勇气》	162	《鸭子骑车记》
163	《杰瑞的冷静太空》	164	《云朵面包》
165	《汽车旅行记》	166	《小房子变大房子》
167	《温情的狮子》	168	《阿黛拉和西蒙在巴黎》
169	《环游世界做苹果派》	170	《肚子里有个火车站》
171	《世界上最好的爸爸》	172	《我是霸王龙》
173	《第一次旅行》	174	《约瑟夫有件旧外套》
175	《别取笑我的朋友》	176	《加油鸡蛋哥哥》
177	《一起去野餐》	178	《三个强盗》
179	《乱挠痒痒的章鱼》	180	《春天》
181	《月亮，晚安》	182	《动物绝对不应该穿衣服》
183	《有个性的羊》	184	《好饿的毛毛虫》
185	《不一样的爸爸》	186	《爱看书的男孩》
187	《三个强盗》	188	《妈妈，买绿豆》
189	《和姥姥去遛弯》	190	《积木小屋》
191	《蔷薇别墅的小老鼠》	192	《巴特恩的裁缝梦》
193	《第一个朋友》	194	《鼹鼠的音乐》
195	《爱笑的鲨鱼》	196	《跳舞吧，小雅》
197	《天才大笨猫》	198	《德国，一群老鼠的童话》
199	《老鼠娶新娘》	200	《美丽的梦想》
科普（2本）			
1	《人类简史》（绘本版）	2	《国际大奖科普绘本》（平装6册）
神话（2本）			
1	《中国神话故事》（注音美绘本）	2	《中国神话传说》

续表4

序号	书名	序号	书名
诗歌散文（2本）			
1	《唐诗三百首》马未都推荐版	2	《繁星·春水》
儿童小说（12本）			
1	《小猪唏哩呼噜》	2	《五毛钱的愿望》
3	《狗来了》	4	《桥下一家人》
5	《亲爱的汉修先生》	6	《天使母鸡爱疯狂》
7	《傻狗温迪克》	8	《兔子坡》
9	《本和我》	10	《苹果树上的外婆》
11	《波普先生的企鹅》	12	《碧婆婆贝婆婆》
故事（12本）			
1	《林汉达成语故事》	2	《中国名胜传说》
3	《写给儿童的中华成语故事》	4	《写给孩子的中国十二生肖故事》
5	《钟南山》	6	《阿凡提的故事》注音版
7	《三个神蛋》	8	《阿诗玛》
9	《孟姜女哭长城》	10	《梁山伯与祝英台》
11	《童话山海经·大蟹》	12	《写给儿童的二十四节气故事》（共四册）
童话（8本）			
1	《没头脑和不高兴》	2	《金波四季童话》（共4册）
3	《小巴掌童话》（共8册）	4	《金近童话精品集》（共3册）
5	《七色花》	6	《冰波童话集》（共6册）
7	《愿望的实现》	8	《孙幼军童话故事精选》（共4册）
寓言（2本）			
1	《费德鲁斯寓言》（绘本）	2	《民国儿童画报选编——寓言故事》

2.2 年级阅读清单（140本）：

序号	书名	序号	书名
绘本（60本）			
1	《发脾气大叫的妈妈》	2	《讨厌黑夜的席奶奶》
3	《巴巴爸爸》	4	《菲菲生气了》

续表1

序号	书名	序号	书名
5	《爸爸，我要月亮》	6	《公主的月亮》
7	《图书馆老鼠》	8	《孔雀和蜂鸟》
9	《爱是一捧浓浓的蜂蜜》	10	《阿文的红毯子》
11	《逃家小兔》	12	《小凯的家不一样了》
13	《好大的风》	14	《怪男孩》
15	《穿靴子的猫》	16	《跟我一起看地球》
17	《我是霸王龙》	18	《妹妹的大南瓜》
19	《如果你要跟兔子交朋友》	20	《小猫玫瑰》
21	《凯能行》	22	《和甘伯伯去游河》
23	《爱心树》	24	《飞行者》
25	《苏菲的杰作》	26	《天才大笨猫》
27	《今天运气怎么这么好》	28	《米莉、茉莉和莉莉》
29	《小棕熊的梦》	30	《藏起来的礼物》
31	《爷爷一定有办法》	32	《花格子大象爱玛》
33	《月亮的味道》	34	《通往梦幻岛的桥》
35	《打瞌睡的房子》	36	《叶子小屋》
37	《我的名字克里桑斯美美菊花》	38	《冬天的温妮》
39	《小机灵鬼皮科的故事》	40	《长大以后做什么》
41	《大熊有一个小麻烦》	42	《小猪变形计》
43	《失落的一角》	44	《活了一百万次的猫》
45	《梦幻大飞行》	46	《父亲和女儿》
47	《圆圆的月亮》	48	《躲猫猫大王》
49	《壁橱里的冒险》	50	《发明家奇奇兔》
51	《好消息坏消息》	52	《妈妈的红沙发》
53	《犟龟》	54	《大脚丫跳芭蕾》
55	《生气汤》	56	《我不想长大》
57	《外公》	58	《我有友情要出租》
59	《驴小弟变石头》	60	《兔儿爷》
文化读物（1本）			
1	《汉字王国》		

续表2

序号	书名	序号	书名
科普（2本）			
1	《这就是二十四节气》	2	《盘中餐》
神话（2本）			
1	《中国神话故事绘本》共10册	2	《西游漫游记》
诗歌散文（3本）			
1	《飞鸟集》	2	《爱的思考》
3	《宋词三百首》马未都推荐版		
儿童小说（40本）			
1	《贝丝丫头》	2	《金篮子旅店》
3	《小巫婆求仙记》	4	《胡安的国度》
5	《尼瑙克山探险》	6	《黄瓜国王》
7	《海盗叔叔》	8	《送埃莉诺回家》
9	《想飞的乔琪》	10	《海狸的记号》
11	《蓝色海豚岛》	12	《波丽安娜》
13	《海蒂》	14	《了不起的吉莉》
15	《惠灵顿传奇》	16	《喜乐与我》
17	《菲斯的秘密》	18	《爱的故事》
19	《苦涩巧克力》	20	《梦幻飞翔岛》
21	《绒毛小兔》	22	《莫法特一家》
23	《地板下的小人》	24	《小女巫艾米》
25	《巴贝路乔不做"熊孩子"》	26	《辛卡提岛的迷雾》
27	《你那样勇敢》	28	《宠物猫咪鲁·杰克逊》
29	《多伯瑞》	30	《夜爸爸》
31	《夏洛的网》	32	《山胡桃小姐》
33	《纳冈和星星》	34	《男孩石头脸》
35	《大富翁和穷小子》	36	《少数派少女》
37	《草原上的小木屋》	38	《银顶针的夏天》
39	《报童的夏天》	40	《浪漫鼠德佩罗》
故事（18本）			
1	《杰出人物故事》	2	《中国传说故事》

续表3

序号	书名	序号	书名
3	《小学生常用成语故事精选》（上下两册）	4	《给孩子的中国历史故事》
5	《欧洲民间故事：聪明的牧羊人》	6	《中国成语故事》（共四册）
7	《写给儿童的三十六计故事》（共13册）	8	《成语故事》
9	《中外历史故事》	10	《中华人物故事全书》
11	《中国民间故事》	12	《非洲民间故事》
13	《孩子最喜欢的民间故事大合集》	14	《民间故事》
15	《巴基斯坦民间故事》	16	《犹太民间故事》
17	《印度尼西亚民间故事》	18	《中国古代传说》
童话（8本）			
1	《小鹿斑比》	2	《新美南吉童话》（共6册）
3	《豪夫童话》	4	《长袜子皮皮》
5	《神笔马良》	6	《陈伯吹儿童文学三部曲》（共3册）
7	《王一梅飞翔童话经典》（共8册）	8	《严文井童话集》
寓言（4本）			
1	《伊索寓言》	2	《克雷洛夫寓言》
3	《拉封丹寓言》	4	《林海音奶奶讲寓言》（共4册）
历史（2本）			
1	《时空》	2	《猛犸爷爷：写给孩子的人类简史》

3.3 年级阅读清单（95 本）：

序号	书名	序号	书名
绘本（10本）			
1	《老虎来喝下午茶》	2	《神奇的窗子》
3	《第五个》	4	《疯狂星期二》
5	《我好快乐》	6	《四点半》
7	《糟糕，身上长条纹了!》	8	《世界是你的》
9	《猫太噼哩噗噜在海里》	10	《妈妈心，妈妈树》
文化读物（1本）			
1	《汉字书法之美》		

续表1

序号	书名	序号	书名
科普（4本）			
1	《实验趣味大百科》	2	《法布尔昆虫记》（彩图注音版）
3	《不可不知的人体》	4	《给孩子的天工开物》
神话（5本）			
1	《中外神话故事》	2	《中国古代神话故事》
3	《古印度神话故事》	4	《北欧神话故事》
5	《古巴比伦神话故事》		
诗歌散文（3本）			
1	《林清玄散文精选》	2	《叶圣陶经典散文集》
3	《丰子恺散文选集》		
名家名篇（6本）			
1	《汤姆索亚历险记》	2	《童年》
3	《我是猫》	4	《西游记》（插图版）
5	《水浒传》	6	《三国演义》
儿童小说（32本）			
1	《克拉拉的箱子》	2	《荒泉山》
3	《彩虹鸽》	4	《碎瓷片》
5	《罗伯特的三次报复行动》	6	《青铜葵花》
7	《亮晶晶》	8	《大卫的规则》
9	《威斯汀游戏》	10	《你的礼物呢》
11	《短裤帮》	12	《大象的主人》
13	《月夜仙踪》	14	《神奇的谎言》
15	《丘比特之谜》	16	《狼国女王》
17	《五彩龙鸟》	18	《人间有晴天》
19	《马塞林诺·面包和酒》	20	《寻找一只鸟》
21	《黑珍珠》	22	《杜利特医生航海记》
23	《夏日书》	24	《通往特雷比西亚的桥》
25	《万花筒》	26	《雪域豹影》
27	《小书房之玻璃孔雀》	28	《寻找阿加莎》
29	《吹玻璃工的两个孩子》	30	《女水手日记》

续表2

序号	书名	序号	书名
31	《橡树上的逃亡》	32	《漂亮老师》
故事（10 本）			
1	《世界百强故事》	2	《著名品牌故事》
3	《中国少数民族传说故事》	4	《秘鲁传说》
5	《圣经的故事》	6	《一本书读通历代趣闻轶事》
7	《菲律宾民间故事》	8	《缅甸民间故事》
9	《阿拉伯民间故事》	10	《中国历史故事》
科幻（4 本）			
1	《气球上的五星期》	2	《八十天环游地球》
3	《出卖月亮的人》	4	《流浪的地球》
童话（12 本）			
1	《绿野仙踪》	2	《王尔德童话》
3	《郑渊洁十二生肖童话》（共 12 册）	4	《小王子》
5	《格林童话（精选）》	6	《安徒生童话（精选）》
7	《安房直子月光童话系列》（共 5 册）	8	《木偶奇遇记》
9	《宫泽贤治童话集》（共 5 册）	10	《朗格彩色童话选》
11	《汤素兰暖爱童话集》（共 5 册）	12	《柳林风声》
寓言（6 本）			
1	《中国古代寓言故事（精选）》	2	《给孩子的动物寓言》
3	《皮影中国：童话寓言》	4	《澳洲动物寓言集》
5	《莱辛寓言》	6	《达·芬奇寓言》
历史（2 本）			
1	《写给儿童的中国历史故事》	2	《写给儿童的世界历史》

4.4 年级阅读清单（95 本）：

序号	书名	序号	书名
绘本（10 本）			
1	《花婆婆》	2	《要是你给老鼠吃饼干》
3	《遇到你，真好》	4	《我再也不想离开你了》
5	《请不要生气》	6	《抱抱》

续表1

序号	书名	序号	书名
7	《铁丝网上的小花》	8	《小真的长头发》
9	《谁会要一只便宜的犀牛》	10	《首先有一个苹果》
文化读物（4本）			
1	《幼学琼林》	2	《蒋勋说唐诗宋词》（少年彩绘版）
3	《中国饮食文化》	4	《中国画鉴赏》
人物传记（4本）			
1	《李时珍大传》	3	《达·芬奇传》
2	《屈原传》	4	《写给孩子的世界名人传记：莱特兄弟》
科普（4本）			
1	《大人孩子都能懂的时间简史》	2	《神奇校车·手工益智版》
3	《少年探索发现系列》（共12册）	4	《森林报》系列彩色版（全4册）
神话（5本）			
1	《中外神话传说》	2	《世界经典神话与传说故事》
3	《希腊神话故事》	4	《古罗马神话故事》
5	《山海经》		
诗歌散文（4本）			
1	《莎士比亚十四行诗》	2	《培根随笔精选》
3	《艾青诗选》	4	《普希金诗选》（精装版）
名家名篇（10本）			
1	《欧·亨利短篇小说集》	2	《莫泊桑中短篇小说选》
3	《包法利夫人》	4	《红与黑》
5	《莫言中篇小说精品全系列》（共8册）	6	《城南旧事》
7	《活着》	8	《老人与海》
9	《杨绛小说集》	10	《女儿的故事》
儿童小说（25本）			
1	《巨蜥母亲》	2	《神秘的公寓》
3	《最后一块拼图》	4	《出事的那一天》
5	《戴帽子的女士》	6	《红豺》
7	《诺福镇的奇幻夏天》	8	《数星星》

续表2

序号	书名	序号	书名
9	《时代广场的蟋蟀》	10	《魔笛少年和他的朋友》
11	《草鞋湾》	12	《西顿动物故事》
13	《金龟虫在黄昏飞起》	14	《在长长的跑道上》
15	《草房子》	16	《小河男孩》
17	《蝉为谁鸣》	18	《风之王》
19	《天使雕像》	20	《海蒂的天空》
21	《蓝锈人劳尔》	22	《艾丽莎的眼睛》
23	《呐喊红宝石》	24	《淘气的小浣熊》
25	《山羊不吃天堂草》		
科幻（6本）			
1	《格兰特船长的儿女》	2	《海底两万里》
3	《太空漫步》（四部曲）	4	《地心游记》
5	《神秘岛》	6	《机器岛》
童话（12本）			
1	《郑渊洁四大名传》（共4册）	2	《杨红樱校园童话》
3	《中国童话》（共2册）	4	《曹文轩童话故事精选》
5	《中国名家经典童话：老舍专集》	6	《张天翼童话故事精选》
7	《中国名家经典童话：葛翠琳童话专集》	8	《爱丽丝漫游仙境》
9	《水孩子》	10	《尼尔斯骑鹅旅行记》
11	《中国名家经典童话：叶圣陶专集》	12	《黑塞童话集》
寓言（6本）			
1	《当代寓言集》	2	《孟子寓言韩非子寓言》
3	《百喻经寓言》	4	《庄子寓言列子寓言》
5	《吕氏春秋寓言晏子春秋寓言》	6	《寓言集》
历史（5本）			
1	《少年读史记·帝王之路》	2	《少年读史记·霸主的崛起》
3	《少年读史记·辩士纵横天下》	4	《少年读史记·绝世英才的风范》
5	《少年读史记·汉帝国风云录》		

5. 5 年级阅读清单（80 本）：

序号	书名	序号	书名
绘本（10 本）			
1	《石头汤》	2	《大卫之星》
3	《雪花人》	4	《城里最漂亮的巨人》
5	《彩虹鱼迷路了》	6	《西雅图酋长的宣言》
7	《魔法森林的夜晚》	8	《没有耳朵的兔子》
9	《蛀牙王子》	10	《谁藏起来了》
儿童小说（5 本）			
1	《吹小号的天鹅》	2	《夏日历险》
3	《天蓝色的彼岸》	4	《喝月亮的女孩》
5	《窗边的小豆豆》		
文化读物（7 本）			
1	《谈美书简》	2	《中国游艺民俗文化》
3	《拈花微笑》	4	《语文常谈》
5	《大文化与小传统》	6	《华夏衣冠》
7	《建筑的故事》		
人物传记（13 本）			
1	《第一个伟大的爱国诗人——屈原传》	2	《高尔基自传三部曲》
3	《孔子传》	4	《张海迪：轮椅上的远行者》
5	《牛顿传记》	6	《爱迪生传》
7	《袁隆平口述自传》	8	《华盛顿传》
9	《毛泽东传》	10	《甘地自传》
11	《孙中山传》	12	《问天者——张衡传》
13	《曾国藩传》		
科普（4 本）			
1	《了不起的生命密码》（全 4 册）	2	《写给儿童的世界地理》（全 8 册）
3	《万物简史》（少儿彩绘版）	4	《本草纲目》（少儿彩绘版）
神话（3 本）			
1	《欧洲神话故事》（全 2 册）	2	《美洲神话故事》（全 2 册）

续表

序号	书名	序号	书名
3	《多莱尔的希腊神话书》		
诗歌散文（4本）			
1	《艾青诗选》（无删减版）	2	《背影》
3	《纪伯伦散文诗全集》	4	《朝花夕拾》
名家名篇（12本）			
1	《官场现形记》	2	《聊斋志异》
3	《腊月·正月》	4	《三寸金莲》（精装版）
5	《流逝》	6	《平凡的世界》
7	《马克·吐温短篇小说集》	8	《契诃夫短篇小说集》
9	《沉沦》	10	《茶花女》
11	《逃离》	12	《子夜》
科幻（5本）			
1	《永恒的终结》	2	《死神永生》
3	《时间机器》	4	《带上她的眼睛》
5	《三体》（全三册）		
寓言（2本）			
1	《百年中国寓言精华》	2	《中国当代寓言作家小辑》（共5册）
历史（5本）			
1	《人类的故事》	2	《上下五千年》
3	《老谋子司马懿》	4	《抗日战争》
5	《细说大唐大全集》		
剧本（10本）			
1	《罗密欧与朱丽叶》	2	《暴风雨》
3	《白毛女》	4	《原野》
5	《雷雨》	6	《玩偶之家》
7	《两只狗的生活意见》	8	《天边外》
9	《圣女贞德》	10	《仲夏夜之梦》

6.6 年级阅读清单（80 本）：

序号	书名	序号	书名
绘本（10 本）			
1	《世界为谁存在》	2	《一片叶子落下来》
3	《时间旅行记》	4	《穿过隧道》
5	《和平树》	6	《摇摇晃晃的桥》
7	《世界上最美丽的村子》	8	《子儿，吐吐》
9	《眼睛公主》	10	《园丁》
儿童小说（6 本）			
1	《爱的教育》	2	《北风的背后》
3	《生命的交叉点》	4	《"月光号"的沉没》
5	《吹号手的诺言》	6	《黑色棉花田》
文化读物（7 本）			
1	《每个人都重要》	2	《易经的奥秘》
3	《民俗文化》	4	《黄河史话》
5	《歌德谈话录》	6	《传家》
7	《文化苦旅》		
人物传记（13 本）			
1	《贝多芬传》	2	《司马迁》
3	《苏格拉底传》	4	《假如给我三天光明》
5	《追寻内心的旅程：罗曼·罗兰自传》	6	《巴尔扎克传》
7	《陶行知传》	8	《周恩来传》
9	《比尔·盖茨传》	10	《洛克菲勒传》
11	《苏轼传》	12	《富兰克林自传》
13	《诸葛亮传》		
科普（4 本）			
1	《爷爷的爷爷哪里来》	2	《元素的故事》
3	《趣味物理学》	4	《有趣得让人睡不着科普系列》
神话（3 本）			
1	《古希腊神话与传说》	2	《凯尔特神话》

续表

序号	书名	序号	书名
3	《搜神记》		
诗歌散文（4本）			
1	《周国平散文精选》	2	《歌德散文选》
3	《哀愁：川端康成散文选》	4	《陀思妥耶夫斯基散文选》
名家名篇（12本）			
1	《呼兰河传》	2	《骆驼祥子》
3	《呐喊》	4	《边城》
5	《阿Q正传》	6	《简·爱》
7	《傲慢与偏见》	8	《百年孤独》
9	《悲惨世界》	10	《长恨歌》
11	《汪曾祺小说集·大淖记事》	12	《围城》
科幻（5本）			
1	《火星编年史》	2	《银河系搭车客指南》
3	《乔治的宇宙》（全三册）	4	《浮岛传奇》（全三册）
5	《安德的游戏》三部曲		
历史（6本）			
1	《大秦帝国》	2	《那时汉朝》
3	《万历十五年》	4	《中国文化知识读本：虎门销烟》
5	《从鸦片战争到五四运动》	6	《红军长征史》
剧本（10本）			
1	《哈姆雷特》	2	《威尼斯商人》
3	《龙须沟》	4	《茶馆》
5	《屈原》	6	《压迫》
7	《上海屋檐下》	8	《暗恋桃花源》
9	《青春禁忌游戏》	10	《麦克白》

三、如何组织儿童阅读

1. 阅读时间。

儿童阅读要能在学校扎实开展起来，首先需要解决时间问题。我们需要清楚的是：孩子每天究竟可以拿出多少时间用于阅读。关于校内阅读时间，有两个建议可以给到大家。

（1）每天固化一个时段作为"阅读时光"。

孩子们在学校的每一天，是由一个一个的"独立单元"组成的，这个"独立单元"就是课表上一节一节的课。因此，要全校性推进儿童阅读，必须将"阅读"排进课表。做了二十多年校长，无论是老学校还是新学校，无论是公办学校还是民办学校，我会将下午大课间过后的30分钟安排为"静心阅读"时间。在这个时段，全校所有的老师、所有的学生都必须安静阅读。在那一时刻，整个学校没有任何声音，宛若一个大大的图书馆。最开始，可能会有些躁动，但很快地，孩子们就十分享受这段完全跟自己、跟书中的人和事在一起的时光了。

（2）每周至少拿出两节语文课用于专门的阅读。

"整体语文教学"最大的功效就是"负担轻，学业优"，通过分课时教学、单元整体教学等一系列教学策略，完成当册教材的学习任务只需要行课时间的三分之二。因此，践行"整体语文教学"的学校，每周至少可以拿出2～3节语文课用于阅读，就很好地解决了阅读的时间问题。

2. 阅读推进模式。

通过多年的教学实践，我们按照"整体语文教学"要求，发现了两种阅读推进模式。

（1）随教材单元同步推进的儿童阅读。

学校里进行的儿童阅读，第一责任人肯定是语文老师。因此，书单确定后，教师可根据单元主题，将阅读书目分解到各个单元。一册教材八个单元，除去两周复习时间和学期中的各种放假，新课的有效行课时间大概是14周。将40本书目放到14周，不到3本。这个阅读量，只要时间保障了，阅读任务课内就可以完成，无须作为家庭作业将"阅读监督"的责任推给家长。孩子要不要回家读书呢？要！他若是想读，愿意读，他自会去找寻阅读时间。但若是不想读，就是规定家长守着，也没用。需要提醒的是，阅读就像"吃饭"，需要每天都"吃"，千万不要搞成了"运动式"的，一会儿紧，一会儿松，甚至有"头"无"尾"。

（2）主题循环推进的儿童阅读。

除"随教材单元同步推进"的模式外，还有"主题循环"模式。小学学段，可以确定六个主题，一年一个主题，循环推进，六年为一轮。确保六年中，所有的孩子都能走完一个完整的"主题循环"。至于主题如何确定，学校和教师完全可以自主。在多年的"整体语文教学"实践中，我们确定了这样六个主题循环推进：

主题1：书香·童书伴成长

主题2：书香·中华古韵

主题3：书香·异域

主题4：书香·戏剧与神话

主题5：书香·生命与礼仪

主题6：书香·叩问先贤

只要学校的主题阅读是"依照六大主题"循环，无论孩子在哪一个主题进入学校，六年的时间都能完整经历六大主题阅读活动，让孩子们体验：

阅读，与大师同行，与真理为友；

阅读，让贫乏与平庸远离，让博学与睿智相伴；

阅读，是亲历，是享受，是成长，是生命不可分割的部分。

四、整本书阅读教学策略

根据不同的阅读时段，"整本书阅读教学"可分为"导读课""策略指导课"和"阅读交流课"。

1. 导读课。

"导读课"是在阅读整本书之前的阅读指导课。"导读课"顾名思义，就是"导入阅读"，就是通过教学活动把学生导入到阅读中来，让学生产生阅读的渴望和热忱，让学生有要"快快阅读"的冲动。不管你采用什么方式，只要学生产生了"立刻想读"的愿望，你就成功了。

2. 策略指导课。

"策略指导课"是在阅读过程中发生的。学生有了阅读渴望，作为老师，你要给学生阅读的策略、阅读的方法。对于阅读整本书而言，九大阅读策略要教给学生，以提升学生阅读的速度。经过训练的孩子，阅读速度可以达到1200～1500字/每分钟。只要达到了这样的阅读速度，一本十万字左右的书，学生一个多小时就可以看完。

（1）导引式阅读法。

用一根细长的竹签或是细长的笔作为导引工具，阅读时让孩子的目光跟随导引工具从而提高阅读速度。导引式阅读是一种基本的阅读方式，就像走路时"左、右脚交替着地"的基本步伐一样，可以在一切阅读行为中运用。

（2）计时阅读法。

用计时、限时训练激发阅读者的时间紧迫感和阅读效率感的阅读方法。训练时有两种方式：一是计时，一是限时。"计时阅读"是规定时间计算自己的阅读速度，可以以周为单位，下一周的阅读速度超过这一周，就是进步。每一个孩子，都以不断地突破自我为骄傲。这是生命内在的力量。教育人要充分尊重并利用生命的内在力量激发自我成长。

"限时阅读"是限定时间阅读规定的材料，最后看谁获取的信息更多。"限时阅读"好比在一个奔跑的人后面放一条"大狼狗"去追，为了安全，咱们一定会全速奔跑。"全速奔跑"的过程，就是阅读速度、阅读能力提升的过程。

（3）任务锁定阅读法。

按照锁定的阅读任务，快速而准确地提炼材料信息的方法。对于仅限于"信息知晓"类的文章，锁定三个阅读任务：题目、作者、事件，训练时可用一个"△"来标记。对于"了解文章大概内容"的阅读，锁定六大任务：时间、地点、人物、起因、经过、结果，这特别适合在共读某一章节的时候训练。训练时，可用"○"来标记。经过一段时间的训练，孩子们拿到阅读材料，脑海里就会从阅读材料中快速提取"三角形任务信息"和"六边形任务信息"，如同专业技术人员的"专业直觉"。一旦具备了这样的"阅读直觉"，阅读材料在我们手中便有了驾轻就熟的感觉。

（4）思维导图阅读法。

思维导图是被称为"世界大脑先生"的东尼·博赞首创的思维工具，因其在思维、管理、学习上强大的功效被称为思维的"瑞士军刀"。目前，已被广泛运用于学习、工作和生活的各个方面。思维导图作为发散性的思维表达，模拟的是显微镜下脑细胞的工作机制，具有四个基本特征：

注意的焦点清晰地集中在中央图像上；

主题作为分支从中央图像向四周放射；

分支由一个关键图像或者印在相关线条上的关键词构成；

各分支形成一个相互连接的节点结构。

思维导图用图像、线条、符号、词汇、色彩进行装饰，能将信息凸显。用于阅读的思维导图，可以把章节作为分支，也可以把人物、事件、情节等作为分支。从二年级开始，就可以培养学生使用"思维导图阅读法"进行阅读了。

(5)题目聚焦阅读法。

阅读时，将注意力集中于题目相关的信息资料，从而快速提取阅读信息。无论是一篇文章，还是一本书，就题目而言，里面都潜藏了许多信息。它就像一条线，对文章和书本起到了牵一发而动全身的作用。平常的阅读中，很多人不关注文章的题目，不关注书名，这是一种很不好的阅读习惯。在体验了"题目聚焦阅读"之后，相信你会有意识地调整自己的阅读习惯。

(6)大脑直映阅读法。

大脑直映阅读法是利用大脑直映快速提取信息的阅读方法。阅读中要克服无声读和心读两种情况。"无声读"就是看似不出声，其实我们的发音器官仍然在工作，仍然在一个字一个字地念；"心读"是发音器官没有工作，但心里在一个字一个字地阅读。真正克服了"无声读"和"心读"的持续默读才是"大脑直映阅读"。

持续默读是所有的阅读技巧中看似最简单，其实最难训练的一项阅读技巧。人们阅读文字材料，只要材料超过9个字以上，就会自动启用"发声器官"而进入无声读，即便不无声读，也会心读。这两种情况是阻碍阅读速度的"顽症"。由于这两个习惯几乎是从一开始学习阅读就跟随我们，所以没有长时间持续训练，真正的"持续默读"是很难实现的。但是，一旦摆脱了"无声读""心读"进入到持续默读状态，阅读速度一定在每分钟2000字以上。

(7)需求驱动阅读法。

需求驱动阅读是阅读时，依据阅读者的主观需求，阅读过程指向单一任务的阅读方法。由于任务单一，阅读时只需提取出与阅读需求相关的信息，与阅读需求无关的信息则可大胆略去。无论是工作还是学习，这种阅读法都可以经常运用。"需求驱动阅读法"在运用时可分两步走：第一步，明了阅读任务；第二步，带着任务完成阅读。

(8)推想阅读法。

推想阅读是阅读时将材料的一部分隐去，而从剩余材料中快速提取信息的阅读方法。推想阅读是训练阅读者的逻辑推理能力最好的方法之一。在实际的阅读中，可以借助这一方法，省去大量的阅读材料，进而节省阅读时间、提高阅读效率。

(9) 递减阅读法。

递减阅读是同一份阅读材料，在阅读时以时间逐次递减的方式进行阅读的一种方法。训练时可设计"三次递减阅读"，也就是安排三次阅读时间，但三次阅读时间依次减少。比如，一个章节 3000 字，第一次给 60 秒，第二次给 40 秒，第三次给 30 秒。阅读时间的逐次递减，是建立在前一次阅读的基础上。因此，第二次阅读时间虽然减少，但在获取阅读信息上会有超越。这样不断的阅读，获取的信息就不断完善，从而达成对阅读材料的准确把握，不仅提升阅读速度，更提升阅读能力。

3. 阅读交流课。

"阅读交流课"发生在阅读结束或者重读阅读材料之后。关于整本书的阅读交流，个人认为艾登·钱伯斯的《打造儿童阅读环境》最为经典。对如何有效组织整本书阅读之后的交流，书中给出了许多专业指导。

阅读交流课最重要的是找准"交流的话题"。《打造儿童阅读环境》在第 13 章列出了阅读交流的"问题清单"。作者从"基本问题、概括性问题和特定问题"三个方面来设计阅读交流话题。为了方便老师们教学，我将书中的问题清单梳理为以下表格，供大家参考。

类别	问题线索	延展问题
基本问题	1. 这本书里有没有什么是你喜欢的？	A. 有什么特别引起你注意的？ B. 你会想从中多知道些什么？
	2. 有没有什么是你不喜欢的？	A. 哪些部分让你觉得无聊并略过不读，指出来好吗？ B. 如果你放弃读这本书，你是在哪里停住的，为什么？
	3. 有没有什么地方让你觉得困惑不解？	A. 有没有什么地方让你觉得很奇怪？ B. 有没有什么是你在其他书上没看到过的？ C. 有没有什么情节完全出乎你的意料？ D. 你注意到任何明显的情节不连贯吗？

续表1

类别	问题线索	延展问题
	4. 你注意到什么模式了吗？情节间有没有什么关联性？	A. 你从哪一个章节开始注意到什么模式？ B. 情节发展是如何推进的？
概括性问题	1. 你第一次接触，甚至读之前，你认为它会是个什么样的故事？	A. 为什么会这么认为？ B. 读过之后，它和你的预期有差距吗？
	2. 你曾经读过这种类型的书吗？	A. 两者之间有什么相同和不同之处？
	3. 你以前读过这本书吗？这次再读，有什么不同感想？	A. 有什么是你第一次阅读没有注意到的？ B. 第二次阅读时，你仍然乐在其中吗？ C. 你会建议别人也多读几遍吗？原因是什么？
	4. 当你阅读或者回想这本书的情节时，有没有一些字、词或者文字运用方法是你喜欢或者不喜欢的？	A. 有些人说话时惯用特定的字句，或者光说话的样子就让你印象深刻，从而容易辨识。这本书在遣词造句上有这样的特色吗？ B. 你有没有注意到这本书在语法的运用上有什么特别之处？
	5. 如果作者请教你这本书有什么需要改善的，你会怎么说？	A. 如果你是作者，你会怎样让这本书更好些？
	6. 你有没有遇到过和书里情节相同的事情？	A. 在你看来，书里哪些部分最贴近现实生活？ B. 这本书会让你重新思考自己的那段类似经历吗？
	7. 在阅读时，你可以在想象中"看见"故事的进行吗？	A. 哪些细节、哪些段落的描写特别活灵活现，让人看见了事情的发展过程？ B. 哪些段落的描写深刻地留在你心中？
	8. 你可以在这本书里找到多少支线情节？	A. 主要情节之外，你还发现了哪些支线情节？ B. 这些支线情节是怎样发展的？你找到线索了吗？
	9. 这本书你很快就读完了吗？你是一口气读完的，还是分几次读完的？	A. 你想再读一遍吗？ B. 如果你读得慢，是受到书中什么的影响？
	10. 你会怎样跟朋友谈论这本书？	A. 你会不会刻意不谈某些情节，以免他们阅读时失去兴趣？你会用什么方式让他们"读"这本书？ B. 你认识的人当中，谁会特别喜欢这本书？

续表2

类别	问题线索	延展问题
	11. 在听过所有组员对这本书的看法之后，你有没有觉得谁的发言出人意料？	A. 有没有谁说的话一下子改变了你对这本书的看法，或者让你对这本书的认识更深入了？ B. 在所有的看法里，哪些最让你感到震撼？
	12. 在你自己花心思想过，也听了别人的意见之后，你觉得这本书最重要之处是什么？	A. 这本书最打动你的地方是什么？ B. 这本书对你自己很重要，是因为什么？
	13. 有没有人知道作者是个什么样的人？	A. 作者为什么会写这本书？ B. 在哪里写的？什么时候写的？
特定问题	1. 你觉得这个故事从头到尾得花多少时间？	A. 我们是不是从事情发生的顺序中拼凑出了故事的全貌？ B. 在讨论发生在自己身上的事情时，总是按着顺序说吗？如果不是，有什么原因？这些原因是什么？
	2. 故事里有没有什么情节实际发展需要很长时间，书里三言两语就说清楚了？	A. 有没有正好相反的，只是弹指一挥间的事，却用了很长的篇幅来描述？ B. 哪些情节差不多就是你把它说一遍那么久？
	3. 故事在哪儿发生的？背景设定的地点有意思吗？	A. 故事背景设在哪儿有关系吗？或者哪里都一样？ B. 如果换个地方会比较好吗？ C. 你在阅读的时候会常常想到故事发生的地点吗？书里哪些段落特别介绍了背景地点？哪些是你喜欢的或者不喜欢的？
	4. 你觉得哪一个角色最有意思？	A. 他是全书中最重要的角色吗？还是主角另有其人？ B. 你不喜欢哪个角色？ C. 书里的角色会让你联想起某些认识的人吗？或者让你想起其他书里的角色？
	5. 有没有那种书里明明有提到，但少了他故事就没法展开的人？	A. 你能想到这些人没登场、没被提及的原因吗？ B. 如果这些人登场或者被提及了，故事会有不同发展吗？
	6. 是谁在说故事？	A. 谁是叙事者？我们知道吗？从何得知？
	7. 这个故事以第一人称叙事吗？若是第三人称叙事，这个第三者是书里的某个角色，还是故事以外的人？	A. 这个说故事的人，怎么看待书中的各个角色？ B. 叙事者喜欢或者不喜欢哪个角色？从何得知？ C. 叙事者对书中发生的事情，或者角色的所作所为是否赞同？你个人呢？

续表3

类别	问题线索	延展问题
	8. 如果把自己当成一个旁观者，你从谁的角度来看这个故事？	A. 你是把自己当作自己来看这个故事，还是当作某个角色来看这个故事？ B. 作为旁观者看这个故事，是否是某类人群的代表？
	9. 你只通过其中一个角色来看故事吗？或者有时候会从其他角色的角度来看故事？	A. 你是"存在"于其中一个角色的脑袋里，只能知道他知道的事情？ B. 或者这个故事让你同时"存在"于许多角色的脑袋里？
	10. 我们真的确定书中角色的想法吗？	A. 有人告诉过我们这些角色的心情吗？或者我们是从角色的外在行为和表现来体会一个故事的全貌？ B. 我们是否观其行，听其言，却永远不会知道这些书中人物的想法和感受？

这份长长的清单，给我们提供了"阅读交流课"的设计思路，我们锁定其中一个问题便可设计教学，可以立足"角色"去体会，可以讨论"叙事方法"，可以对"情节"进行探究，也可以"跳出故事说故事"……阅读交流课上，你不必逐条提问，也不必要"照本宣科"。教师需要做的，就是让阅读交流者有话可说。不要把"阅读交流"停留在"演一演"，阅读就是阅读，要回归阅读的本质、把握阅读的特质。

五、整本书阅读教学示例

示例一 "导读课"教学示例。

《佐贺的超级阿嬷》

★教学目标

1. 通过猜、读、议等方式，了解《佐贺的超级阿嬷》一书中"阿嬷"的人物特质，能够在脑海里形成人物较为清晰的画像。

2. 共读第二章节，激发对《佐贺的超级阿嬷》一书强烈的阅读兴趣，并能在课后一口气读完整本书。

3. 品读阿嬷的经典语录和告别时祖孙二人的对话，体会人物鲜明的语言特点，感知人物丰富而独特的精神世界。

4. 体验并习得四种快速阅读法：导引式阅读、猜读、目标锁定阅读、主题阅读，并练习使用"读来听听"和"说来听听"进行分享。

5. 习得阅读整本书的基本方法：认识整本书的构成、如何快速把握整本书的框架以及如何紧扣主题展开阅读。

一、书名导入，猜想"超级"

1. 出示书名，读书名。

今天，我们要共读一本书，读——《佐贺的超级阿嬷》。

2. 借助封面图画和勒口信息，知晓"阿嬷"指外婆。

(1) 看封面，猜测"阿嬷"。

"阿嬷"是谁呢？根据封面猜测。

(2) 浏览书封"勒口"信息，快速明了人物身份。

要想对猜测的信息进行快速确认，看哪儿？(提示学生看书封勒口)

书封的"勒口"，一般有三个作用：介绍作者信息、保护书封、更加美观。

3. 锁定身份，猜想"超级"。

一个怎样的外婆，才能被定义为"超级"？写下三个关键词。(先完成的孩子到黑板上写出自己的猜测，形成"超级"的第一个"集合")

二、看目录，锁定"穷"，再度猜悟"超级"

1. 出示目录，寻找信息。

(1) 扫读目录，自主获取信息。

快速扫读目录，看看你能通过目录获取哪些信息。

(2) 交流信息获取。

书的结构：整本书一共有 17 个章节，加前言、后记，跟其他书不一样的是后记之后还有"超级阿嬷语录"。

外婆家贫穷："贫穷"一词在目录中出现了三次。

2. 共读第 60 页的文字，再度猜测"赤贫"阿嬷的"超级"。

(1) 导引式阅读第 60 页。

翻开书的第 60 页，拿笔，用"导引式阅读法"快速阅读第 60 页的内容，看看外婆究竟穷到什么程度？

（2）根据"穷"，第二次猜测"超级"。

知道了阿嬷穷到揭不开锅，穷到吃了上顿无下顿。提笔，30秒钟对"阿嬷的超级"做第二次猜测，写下三个关键词。（先完成的孩子到黑板上写出自己的猜测，形成"超级"的第二个"集合"）

三、共读第二章"从贫穷到贫穷"，感悟生活中阿嬷的"超级"

1.运用"目标锁定阅读法"，自主阅读第二章，找出文中阿嬷的"超级"。

给大家三分钟，阅读第二章"从贫穷到贫穷"，看看外婆做的什么事让你感受到她的超级？（特别提醒学生，这是"目标锁定阅读法"，锁定的是"阿嬷做的事"，其他内容可略去）

2.交流自己的发现，并概括关键词。

（1）走路挣钱法：解决"钱"的问题。

（2）水上超级市场：解决"吃"的问题。

3.根据故事内容，给阿嬷题词。

读了贫穷阿嬷的"走路挣钱法"和"水上超级市场"，如果要给阿嬷题词，你会用上哪些词语？提笔写下感受最深的三个。

（先完成的孩子到黑板上写下自己的感受，完成关于"超级"的第三个集合：坚强、乐观、积极、无所不能、无所畏惧……锁定"黄瓜和萝卜"，感受阿嬷的"能尽物之性"。）

4.读来听听。

就在这个章节里，外婆说的什么最打动你？读来听听。

（这是个性化阅读与分享，要多请同学来读，形成默契，一个接一个读就好）

"光是走路什么事也不做，多可惜。绑着磁铁走，你看，还可以赚到一些外快呢。"

"不捡起掉在路上的东西，会遭到老天惩罚的。"

"这样既可以使河水保持干净，我们又有免费的柴火，真是一举两得。"

"开裂的萝卜切成小块，煮出来和好萝卜味道一样，扭曲的小黄瓜切丝用盐腌一腌，味道也一样。"

"即使今天想吃小黄瓜，也不一定吃得到。因为完全要听凭市场的供应。"

……

四、根据"阿嬷语录"，推测章节内容，猜想"阿嬷语录"的所在章节

1.出示部分"阿嬷语录"，朗读体会。

像这样的阿嬷语录，在整本书中随处可见。一起读——

①穷有两种，穷得消沉和穷得开朗。

②活着很有意思。与其讲究外表，不如在内在下功夫。

③让人觉察不到的体贴才是真正的体贴，真正的关心。

④成绩单上只要不是零就好了。一分两分的，加起来就有五分啦。

⑤吝啬最差劲，节俭是天才。

⑥这世上满是生了病还不想死的人，自杀未免太奢侈了。

⑦游泳不是靠泳裤，靠的是实力！

⑧人到死都要怀抱梦想！没实现也没关系，毕竟只是梦想嘛。

2.推测"超级阿嬷语录"的所在章节，完成"章节—语录"推测卡。

超级阿嬷的这些经典语录，会在哪些章节出现呢？快速推测连线。

（发放"章节—语录"连线卡）

3.完善对"超级"的题词。

书读到这儿，还想给超级阿嬷增补哪些题词？若只有一个，你的答案是？（依序请学生增补题词）

五、师生对读"送别"章节中祖孙二人对话，感受外婆"情到深处的无言"

1.齐读外婆的题词。

坚强、乐观、积极、无所不能、无所畏惧、幽默、智慧……

2.师生对读"告别"时祖孙二人的对话，体会外婆的"留念与不舍"。

猜猜看，如此坚强的外婆，有哭的时候吗？什么情况下？（播放《骊歌》）

昭广考上了广陵高中，要离开佐贺回广岛了，离别前，昭广跟外婆告别——

外婆没有送我，还是像平日的早上一样，到河边洗锅。我对着外婆的背说：

"阿嬷，我走了。"

"好，去吧。"

"八年来谢谢您了。"

"好，去吧……"

我从她背后探头窥望，外婆在哭。她粗暴地涮着锅里的水，水溅到脸上。

"阿嬷……"

"好，去吧。"

"暑假时我会来玩，您要保重啊！"

"好，去吧！"

"那，我走了！"

我转过身，迈开步伐。

这一天，春日的河边一派宁静，两只小白蝶追逐嬉戏，飞舞在草丛间。

走到大街的转角处，我回过头。

"阿嬷，保重！"

我用力挥手，外婆也挥着手。

"好，去吧。"

好个倔强的外婆。真是拿她没办法。

3.小练笔，感受外婆内心的涤荡。

六次对话，外婆说的话几个字？有什么发现？（重复了五次，一次无言！）

虽然没有读完整本书，但通过几个章节的阅读，我们已经知道：外婆表达能力超强，语言幽默又经典，此刻却是"三个字，五次重复，一次无言"，三个字的背后，阿嬷究竟还有什么没有说？此刻，阿嬷内心涤荡着什么？提笔，写下来。

4. 观影"告别场景"，师生共读"最后一个回合的对话"，体会人物高潮处的情感。

孩子们，情到深处是"无言"。祖孙二人六个回合的对话之后，还有第七个回合。（播放电影告别的最后片段）

5. 欣赏书结束部分的两幅插图，体会生命中的"相聚与别离"。

翻书第 158，159 页。这就是最后的告别。孩子们，生命中我们将经历若干这样的告别。今天，你们是"告别"中的小孩，明天你们将是"告别"中的阿嬷或阿爷。再翻一页，这是外婆的目送，孙子已经消失在视线中了，可外婆仍旧凝望。生命的每一天，唯有珍惜。

六、引入书的销量信息和电影诞生过程，感悟"超级"对佐贺、对人类的意义

1. 介绍关于书和电影的信息。

孩子，此刻最想做什么？是的，不只是你，是我，有超过 700 万人都有我们此刻的愿望：快快读完这本书。

《佐贺的超级阿嬷》是日本作家岛田洋七于 2001 年创作的一部长篇小说，光在日本的销量就超过了 700 万册，持续三年位居日本各大畅销书排行前列。

《佐贺的超级阿嬷》：首部读者自发募捐拍摄的小说同名影片。

2. 讨论书名，感悟"超级"的人类意义。

齐读书名：《佐贺的超级阿嬷》。谁的外婆？（昭广）书名为什么不是《我的超级阿嬷》或《昭广的超级阿嬷》？同桌讨论。（聚焦"700万册""首部读者自发募捐拍摄的影片""佐贺的名人"第一段）

小结：独立、勤俭、开朗、豁达……是每个人活在人间的意义，也是我们行走一生的财富。这样的超级，怎么可能只属于一个人；这样的超级，你需要，我需要，整个人类都需要。

七、小结整本书阅读方法"主题阅读法"，激发阅读渴望

1. 回顾阅读过程。

再读书名。

没有读书之前，我们根据身份猜测"超级"。圈出。

知道了外婆家穷到有时揭不开锅，我们进行了第二次猜测。圈出。

第三次，共读了第二章"从贫穷到贫穷"，见识了外婆的"走路挣钱法"和"水上超级市场"，我们由衷感叹外婆的超级。圈出。

第四次，在阅读了外婆的经典语录之后，又丰富了我们对"超级"的体悟。

这就是读书！扣住主题层层推进，不断发现，文字持续带给了我们震撼和力量。

2.介绍人物背景资料，引发阅读期待。

八年佐贺生活，昭广和谁在一起？错！外婆还有一个傻儿子需要她照顾。外婆的丈夫在她42岁那年就去世了，艰难的岁月里，她独自抚养两男五女七个儿女。书中的故事，远比我们想象的更加撼人心魄。相信，在读完之后，我们对"超级"还有更深刻的体悟。

示例 "阅读交流课"教学示例

《穿条纹衣服的男孩》

★教学目标

1.聚焦情节的高潮部分，明了情节的推进作用，用"读来听听"和"说来听听"分享，讨论事情的结局与阅读者"前期阅读预期"的异同。

2.聚焦整本书的情节铺排，体会情节的欲扬先抑。

3.讨论"主要情节"之外的支线情节，明了故事情节的"多线推进"。

★教学准备

1.教学 PPT。

2.学生情节曲线绘制图卡。

★教学课时

一课时。

★教学流程

一、新课导入

1.读课题。

同学们，今天我们要一起聊《穿条纹衣服的男孩》。

2.锁定故事中的两个主要人物，导向情节讨论。

书名"穿条纹衣服的男孩"指的是谁？

若认为只有什穆埃尔，引导讨论：有不同看法吗？穿上条纹衣服的男孩只有什穆埃尔？哪部分信息告诉我们是"两人"而非"一人"？

若认为有两人，引导讨论：从什么时候开始，你知道穿条纹衣服的男孩还有布鲁诺？

二、聚焦情节的高潮部分，用读来听听和说来听听分享，讨论事情的结局与阅读预期的异同

1.3 分钟再阅读"第二天的经历"。

让我们聚焦第 19 章，布鲁诺穿上条纹衣服帮助什穆埃尔寻找爸爸，3 分钟，再阅读。

2.讨论结局的"出乎意料"。

故事的结局是什么？

是否出乎你的预料？为什么？

3.感受"高潮部分"的情绪。

能平静地读完这部分内容吗？心情是什么？（聚焦关键词：担心、难受、心痛、感动……）

无论是第一次读，还是刚才读，哪些文字让你感觉心里堵得慌，甚至泪花在眼眶滚动？（继续运用"说来听听"分享自己的阅读体验）

4.聚焦感动自己的句子，读来听听。

此刻，唯有读，能表达我们的感动。选定最能表达你此刻心情的句子，一分钟练读。

配乐起，学生一个一个"读来听听"。最后，聚焦故事结束部分，集体诵读——

"事实上，"他说着，低头看了看什穆埃尔，"我记不记得他们都不重要了。他们已经不是我最后的朋友了。"他低下头的同时，做了一件不符合他性格的事情：他握住了什穆埃尔的小手，并且攥得紧紧的。

"你是我最好的朋友，什穆埃尔。"他说，"我这一生最好的朋友。"

然后屋子里变得一片漆黑，紧接着陷入了一片混乱。布鲁诺还是紧紧地握着什穆埃尔的手，这个世界上再没有什么能把他们分开了。

5. 为友谊题词，感受故事情节在高潮处的"戛然而止"。

读到这儿，如果要给两个男孩的友谊送上一个词，你送出的词是什么？（纯洁、伟大、真挚、美好……）

《穿条纹衣服的男孩》以二战为背景，描绘了两个男孩的友谊。"世界上再没有什么能把他们分开了"，这是友谊的最高境界。故事在这儿，达到了"高潮"。

三、聚焦整本书的情节冲突，体会情节的欲扬先抑，完成整本书的"情节曲线"

1. 浏览第 15 章《他不该这么做》，聚焦布鲁诺的做法。

回顾整本书，有没有哪一个章节的情节安排与这样的友谊完全相背离？甚至读到那儿让你觉得有些揪心和讨厌呢？

快速浏览第 15 章《他不该这么做》，他指的是谁？他不该怎么做？

2. 小组讨论，完成"情节安排意图推测卡"。

作者这样安排情节的意义何在？小组合作，完成"情节安排的意图推测卡"。

3. 全班分享交流"情节安排意图推测卡"。

4. 完成整本书的"情节曲线"。

（1）描绘本书的主情节曲线。

布鲁诺对科特勒中尉说"不认识什穆埃尔"，说"以前从没有见过他"，把朋友推到了命运的深渊。情节在这儿急转直下，到达低谷。请根据 20 个章节的内容，描绘本书的"情节曲线"。

（2）展示整本书的"主情节曲线"。

四、关注支线情节，感受情节的"明—暗"双结构

1. 发现支线情节。

两个男孩是故事的主角，他们的故事是本书的主线。除此之外，你还有没有发现什么支线情节，也在预示着故事的结局？

2. 交流支线情节。

奶奶：第八章《愤怒的奶奶》

妈妈：第十七章《妈妈坚决要走》

集中营的名字：赶出去

……

小结：任何一部优秀的作品，情节的安排都是一波三折，一条明线伴随着多条支线同时推进。

五、锁定本书的叙事角度，明了本书对于人类反思战争的意义

1. 发现叙事角度。

（1）关于二战的书，你还看过哪些？

（2）本书与其他的书相比，有什么不同？

①两个男孩是主角；

②故事中的第一主角布鲁诺是纳粹军官的孩子；

……

所有"反人类"的做法，任何人的内心都不会赞同。有的时候，只是需要时间。历经沧桑，一定见"正道"。

2. 明了作品的人类意义。

二战中遭屠杀的犹太人超过了600万，包括老人和孩子。从孩子的视角来审视战争，引发人们对战争的反思，会更加深刻。今天的和平来之不易，正如书扉页上的文字，齐读——

这一切发生在很久很久以前，

这样的故事不会再重演了。

第七章

书卷多情似故人
晨昏忧乐每相亲

◇

——日常复习与应试能力培养

　　"整体语文教学"之所以能帮助学生实现"负担轻，成绩优"，是因为不仅注重课堂的高效，更注重对知识点考查方式的研究，及对各类复习和整理持续的探索。对于提升学业成绩，汗水很重要，但方法比汗水更重要。付出要有收获，珍视每一位学习者的"学业成绩"，是教育人的使命与担当。

一、知识点考查层级

　　梳理知识点考查方式，或者说梳理知识点练习与运用方式，是语文教师的基本功。"整体语文教学"在多年的教学实践中，从"拼音、汉字、词语、句子、阅读、写作"几个知识板块进行梳理。每一个知识板块在梳理考查方式时，都遵循知识掌握与运用的五个层级。

　　第一，识记。

　　这个层级是知识点掌握的起始层级，主要表现为对知识点的再认和再现。首先，学习者能够准确回忆并书写知识点，不出错，不遗漏；其次，是知识点出现时学习者能够准确辨认和选择，不与其他知识点混淆。

　　第二，理解，比较和分析。

　　在再认和再现的基础上，理解知识点，掌握知识的本质，并能对知识点做分析，了解知识点内在各要素的意义和相互间的关联性。

第三，一般性运用。

一般性运用包括简单运用和迁移运用。但不管是简单运用还是迁移运用，一般性运用都表现为对单一知识点的运用，与其他知识点的联系相对较少。

第四，综合运用。

综合运用是突破了单一知识的局限和简单情景的局限，涉及相同板块的多个知识点及其他板块的单个或多个知识点。综合运用考查的是学习者对知识点掌握与运用的综合能力，丰富了学习者对知识点的固有认知，建立了知识点与知识点之间、知识板块与知识板块之间的联系。

第五，创造性运用。

创造性运用是超越了知识本身，是运用所学知识和形成的能力，去创造美好生活。创造性运用是自主的、开放的，没有固定的模式，当然也没有标准答案。

对于小学生而言，知识点考查方式主要集中在前四个层级。

二、知识点考查方式

根据小学语文的知识点，我们从拼音、生字、词语、句子、篇章阅读、写作六个方面讨论知识点的考查方式。六类考查方式我们用八张思维导图（绘图：胡雅婷）来呈现。

1. 拼音。

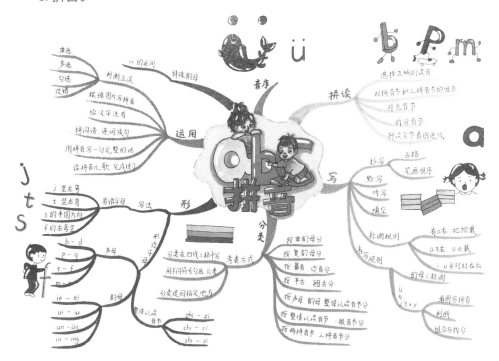

2. 生字。

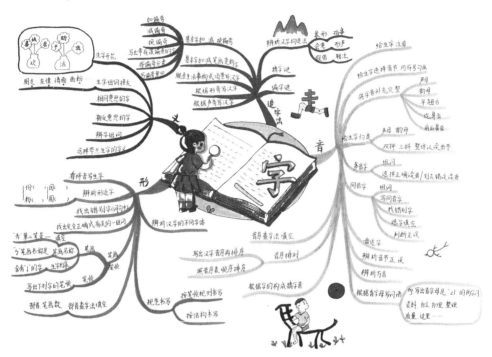

3. 词语。

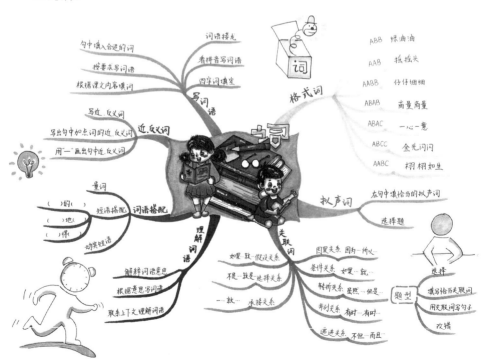

4. 句子。

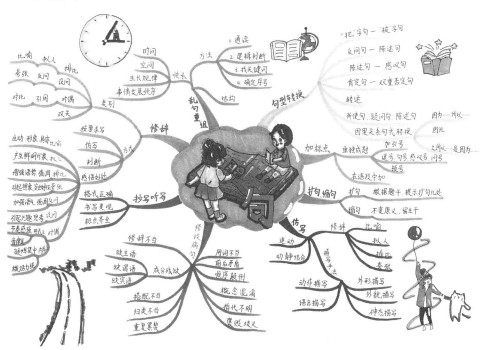

5. 低段阅读。

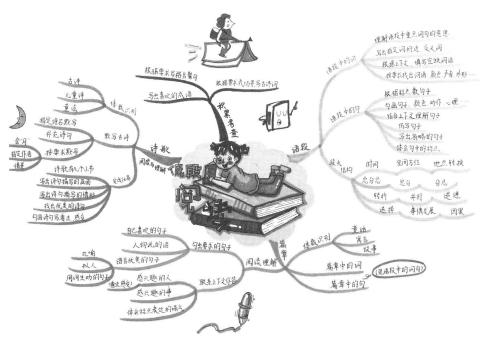

6. 中段阅读。

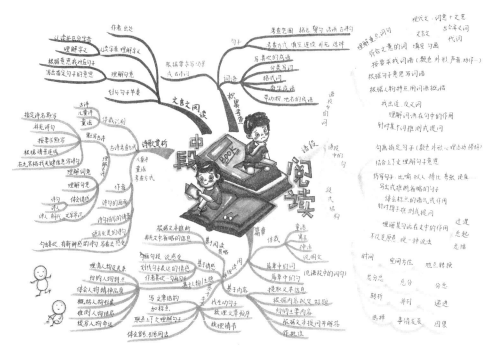

7. 高段阅读。

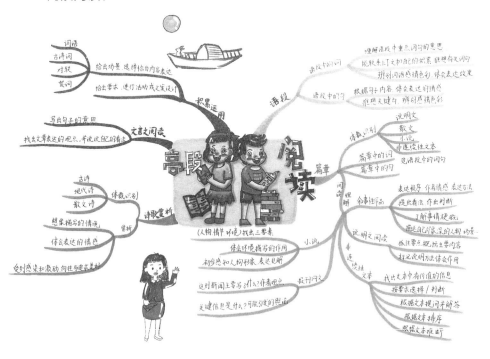

8. 习作。

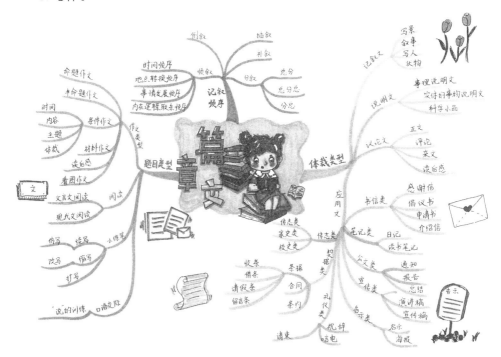

　　知识点考查方式是一个动态的完善过程，绝非一成不变。本书所列举的各类题型，只是一个大概，使用者在教学过程中需要不断补充、不断完善。所有的考查方式，要在日常的教学中让学生"遇见"。从一年级到六年级，各类知识点考查方式可采用"化整为零"的策略，每节课让学生见识一至两种，最终让孩子们知道，所谓"考试"，实则就是"不同形式的练习"而已，不管考题的形式怎样，本质上就是考查对知识的掌握和知识本质的把握。如果教师从一年级开始训练，最多两年时间，孩子们到了三年级就可以实现"练习创编"，实现按要求自主命题。

三、知识点过关与复习原则

　　培根说："一切知识的学习，只不过是记忆。"记忆有瞬时记忆、短时记忆、长时记忆和永久性记忆。瞬时记忆信息储存时间极为短暂，通常指保存时间在0.25秒至2秒钟以内的记忆；短时记忆指信息保持时间不超过1分钟的记忆；长时记忆信息持续时间在1分钟以上，甚至保持终身。保持终生的记忆，就是永久性记忆了。对于学习者来说，知识的掌握必须达到长时记忆或者永久性记忆。长时记忆不是一蹴而就，是对短时记忆不断加工和重复的结果。即便是那些号称"过目不忘"的人，也不可能"仅通过一次学习"就达到长时记忆甚至永久性记忆，只不过他们的记忆速度比一般人快而已。

因此，提高学业成绩，除了知识初学时的生动和有趣之外，初学之后的练习和复习尤为关键。我们平时发现很多孩子接受能力强，课堂反应很活跃，但学得快也忘得快，就是"短时记忆"没有转化为"长时记忆"的结果。从初学的"短时记忆"开始，实现对知识的"长时记忆"和"永久性记忆"，需要遵循以下原则：

1. 及时性原则。

教学中，我们常常遇到这样的情况：一个笔画简单的字，明明教师在教学中讲得很清楚，而且当时也做了练习，但是在半期或期末的学业测试中却发生了班级大面积学生出错的现象。这种情况，就是教师对"记忆"、对经验建构规律的"常识性缺失"导致。也就是我们的教学"违背了常识"。我们以为只要教师讲过的，学生就一定会，相当于是默认所有的"短时记忆"都能成为"长时记忆"和"永久性记忆"。

根据"艾宾浩斯遗忘曲线"，我们知道，知识初学之后，遗忘速度是先快后慢，因此，及时安排复习很重要。要实现学生对知识的掌握从短时记忆转为长时记忆，最好遵循"七步复习法"：1天、3天、7天、15天、30天、两个月、四个月。在这七个时间节点上安排不同形式的"学习者与知识见面"，一定会事半功倍。

"及时性复习原则"还有一个误区需要提醒：切莫今天学习就今天过关。今天学的生字今天听写过关，今天学的课文今天背诵，这不叫"及时性复习"，这样的安排完全违背了"人类经验建构"的规律。我们要深知：初学后在大脑中形成的"神经联系"需要后面"六步"来巩固，像一、二年级孩子学习生字，需要后面"六步"去强化。打个简单的比方：一个成人受邀参加宴会，一下子有十多个人让你认识，你能记住吗？你不能。教师违背规律做事，受伤的是孩子们。"听写不过关""背诵不过关"成为许多初入学儿童的"拦路虎"，有些孩子甚至被贴上"笨小孩"的标签。

2. 针对性原则。

复习要有针对性。针对性可以从两个方面理解：

一是知识点的针对性。复习到底是针对哪个知识点，是针对知识点的哪个维度，教师在设计练习和复习时一定要清楚。比如，针对生字的字音和针对生字的字形，练习肯定不一样。

二是学生的针对性。教师安排的每一次练习，一定要目标明确，哪怕是一次生字抄写，你也要清楚：为什么让孩子抄写，抄写要达到什么目的。坚决杜绝随心所欲的"作业布置"和没有针对性的"题单练习"。

3. 重点突破原则。

复习在关照整体的前提下，要确定重点，不要平均着力。对于平常学习中孩子已经掌握，或者易掌握的知识点，只需要遵循"及时性原则"，在该与学生见面的时候安排孩子们跟这些知识"打个招呼"即可。

比如生字的音序、音节、部首、除去部首的笔画数，在第一课时的学习中，让学生完成的"生字课堂笔记"，就是复习。而那些易出错或者特别重要的知识点和能力点，则要每天练习。例如二年级的孩子在做"组句成段"练习的时候，常常容易出错。出错原因是二年级的孩子对十种段式结构组句成段的内在逻辑还未习得。帮助学生突破这一难点的最好方法就是每天练习。十种段式结构，每天练习一种，5～6个句子排序，最多3分钟就完成了。每天一种段式结构练习，每天3分钟，如此循环，一学期下来，所有孩子"组句成段"的能力都实现了突破。不仅"组句成段的排序"不会出错，你会发现孩子习作时，段落中的句子和句子之间也有了内在逻辑。

还有第二学段、第三学段的阅读理解、美文欣赏和诗词鉴赏，也应该"重点突破"。结合阅读教学，每节课一个小练习，或者每周定期做2～3次小练习，花的时间不多，孩子们也不会觉得"难"，不知不觉间能力就得到了提升。

4. 目标分层原则。

班级与班级之间，学生个体与学生个体之间，对知识的掌握一定存在差异。教师要对孩子的知识掌握和能力级次精准画像，为每一个孩子确定复习目标，并制定好目标达成的措施，切忌"一刀切"和"齐步走"。比如课标要求会写的生字、生词，要求背诵的篇目，就必须人人过关。但是，知识运用的层级，却不是所有的孩子都能达到第四、第五层级。比如在阅读理解部分，哪些题型全班掌握，不能有任何失分，哪些题型可以允许哪些层次的学生出现一些差错，教师心里一定要清楚。教学要在承认差异的前提下，不断引领学生去触摸"当下生命的最高"，并最终达成个体生命的"最优"和"最高"。

5. 激励性原则。

任何形式的复习，有两个方面的因素必须考虑，一是知识本身，二是学习主体——学生。我们始终要牢记，学生是学习的主体，所有的东西，他不吸收，不接纳，任谁也没有办法。教育不像医疗，对于对抗性的拒绝者，一针镇静针剂，立马可以安静下来接受治疗，该输液输液，该手术手术。可教育不能。你首先要让他想学、乐学。如果学生的积极性和主动性没有被调动起来，教师就是在认认真真"做无效劳动"。

因此，每一个班在进行复习的时候，要设计激励和评价机制。机制的设置要做到以下三点：

第一，让孩子每一天都体验成功。

第二，让孩子每一天都得到认同。

第三，让孩子每一天都有憧憬，都信心满满。

那种把复习做成单调乏味的"日日重复"，那种把学生整得"灰头土脸"的做法，都是忽略了学生在复习中的"主体存在"。

6. 互助性原则。

集中复习时，最好将学生分成不同的"互助小组"。"互助小组"千万不要按照"成绩"进行分组。有些老师在集中复习时段会安排小组长，但小组长往往由成绩相对优秀的孩子担任。这种分法一是会助长成绩暂时优秀孩子的"骄傲情绪"，二是会伤害成绩暂时落后的孩子。正确的做法是将学生按照知识点掌握情况和能力差异分成不同的组别，尽量分得细一点，组别之间成员交叉，让每一个学生都有机会成为"助人者"。

比如一个阅读理解力偏弱的孩子，很可能背诵方面是强项，你便可以让他担任背诵小组的组长；而一个成绩稍差但书写特别认真的孩子，你可以任命他做书写提升小组的组长，哪怕成绩暂时比他好得多的同学也做了他的组员，他在与同小组伙伴的交流中，不仅找到了自身的价值，也更加清晰地看到了自己的差距。这样的互助，才是有价值的互助。让每一个孩子都从自己最擅长的方面寻求突破，不断进步，成为那个"最优秀的自己"。

除以上六大原则外，我还建议大家在复习时"用好碎片时间"。比如班级晨诵之前的时间。虽然每天都有固定的上学时间，但是绝不会有一天是所有的孩子都"齐刷刷"一起到达，即便所有孩子都不迟到，也一定是有的早一点，有的晚一点。这集体上课之前的"早一点、晚一点"的时间，就是每天清晨的"碎片时间"。你可以每天安排一点"清晨小任务"：诵读一首古诗、认读十个易错的生字、复习三个重点句子……把"小任务"张贴到教室的门边，孩子陆续到达，到门边停留1分钟即可。如果你愿意，你可以在那儿放一个小小的布袋，袋子里装着与学生人数相等的糖果，孩子练完之后，自行取一颗小糖果。诚实无须监督，在体会学习"甜蜜"的同时，更培养了生命的自主和自觉。所有的孩子都是好孩子，就看家长和老师怎么引导。"用好碎片时间"是很多优秀教师的制胜法宝，在我做校长时，我是建议全校、全科教师都这样做的。

四、知识点过关与复习形式

知识点过关和复习方式可根据时间和内容来划分。

1. 按时间划分。

按时间划分，复习有四种形式。

（1）日常复习。

学生知识的掌握和能力的提升，是一个循序渐进的过程，很难明确界定哪是新知识，哪是旧知识。包括每篇课文中所谓的"生字"，对于很多孩子来说其实一点儿都不"生"，他们早就通过阅读、通过生活了解并知晓。因此，教师要牢记"七步复习法"，将知识的巩固练习贯穿到日常的学习中，千万不要等到要考试了才去做"复习"。"复习"不是为了"考试"，而是为了知识的掌握和能力的习得。正所谓"大考大好耍，小考小好耍"，真正到了考试，你是没有多少事情的，因为考试之前所有的新课都已结束，而旧知识早已烂熟于心，当然就"好耍"了。"整体语文教学"在分课时教学中，为第一课时和第二课时安排的练习几乎都属于"日常复习"，由生字字形带出的一组"形近字"，就是对生字字形的日常复习；由生字字音带出的一组"同音字"和"音近字"，是对生字字音的日常复习。而在第一课时中完成的"生字音序"批注，则是对大写字母的日常复习。

（2）单元复习。

小学语文一般一册教材安排八个单元，每个单元自成主题，独立编排。因此，单元学习完毕，一定要以单元为单位进行复习，指导孩子们将单元知识进行归类整理，生成"单元知识题单"。"单元知识题单"可以是列表，也可以是"思维导图"。低年级时，老师带着做，到了中、高年级放手让孩子们自己去完成。这不仅是"知识的复习"，更是培养学生良好的学习习惯，让其在这样的训练中提升自主学习能力、掌握学科学习方法，为初、高中阶段的学习和终身学习做好方法和能力的储备。

（3）阶段复习。

学习到一定阶段的时候，可以停下来，利用一节课或者两节课的时间对某一阶段学习的知识进行整理，最好半个月一次。这符合"七步复习法"中的第四步复习法，而后面的 30 天、两个月和四个月的三次复习刚好是"十五天"的"再循环"。作为"七步复习法"中的每一步复习，既是知识学习过程中的阶段复习，也是知识掌握不可或缺的一步。

(4)集中复习。

"集中复习"是指停止新授课，将时间专门用于"复习"，复习时间至少在一周以上。在小学阶段，集中复习主要指期末考试之前的复习，建议安排三周为宜。

2. 按内容划分。

按内容划分，复习有三种形式。

(1)归类复习。

将同一类知识进行归类，知识归类之后，安排时间练习并逐一过关。归类复习要把握好两个方面：

①生成各类知识点归类题单。

根据知识的不同类别，生成各类"归类知识题单"。"归类知识题单"不是用作练习，而是帮助学生将知识归纳整理，明白在本单元或本册教材中，有哪些知识点需要掌握，不涉及知识点的运用和考查方式。知识归类后，生成的"归类知识题单"有生字表、认字表、词语表、多音字表、形近字表、近义词表、反义词表、格式类词语表、背诵默写汇总表、修辞格、病句类型等。

梳理"归类知识题单"，一定要"团队协作"。同一年级教师分工协作，每人负责几个板块，归类整理后全年级共享。

②知识点依序过关。

生成了"归类知识题单"后，要安排时间让所有学生依序过关。最好的办法是将知识点过关设计为表格，学生过关一样标记一样。标记的方法最好设计得充满童趣，集中复习时段要过的知识点比较多，可以采用积分和兑换的方式。学生奖励的方式也有很多，比如"值日、和老师一起坐在讲台就餐、拥有一段自由时光、无作业日……"等。

设计"知识点过关"也不要让所有学生"齐步走"。"知识点过关"属于保底要求，不要用"齐步走"限制孩子学习的速度。能够一天过关的，没有必要用两天。作为教师，你把每一知识点的过关要求告诉孩子们就行，他们自会根据自己的情况调整过关节奏。

关于"知识点过关"，除了不要"齐步走"，还需要给"慢孩子"留些空间。比如一年级初入学儿童学习完拼音后，不要太着急去背诵和默写声母和韵母，整个学期你可以在教室某个位置设计"过关台"。"过关台"有"声母表、韵母表、整体认读音节表和汉语拼音基本音节表"。每天每人到教室后根据先来后到的顺序依序完成"晨间小任务"：诵读声母、诵读韵母、诵读整体认读音节、拼读音节表中的一列或一行音节……这些"小任务"每天完成一项就好，所有"任务项次"依序循环，一学期下来，不愁所有学生不过关。诸多不给学生时间就仓促过关并给不能及时过关的孩子贴上"笨"和"后进"标签的做法，都是对学生的伤害。

（2）综合复习。

综合复习是在"知识点过关"基础上，将知识进行不同层级的练习与运用。综合复习更有"练习"的特质，更适合用于学生日常的学习和复习。为了做好综合复习，教师可生成以下综合复习题单：

①小型题单。

包括随课练习题单、随单元复习题单，学生在几分钟或者十几分钟可以完成，完成时间最多不超过 20 分钟。"小型题单"是根据该课和该单元的知识点生成。建议教师们不要为了方便直接使用现成的题单，最好是根据学生学习情况教师独立制作，那些现成的资料只是做个参考而已。小型题单灵活性高，孩子不仅能快速完成，也适合教师在课堂上"面批面阅"，及时指导。

②完整的复习题单。

综合复习要关照知识的系统和完整，因此，要根据复习内容，生成完整的复习题单。既要有单元复习题单，也要有指向全册知识和能力的综合复习题单。建议是一个单元一份，八个单元八份，再有两套综合性题单，就足以帮助孩子很好地完成复习任务，达成复习目标。

③集错题单。

集错题单，顾名思义，是将错题收集形成的题单，分为学生集错题单和教师集错题单。学生个人的集错题单，要在开学的第一天就要准备好一个本子，教师帮助"集错分类"，并约定好日常练习中"什么出错情况"记入"集错本"，不要所有的出错都记入"集错本"，这样的"集错"反而成了负担，是没有意义的。

"教师集错"意义更加重大。不仅要记录"出错人"，还要将"集错"进行归类和原因分析，并在分析的基础上，生成不同阶段的"纠错归正"措施。教师的集错反映的是学生学习的动态，随着"纠错归正"措施的落实，"旧错"不断"清零"，"新错"又不断生成。就在"清零和生成"的循环中，学生的学习迈上一个又一个新台阶。

④专项复习题单。

专项复习题单是复习的"针对性原则"和"重点突破原则"的落实。专项复习题单是针对学生专项能力突破而生成的题单，比如现代文阅读题单、诗词赏析题单、小古文阅读题单、古诗词运用题单、作文的审题和选材……专项复习题单是将该项知识涉及的知识点和运用方式尽可能穷尽，让学生对某一专项知识建立"整体概念"，只涉及其中一个知识点或一种运用方法的题单，不能叫作"专项知识题单"。比如五年级要对"病句修改"进行专项复习，就要将 1～5 年级需要掌握的"病句类型"全部列出，以帮助学生对每一种病句类型的病因和修改方法全面复习、全盘掌握。

(3) 测试模拟复习。

作为一名学科教师，如果教出的学生"不经考"，无论怎样都算不上优秀。因为，应试是素质教育的有机组成，真正优秀的学生是不怕考试的。一个人在应试中表现出的各种能力，自信、沉着、冷静、仔细、周全、节奏感……无一不是一生学习和生活的必备。因此，帮助学生在自己能力范围内获得最优秀的学业成绩，是学科教师义不容辞的责任，是学科教师的使命所在。

做了教育人，不要忌讳考试，不要逃避考试，要大大方方研究考试，认认真真"练习考试"。

我为什么说"练习考试"呢? 因为考试必须"练习"。本质上，每一次考试都是一次"练习"。所谓"考试"，就是在规定的时间、规定的地点，用规定的方式独立完成规定的内容。如果教师日常的教学、平常的课堂能给学生真实的"考试模拟"，学生就一定不惧怕考试。

关于"测试模拟复习"，有两种方式：一是仿真模拟；一是单题模拟。

仿真模拟，就是完全参照真实的考试而进行的模拟：测试的题型、试卷的结构、试卷的题量、知识点运用考查层级、测试的时间、监考的方式、阅卷的方式……总之，仿真模拟就是完全的"仿真"，唯一不同的就是考试地点和监考老师有区别而已。考试之前，有 2～3 次模拟足够。

单题模拟不同于仿真模拟，但可以说是仿真模拟的零敲碎打，各个击破。要想提高学生的学业测评成绩，单题模拟的功效一点不输于仿真模拟，而且比"仿真模拟"更灵活，更利于提升孩子的应试能力。使用单题模拟，是对仿真模拟透彻分析基础上的精准把握。要精准分析"单题"在完整考试中最多可利用的时间，并将"这个时间"设置为"单题模拟"的最长练习时间。

打个比方，在正式的考试中，若最多给到"篇章阅读"的时间是 20 分钟，平常就要有"20 分钟篇章阅读"的模拟。若是平时的练习完全不规定时间，学生想用多长时间完成就多长时间完成，学生的"篇章阅读"应试能力就很难达到优秀级标准。

还有一种测试模拟是鼓励学生按照试卷命题要求"自主命题"。这是学生特别喜欢的一种测试模拟复习方式。全班学生每人出一套题，按照学号编号收入班级题库。学生采用抽签方式抽取题号，并在规定时间完成对应题号的试卷测试。测试完毕，由出题者批阅并给测试者做试卷讲评。"自主命题"能极大地促进学生的主动学习和系统复习。

五、集中复习计划示例

🔖示例

期末复习一定要制订详尽的复习计划。按照总的复习时间，在知识点归类之后，以日为单位确定复习任务，扎实推进，确保效果。下面提供的"复习计划示例"，是设置三周复习时间，以单元复习和归类复习为主线，以每日"复习主题"推进复习进程。

时间	复习板块	复习内容	主题	建议
第一天	复习八单元板块复习：日积月累	1. 课堂复习八单元知识要点。 2. 字词听写过关。 3. 要求背诵的段落、诗句过关。 4. 整理整本书需要背诵的列表，将列表粘贴在语文书的第一页。	背诵擂台	1. 从孩子的记忆规律来看，八单元是刚学过的，尽早复习可以加深孩子的记忆。 2. 复习第一天将"必背内容"整理放在书页前面方便自主复习。 3. 当日复习内容当日过关。
第二天	复习七单元测试八单元板块复习：形近字	1. 课堂复习七单元知识点。 2. 字词听写过关。 3. 八单元测试，一节课时间批改出来，分析总结存在问题。 4. 单元测试改错，积累错题。 5. 共通性问题集中讲解并练习。 6. 个别辅差。 7. 背诵检测。	形近字日	1. 整理第一天复习的得与失，及时调整，提高第二天复习时效。 2. 形近字花费的课堂时间少一点，更多的时间交给孩子课余时间进行擂台比赛。

续表1

时间	复习板块	复习内容	主题	建议
第三天	复习六单元测试七单元板块复习：多音字	1. 课堂复习六单元知识点。 2. 字词听写过关。 3. 七单元测试，一节课时间批改出来，分析总结存在的问题。 4. 单元测试改错，积累错题。 5. 共通性问题集中讲解并练习。 6. 个别辅差。 7. 背诵检测。	多音字日	1. 将前一天复习的内容进行反馈为后续复习提供更好的方法。 2. 多音字花费的课堂时间比较少，更多的时间交给孩子课余时间进行擂台比赛。
第四天	复习五单元测试六单元板块复习：字词	1. 课堂复习五单元知识点。 2. 字词听写过关。 3. 六单元测试，一节课时间批改出来，分析总结存在的问题。 4. 单元测试改错，积累错题。 5. 共通性问题集中讲解并练习。 6. 个别辅差。 7. 背诵检测。	无错字日	1. 将前一天复习的内容进行反馈为后续复习提供更好的方法。 2. 将需要掌握的字词打印出来，约定竞赛规则和竞赛时间。
第五天	阶段整理	1. 整理四个单元复习中存在的问题，结合错题本进行复习。 2. 总结公布竞赛分数，颁发奖品，提出后期复习要求。	快乐掌门日	1. 整理包括老师对学生复习情况的整理和学生自身对知识掌握情况的整理。 2. 学生分类、分层复习：分类指知识分类；分层指能力分层。
第六天	复习四单元测试五单元板块复习：修辞	1. 课堂复习四单元知识点。 2. 字词听写过关。 3. 五单元测试，一节课时间批改出来，分析总结存在的问题。 4. 单元测试改错，积累错题。 5. 共通性问题集中讲解并练习。 6. 个别辅差。 7. 背诵检测。 8. 修辞手法及考点复习。	修辞日	句子揽括的内容较多，结合课时的情况可以对修辞类别进行复习。

续表2

时间	复习板块	复习内容	主题	建议
第七天	复习三单元测试四单元板块复习：病句	1. 课堂复习三单元知识点。 2. 字词听写过关。 3. 四单元测试，一节课时间批改出来，分析总结存在的问题。 4. 单元测试改错，积累错题。 5. 共通性问题集中讲解并练习。 6. 个别辅差。 7. 背诵检测。 8. 病句的类型及考点复习。	无病句日	1. 句子揽括的内容较多，结合课时的情况可以对病句类型归类复习。
第八天	复习二单元测试三单元板块复习：拼音	1. 课堂复习二单元知识点。 2. 字词听写过关。 3. 三单元测试，一节课时间批改出来，分析总结存在的问题。 4. 单元测试改错，积累错题。 5. 共通性问题集中讲解并练习。 6. 个别辅差。 7. 背诵检测。 8. 拼音复习。	拼音日	拼音中过关的几个表：声母表、韵母表、整体认读音节、字母表。
第九天	复习一单元测试二单元板块复习：诗词	1. 课堂复习二单元知识点。 2. 字词听写过关。 3. 二单元测试，一节课时间批改出来，分析总结存在的问题。 4. 单元测试改错，积累错题。 5. 共通性问题集中讲解并练习。 6. 个别辅差。 7. 背诵检测。 8. 诗词考点练习竞赛。	诗词日	经过了一轮诗词背诵，现在将自己掌握的内容活用，应对各种考点。
第十天	测试一单元阶段整理	1. 整理四个单元复习中存在的问题，结合错题本进行复习。 2. 总结公布竞赛分数，颁发奖品，提出后期复习要求。	快乐掌门日	1. 整理包括老师对学生复习情况的整理和学生自身对知识掌握情况的整理。 2. 阶段分层复习：大部分孩子可以进行自主复习和拔高题型训练；个别学习困难孩子此时进行单独辅导，确保阶段复习的效果。

续表3

时间	复习板块	复习内容	主题	建议
第十一天	板块复习：阅读 测试：模拟一	1.复习阅读板块考点、要点，以"阅读考查思维导图"为蓝本，总结阅读方法，规范答题要领。 2.仿真模拟检测，培养学生应试的统筹和节奏感。	阅读日	1.帮助学生建立完整"阅读考查体系"很重要，彻底走出"阅读就是做题"的碎片化意识。 2.答题规范需要反复强调。
第十二天	板块复习：作文 测试：模拟二	1.以"作文考查方式思维导图"为蓝本，复习作文的类型及不同类型作文的要求及注意事项分析。 2.浏览自己的优秀作文。 3.总结提炼自己在作文方面的问题，制作"作文温馨提示"。	优美语句日	1.作文能力重在日常训练，切莫让学生背诵所谓的"优秀作文"，以增加学生对作文的恐惧。 2.帮助学生建立"作文考查体系"。 3.重在对易错点和易忽略点的指导。
第十三天	查漏补缺 自主出题	1.回顾复习，查阅自己的练习和错题集，整理自己认为的难题、偏题、怪题和易错题。 2.根据命题规则和试卷难度，每位学生自主命题一套并完成试卷制作。	出题日	1.相信孩子是天生的学习者，他们相互交流会碰出更多的火花。 2.学会命题及试卷制作，提升归纳整理能力，了解出题人的考查意图，培养孩子的应试心理和应试技巧。
第十四天	自主 检测	1.收集学生试题，标记序号。 2.抽取序号，完成相应序号的试卷。若遇到出题人抽取到自己的试卷，做调整。 3.出题人阅卷。 4.查找问题，解答。 5.制卷者和答卷者相互建议。	答题比赛日	1.完整经历筛选、定题、统筹、制卷、答卷、阅卷、统计全部流程，提升学生的应试能力。 2.出题人和答题者相互建议，是帮助学生从不同的角度审视复习和复习中存在的问题，更加全面地了解自己。
第十五天	整体回顾 祈愿憧憬	1.浏览复习期间生成的所有资料。 2.开展祝福、祈愿活动。	憧憬日	1.通过浏览，提升应试信心。 2.祈愿与祝福：千纸鹤、祝福卡、红手链……皆可。

第八章

工欲善其事
必先利其器

◇

——教材解读的组织与实施

教师教学的三大能力：教材解读、教学设计和课堂实施，除课堂实施能力外，其余两种能力是可以打"团队战"的。也就是说，可以通过团队的力量，缩小教师在这两方面能力差异造成的教学差异。因此，学校如何组织教师进行教材解读，对提升学校教学质量、促进教师专业成长至关重要，从来就没有脱离团队的个人成长。学校抓师训，如同抓住了牛鼻子。

我们所说的教材解读不是简单地请一位专家或一位老师来给大家讲两个小时或做一场报告，而是以"任务驱动"展开的系列活动。

一、教材解读任务

教材解读从五个维度展开：课标解读、教材阅读、知识目标解读、解读"怎样教"、解读"怎样学"。每一个维度又由多个项次组成，每一项次都有具体的任务。这任务为什么要完成？完成后的价值何在？"整体语文教学"都做了详细的阐释和分析。此外，还对任务完成的"标的物"、每项任务完成的时间和考核方式作了明确约定。无论是教师个人还是学校集体组织教材解读，使用起来都十分方便。

教材解读任务总表

类别	项次	任务具体要求	任务标的	完成时间	考核方式	价值分析
课标解读	1. 通读课标	1. 小学教师通读9年义务段课标，浏览高中阶段课标。2. 完成任教学段课标思维导图，并每年修订。3. 非任教学段课标文本留痕。	1. 思维导图。2. 文本留痕。	每年一次，暑假完成。	1. 展示"思维导图"。2. 展示文本留痕。	1. 明了学科目标，在教学中更有针对性。2. 思维导图帮助教师整体把握课标要求。
	2. 解读年段与学期目标	1. 细读年段和学期目标，将学段目标细化到学期，做到心中有数。2. 在细读的基础上，完成"学段和学期目标教材解读表"。	完成"学段和学期目标"表格	每期一次，寒暑假自主完成。	查阅学段和学期目标教材解读表。	1. 明了全学段、年段和学期目标之间的联系。2. 指导当期教学。
教材阅读	1. 当册教材留痕	1. 按照统一要求对教材内容进行逐一解读。2. 按照学科要求完成相应留痕。	教材留痕。	每期一次，寒暑假自主完成。	1. 展示教材留痕。2. 未按照要求完成者重新完成。	1. 熟读教材是教师教学的基础。2. 梳理出教材的知识目标。
	2. 细读本版本小学段教材	1. 细读所教版本的小学段教材。2. 知晓教材内容。3. 知晓同一知识体系年段和年级编排。	知晓文章具体的年段和年级。	入职前，或版本调整后。	1. 查阅"教材目录"。2. 依据教材目录简单问答。	1. 了解教材的编排内容和编排体例。2. 教学中做到瞻前顾后。
	3. 通读至少三个版本的教材	1. 选择人教版、苏教版、部编版三个版本的教材通读。2. 新版本出来后及时完成阅读。	知晓教材目录。	入职前或版本调整后完成通读。	1. 依据教材目录简单问答。	1. 明了教材无非是个例子。2. 知晓不同版本教材的特点。

续表1

类别	项次	任务具体要求	任务标的	完成时间	考核方式	价值分析
	4.浏览非任教学段教材	1. 浏览初、高中教材。2. 知晓初、高中生必备篇目和必读书目。	列出必背篇目和必读书目思维导图。	1. 入职前完成浏览。2. 教材调整后及时浏览。	查阅"必背篇目思维导图"。	1. 学段之间相互关联,所教学段不是孤立地存在。2. 立足当下学段,着眼完整学段。
知识目标解读	1.单元知识目标细化	1. 分单元梳理出知识目标、能力目标、重点、难点、易错点、知识前后之间的联系、延伸阅读、考查层级等,完成"单元知识目标细化表"。2. 在进行单元知识和目标细化时,预留出一列为期末调整,在结束新课制定复习计划时,直接补充便可作为"期末知识点复习表"。	完成"单元知识目标细化表"。	教材解读集中时段完成。	1. 查阅"单元知识目标细化表"。2. 查阅"单元知识目标细化完善表"。	1. 掌握了单元和每一教学内容的知识目标,教学设计时才知道教什么。2. 明了各知识点能力目标和考查层级,杜绝教学的盲目。
	2.知识点考查方式	1. 分板块拟出"知识点"考查方式。2. 在教学中不断完善知识点考查方式。3. 以插页的方式保存,原则上一位教师制作一次,往后的教学只是不断完善补充而已,但要确保资料的完好。	1. 知识点考查方式思维导图。2. 完善"知识点考查方式思维导图"。	1. 正式入职时完成。2. 集中解读时分年级组对考查方式进行完善。	展示"拼音、字、词、句、段、阅读、写作、综合运用、课内外积累"知识点考查方式思维导图。	1. 了解各知识点考查方式是学科教师的教学基本功。2. 在教学时能根据知识点考查方式的思维导图设计多种方式的练习。3. 准确判断自己的教学效果。
解读"怎样教"	1.教学计划表	1. 根据学期周次、学期课时和各类放假时间,精准计算教学时间,杜绝教	教学计划表	期初"集中解读时段"完成。	查阅或展示"教学计划表"。	1. 有计划才有实施,计划越详尽实施越有方向。

续表2

类别	项次	任务具体要求	任务标的	完成时间	考核方式	价值分析
		学的随意性。 2. 合理安排包括新授课在内的一切教学活动，包括复习、考试等，并做好准备工作。 3. 此表是"知识目标细化表"在教学中的落实。				2. 优秀是规划出来的。 3. 克服工作的随意性。 4. 杜绝教学时紧时松的现象发生。
	2. 教研计划表	1. 分学科分年级确定本学期重点教研的板块，板块的确定要根据年级特点，可从"识字与写字"板块开始。四个板块解读完一轮后，方可重复选择板块解读。 2. 确定板块后，再根据学生存在的问题或学生在本板块最急需形成的能力确定研究方向和研究点。 3. 从"学段目标、学期目标细化、学生现状、研究策略、研究成果、成长预期"等方面进行规划。	1. 完成本期"教研计划表"。 2. 研究成果资料收集。	期初"集中解读时"完成。	查阅或展示"年级教研计划表"。	1. 明了当期教学要解决的紧要问题。 2. 团队协作，智慧共享。 3. 让老师们真切感受"教育研究就是解决我们的困惑"，将老师们引导到"研究"这条幸福的道路上来。
	3. 教案范例	1. 根据学校不同课型的范例教案，撰写一篇范例教案。最好选择自己的展示课撰写。 2. 所提供范例为自己的展示课初稿，开学后在师父和年级组成员帮助下再修改。	完成范例教案一篇。	假期自主解读时完成。	查阅或展示"范例教案"。	1. 经由范例提升常态教学能力。 2. 为每一位老师打造教学的"经典范例"，享受职业带来的幸福感和成就感。

续表3

类别	项次	任务具体要求	任务标的	完成时间	考核方式	价值分析
	4.超周备课	按照统一要求超两单元备课。	完成规定课时的教案。	假期自主解读时完成。	查阅或展示教案。	1.提前备课，不打没有准备的仗。 2.有效提升课堂效益。
	5.教案二次修改	1.在上期期末时将学校资料库里审核并保存的下期电子教案全部打印成册。 2.对电子教案进行二次修改。 3.超四周修改教案。	1.资源库教案二次修改。 2.自主教案二次修改。	假期自主解读时完成。	查阅或展示教案的二次修改。	1.当下的教学是生命积淀到此时此刻的整体体现。 2.课前修改体现教师成长。
解读"怎样学"	1.学生分层提升计划	1.对学生进行精准分层，拟定分层提升计划和提升策略，准备好提升资料。 2.完成提升计划表。	分层提升计划表。	假期自主解读时完成，期初"集中解读时"完善。	查阅或展示"分层提升计划表"。	1.满足不同学生的成长需求。 2.学生成长"上不封顶下要保底"。 3.整体提升班级教学质量。
	2.学科活动	1.开学初确定好本年级本学科竞赛的方式和内容。 2.学科大组长组织学科教师汇总并确定好各年级举行竞赛活动的时间及具体事宜。 3.完成"年级学科竞赛计划表"和"学校学科竞赛安排表"。	1.年级学科竞赛计划表。 2.学校学科竞赛安排表。	期初"集中解读时"完成。	查阅或展示"年级学科竞赛计划表"和"学校学科竞赛安排表"。	1.以活动提升学生学科学习兴趣。 2.给孩子更多展示平台和机会，让每个孩子都找到生命的"C位"。

续表4

类别	项次	任务具体要求	任务标的	完成时间	考核方式	价值分析
	3. 知识过关检查手册	1. 根据每日作业和知识过关情况，填写好"过关检查手册"。 2. 根据学生知识过关情况，对未过关的孩子安排"再过关"，直到过关为止。	知识过关手册。	期初印制"知识过关手册"。	1. 期初查阅"知识过关手册"是否印制完好。 2. 学期中随时查阅或展示。	1. 及时记录精准了解学生学情。 2. 学生一旦体会到"教师说话算数"，便会一天天走向自觉。
	4. 每日作业过关	1. 记录每日作业及所有学生每日作业完成情况。 2. 学生按照学号编号记录。	每日作业记录表。	每日记录。	1. 期初查阅"每日作业记录表册"是否印制完好。 2. 学期中随时查阅或展示。	1. 及时了解学生每日学习情况。 2. 通过记录，展示学生一学期的学习轨迹，便于及时纠偏和个别辅导。
	5. 阅读书目一览表	1. 根据学校提供的阅读书目清单，拟定本期阅读书单一览表，并标记阅读时间、阅读方式、书目来源（集体、循环、个人珍藏等）。 2. 指导学生随阅读进程完成"阅读卡"填写。 3. 阅读卡是孩子阅读成长的见证，要妥善保管。	1. 阅读书目一览表。 2. 阅读卡填写。	1. 期初"集中解读时"完成"阅读书目一览表"。 2. 领取阅读卡。	1. 期初查阅"班级阅读书目一览表"。 2. 学期中随时查阅或展示"阅读卡"。 3. "教育用过程说话"活动中展示阅读卡。	1. 有计划才有实施，防止阅读中的"放水现象"。 2. 阅读是孩子生命的方式，要浸润到日常的学习和生活中。 3. 阅读卡是孩子阅读的见证，能激发孩子阅读的成就和再期待。

二、教材解读"12 表格"解析

结合教材解读任务，"整体语文教学"一共设计了 12 份教材解读任务表格，每一表格在教材解读的不同时段使用，是教材解读不同阶段成果的物化体现。

1.学段及学期目标。

（1）样表：

板块	学段目标	学期目标
识字与写字		
阅读与鉴赏		
表达与交流		
梳理与探究		

（2）填表说明：

①此表为教材解读的第一份表格，是教师再度学习"课程标准"的一个简要的成果呈现。

②表格中填写的内容不是去照搬"课程标准"中的文字，而是在自己学习、消化的基础上，对年段和学期目标简明扼要的表述。

③各项目标可抓其中的关键词，便于教师个人记忆和教学中操作。

2.单元主题细化及教学进度表。

（1）样表：

单元	主题	单元目标	学习方式	教学进度预设	课外阅读书目与阅读形式

（2）填表说明：

①此表为教材解读的第二份表格，是教师在再度学习"语文课程标准"基础上，对年段和年级目标及要求明了之后，对当册教材以"主题单元"的方式进行分析。

②每一个单元从五个方面进行解读：单元主题、单元目标、每篇文章的基本学习方式、教学进度预设、课外阅读书目与阅读形式。

③教师解读之后，教师对当册教材就会有一个整体的了解，一本厚厚的教科书读薄了，一学期的教学了然于胸。

3. 重点板块分项要览表。

（1）样表：

板块名称		
学期目标细化		
学生状况描述	已有能力	
	存在问题	
教学策略		
课内外练习设计		
活动设计		
学生成长预期		
教师成长预期		

（2）填表说明：

①此表为教材解读的第三份表格，是教师在完成前两项任务的基础上，将教学细化到具体的板块。

②每一次教材解读各备课组可结合本年级教师及学生特点，选择一个板块进行重点解读。

③每个年级相邻学期的重点解读板块尽量不重复，四大板块解读一遍之后再重复。这样，走完一轮教材之后，对各个板块的知晓度和熟悉度自然提升。

4. 知识过关与阶段检测计划表。

（1）样表：

检测（过关）内容	检测（过关）时间	检测（过关）方式	检测结果记录	弥补措施

（2）填表说明：

①检测的内容包括整册教材需要掌握的内容。

②检测的形式包括：日检测、周检测、单元检测、月检测、半期检测、期末检测、单项知识检测（如背诵、生字生词等）。

③通过此表的预设，能做到知识的日清、月清，消除教学中平素不注重检测和知识过手的现象，班级教学有了保底，成绩大幅上升。

5. 学生分层提升计划表。

（1）样表：

班级基本情况描述：				
学生分层培养计划	层　次	姓名	在知识、能力、学法、成绩等方面的目标	达成目标的措施
	第一层次			
	第二层次			
	第三层次			

（2）填表说明：

①此表用于教师对班级学生在学科方面的问题及策略应对。

②学生大体分为三个层次，也可以根据教师掌握情况分得更细一些。

③各层次目标是上不封顶，下要保底，小学不应该出现明显的成绩分化。

6. 学期教研组研讨计划表。

（1）样表：

序号	时间	研讨主题	研讨形式	参加人	达成目标

（2）填表说明：

①此表可以用于备课组和教研组拟定学期教学研讨计划。

②此表记录的信息是针对一学期研讨工作计划，详细地记录在备课组和学科组的记录本上。

③表填写好后，可以粘贴于教研组记录本的首页，也可以将此表设计为教研组记录本的首页。

7. 学期教学研讨课一览表。

（1）样表：

节次	时间	周次星次	献课教师	课题	所在班级
1					
2					
……					

（2）填表说明：

①按照公开课制度安排教师上课。

②若学科组教师较多，不能上大课，则在年级组内上小课，要求年级组教师全部听课。

③组内小课上课流程与大课相同，需导师签字同意。

8. 学期学科竞赛活动一览表。

（1）样表：

教研组	周次星次	备课组	竞赛内容	竞赛形式	参加学生	评奖办法	经费预算

（2）填表说明：

①学科竞赛分为常规竞赛和选择性竞赛，每期至少一次常规竞赛活动。

②竞赛活动的开展符合学生年级和年龄特点。

9. 备课样表。

（1）样表：

课题		教学课时		修改调整
课时目标				
重点难点				
教学准备				
教学过程				
练习设计				
板书设计				
教后反思				

（2）填表说明：

①此表提供的是教案撰写的基本框架。

②按照学校提供的不同课型的样本教案进行撰写。

10. 知识过关与阶段检测统计表。

（1）样表：

学生姓名	第一单元	第二单元	第三单元	第四单元	期中测试	……

（2）填表说明：

①检测的进度需与教学进度一致，每个单元学习结束以后及时检测，及时记录检测情况并进行单元测试分析。

②此表主要记录单元检测、月检测、半期检测、期末检测等。

③把握学生的学习状况，及时调整培优和辅差策略。

11. 每日作业过关表。

（1）样表：

___月___日	作业内容：	1　2　3　4　5　6　7　8　9　10　11　12 13　14　15　16　17　18　19　20　21　22 23　24　25　26　27　28　29　30　31　32 33　34　35	备注：
___月___日	作业内容：	1　2　3　4　5　6　7　8　9　10　11　12 13　14　15　16　17　18　19　20　21　22 23　24　25　26　27　28　29　30　31　32 33　34　35	备注：
___月___日	作业内容：	1　2　3　4　5　6　7　8　9　10　11　12 13　14　15　16　17　18　19　20　21　22 23　24　25　26　27　28　29　30　31　32 33　34　35	备注：
___月___日	作业内容：	1　2　3　4　5　6　7　8　9　10　11　12 13　14　15　16　17　18　19　20　21　22 23　24　25　26　27　28　29　30　31　32 33　34　35	备注：

续表

___月___日	作业内容：1 2 3 4 5 6 7 8 9 10 11 12 13 14 15 16 17 18 19 20 21 22 23 24 25 26 27 28 29 30 31 32 33 34 35	备注：
___月___日	作业内容：1 2 3 4 5 6 7 8 9 10 11 12 13 14 15 16 17 18 19 20 21 22 23 24 25 26 27 28 29 30 31 32 33 34 35	备注：

（2）填表说明：

①此表用于学生每日作业情况记载，表中的数字是学生的学号。

②备注主要记录当日作业中出现的问题。

③此表设计五天，刚好用一周，期初印制 20 页装订成册，使用一学期。

12.学期阅读书目推荐表。

（1）样表：

序号	书名	所涉学科	图书类别	相关主题	阅读方式（阅读活动设计）	阅读时间	完成情况
1							
2							
3							
4							

（2）填表说明：

①此表是根据年级阅读书目制定的学期阅读书目。

②所有任课教师根据学校规定推荐规定数量的阅读书目。

③注意阅读形式的多样化，在阅读过程中对学生进行策略指导。

④"完成情况"记录的是全班学生的完成情况。

三、教材解读规制

教材解读是教师提高课堂效率、提升教学水平最为关键的环节，也是教学目标达成最节约化的一个环节。教师做好了教材解读，在教学中能起到"四两拨千斤"的功效。作为教师个人，要认真做好教材解读；作为学校，要扎实开展教材解读，切莫"走过场"。

1. 教材解读的"三保障原则"。

（1）时间保障。

教材解读不是"一时兴起"，而是每学期、每学年。于教师个人而言，是贯穿教学生涯的始终；于学校而言，是学校办学的常态。不管谁做校长，其他工作有多忙，教材解读都必须给够时间。师培，是学校管理工作的首要。教师的教学水平决定着一所学校的办学水平。教材解读，必须在学校生活中固化并传承。我的建议是每所学校开学前拿出三天，专门用于教材解读。

（2）人员保障。

教材解读是所有任课教师参与，不论年龄大小，也不论职级和职称。每学期期初的三天教材解读，是教师专业培训的一次盛会。所有老师带着假期中"自主解读"的成果与困惑，参与"集中教材解读"，同学科组、同年级组教师彼此分享，互相启迪，为新学期的教学做充分的准备。

（3）效果保障。

教材解读不能只停留在"提要求"，为了确保教材解读的效果，需对各个时段的"教材解读任务"提供成功标准，也就是每项任务的范例和范本要给到老师们。那种描述性的"认真""负责""高质量完成"没有意义，因为每个人内在的标准不一致，你理解的"认真"和他理解的"认真"之间，说不准相差十万八千里。所以，在安排教材解读任务的时候，一定要将"成功标准"同时给到老师们。文本留痕的成功标准，是"文字描述+图片"；表格任务的成功标准是"文字描述+样表范例"。只有这样，教材解读的效果才能得到保障，也才能最大限度缩小因教师不同带来的不同班级、不同学科发展水平的差异。

2. 以"任务驱动"的自主解读。

自主解读是教师自己读课标，自己读教材，是以一系列的"任务"作为驱动的。教师"自主解读"放在两个假期进行，暑期的解读主要为学年度上期的教学做准备，寒假的解读主要为学年度下期的教学做准备。

（1）通读义务教育《语文课程标准》。

义务教育《语文课程标准》是国家基于义务教育培养目标，将党的教育方针具体细化为语文课程应着力培养的"文化自信、语言运用、思维能力、审美创造"四个方面的核心素养，体现了正确的价值观、必备品格和关键能力的培养要求。课程标准具有法定的性质，是教材编写、教学管理、教学评估的依据。

小学语文教师虽然教的是小学学段，但必须对义务教育《语文课程标准》通读，吃透语文课程的性质、地位和五大基本理念，了解四个学段之间的递进关系和内在联系。要从完整学段出发来定位某一学段的教学任务，切不可将四个学段孤立开来。课程标准既是学科教学的出发点，也是归宿，在整个教学生涯中，教师需反复研读，实现内化。

（2）细读小学段课标，完成文本留痕。

对小学段课标要细读。最好的办法是：老师细读课标后，将四个板块的学段目标进行分类整理，列出"板块目标成长地图"。"板块目标成长地图"既可以用表格方式列出，也可以用思维导图的方式列出。有了"板块目标成长地图"，不论你当下任教的是哪个学段，你都会"瞻前顾后"，在教学中不仅能弥补上一学段的遗漏，也能很好地关照下一学段目标的达成。三个学段通力协作，出色地完成《语文课程标准》规定的学段目标和总目标。

（3）解读年段与学期目标。

解读任教年段目标，将学段目标细化到学期，做到心中有数。细读后，填写"学段与学期目标解读表"。

（4）教材阅读。

教师自主阅读教材，包括三个方面：

①当册教材细读并留痕。

对当册教材进行细细研读，在课本上留下自读的痕迹，该勾画的要勾画，该批注的要批注，并完成"单元主题细化表"。教材明确要求背诵的段落或古诗文，教师必须能够背诵，精读文章也要熟读成诵。只有这样，才能将教材吃透，后期才能将自己读出、读懂的东西进行"教学化运用"，也就是进行教学设计。

②学段教材通读。

每一个假期，要对小学学段的12本教材通读。通读不需要留痕，但要知晓教材内容，知晓同一知识体系的年级编排。

③浏览后继学段教材。

浏览初、高中学段教材，知晓初中生必背篇目和必读书目。学科组以思维导图的方式列出必背篇目和必读篇目。

（5）知识点考查方式解读。

分板块拟出"知识点考查方式"并制作成思维导图，每学期进行补充完善。

（6）撰写范例教案。

根据学校不同课型的范例教案，完成学期范例教案撰写。建议撰写一篇即可，最好选择自己本期要上的教研课进行撰写。此范例为展示课初稿，开学后再调整。千万不要小瞧"每期一篇"，一个学年下来就是两篇，六年一轮走下来就是 12 篇。我们看看那些在全国到处上课的专家，能够数出 10 节以上经典课例的还真不多。这些我们引以为豪的范例教案，将作为"经典"定格我们在专业领域的骄傲和自豪，是若干年后，教师个人老去或退休之后的念想与美好回忆。

（7）超前两个单元备课。

假期中，完成两个单元的超前备课。

3. 以"协作、分享"为主导的集中解读。

教师在假期中完成了自主解读任务之后，带着收获参加学期初至少为期两天的教材"集中解读"。集中解读时段需完成以下约定任务：

（1）教师自读成果展示。

自读成果包括"课标思维导图、课标留痕、表一、教材留痕、表三、表四、范例教案、超前备课、假期自主阅读书目成果"等，学校为每位老师制作名牌，每人一个展位，所有教师参观学习后，评选出各项解读任务的优秀者。

（2）学科专业技能展示。

教师的专业基本功是教师专业能力的重要体现。早先的师范生，在教师基本功上训练扎实，三笔字、普通话、教学组织能力、教学设计能力……都需一一过关。这些能力，是作为教师的前置条件。基本功越扎实的教师，教学上手越快。每学期期初的集中教材解读，一定要有"教师学科专业技能展示"。不同的年级可选择不同的技能展示点。其中，"现场抽背比赛"和"现场抽读"是规定展示项目。教师所在年级当册教材要求背诵的篇章或段落、精读课文的重点段落作为"抽背"和"抽读"的备选内容。学校组织的教材解读，是包括了所有学科教师的，其他学科根据学科特点，除教师基本功外，也需将"具有学科特质的基本功"作为"规定展示项目"。需要提醒的是，"教师专业技能展示"最好以学科组或以年级组为单位参评，增强学科组、年级组的凝聚力。

（3）重点板块解读。

小学语文共有四个板块：识字与写字、阅读与鉴赏、表达与交流、梳理与探究。四个板块每个年级备课组可以随意确定先解读哪个板块，但是要遵循"一轮循环不重复原则"。也就是说，该备课组没将四个板块解读完一轮，是不能对某一板块重复解读的。这样的规定，能帮助教师在最短的教学时间里熟悉"课程标准"，明了板块之间的关联性，避免教学的"顾此失彼"，实现对语文教学的"整体性把握"。

"重点板块"解读任务是所有备课组成员一起完成，解读成果全年级共享。完成后将内容制作成课件，推选一人或多人代表全组在全校交流。

(4)制订"学科活动计划"。

各年级备课组结合学期教学目标、时间和内容制订学期学科活动计划，各个年级的活动组合起来，就形成学校"语文学科学期活动一览表"。学科活动形式一定要多样，能够让不同天生气质、不同学习水平的孩子都能在语文学习上找到成就感，从自己本学科"最擅长的地方"突破，升腾起学科学习的信心，找到学科学习的方法，成就学科学习的最优和最高。

(5)制订"分层提升计划"。

在充分了解学生的基础上，对学生进行分层，并拟订分层提升计划，为每一层次的孩子确定好提升策略、准备好提升资料，完成"学生分层提升计划表"。

所谓"分层"不是简单地将学生分成"上、中、下"，而是从学生的学习习惯、学习基础、学习能力、学习动力等方面进行分析。分层越精准，策略越能"对症"，提升的效果也越是显著。比如，对于专注力不够的孩子，或许提升策略就是"每天5分钟"的"专注力训练"。不要以为"分层提升"就是"辅差"，就是"开小灶"，做更多的"学科作业"。

(6)完成"教研组学期教研计划"。

我常常看到有些学校，都开学两周了，学科教研组教研计划还没有出来。一个学期，除去各类假期，有效上课时间至多16周，两周时间就已经过去了八分之一。学科教研计划一定要在开学之前就统筹安排，让所有教师都清楚明白。每周的教研主题是什么，每次教研怎么开展，有哪些流程要固化传承……都要进入计划内。同时，根据教师所报"教研课"在教材的单元排序，生成学期"教研课一览表"，老师们根据教研课安排提前做好准备，避免"临时抱佛脚"，让教学研讨流于形式。

(7)"范例教案"解读与分享。

老师们带着假期中自己撰写的教案，参加备课组研讨。最后，每个备课组选出一篇最成熟的教案在全校分享。分享不是简单的陈述教学设计的步骤，而是对教学设计进行解读，每一环节的设计意图是什么，各个教学环节之间的内在逻辑是什么，都要进行解析。通过解析，提炼出可以让学科教师共享的"结构化方法"。老师们再将获得的"结构化方法"运用到自己的教学设计中，完成自己"范例教案"的二次调整和修改。

(8)生成"知识过关及检测记录表"和"年级阅读书目推荐表"。

"知识过关及检测记录表"和"年级阅读书目推荐表"是年级统一，不搞"单打独斗"。统一的目的一是共享成果，节约人力资源；二是便于学校管理，确保教学底线。

四、教材解读安排示例

为了确保教材解读各项任务的落实，学校要对"自主解读"时段和"集中解读"时段做出详尽的安排。"整体语文教学"在多年的实践中不断调整，不断优化，下面给出的"教材解读安排"由乐山市翡翠实验学校提供，学校管理者和教师可以在实践中参考借鉴。

示例 "自主解读"安排

假期学习"不打烊"，充电正当时
——教师假期教材解读

亲爱的老师们：

2021～2022学年上学期的工作即将结束，我们将迎来期待已久的寒假生活！假期学习"不打烊"，充电正当时，我们需要充分利用假期时间努力提升自己，为新学期储备粮草。现将本学期假期"教材解读"内容及要求安排如下：

一、假期教材解读任务

1.教材解读：共计3项任务。

①教材留痕：完成全册教材留痕，具体要求和成功标准见附件1。

②解读课标、学段目标：完善学段与学期目标表1，完善单元知识目标细化思维导图。

③教师备课：撰写范例教案1篇，超两周备课。（用学校文本格式编写教案）

2.假期阅读：教师共读书籍《你的N岁孩子》。

年级组	一年级	二年级	三年级	四年级	五年级	六年级
书目名称	《你的 7 岁孩子》	《你的 8 岁孩子》	《你的 9 岁孩子》	《你的 10 ～ 12 岁孩子》		

阅读要求：

①自行购买书籍。

②形成阅读收获：可以从孩子能力发展、通常遭遇的成长问题、陪伴策略几个方面进行解读，最终形成阅读收获，形式不限，可以是文字、思维导图、表格等。

③阅读成果展示：开学初书籍与阅读收获同时展出。

二、集中教材解读初步安排

第一天：

上午半日主题：工作策略分享、专题化培训、假期解读成果展示与评优。

8:00—8:20 假期教材解读成果展示。

8:30—8:40 诵读《活法》。

8:40—9:30 学校工作及部门工作策略补充（学校 10 分钟，部门各 5 分钟）。

9:30—11:30 教师专题化培训。

11:30—12:00 评选假期优秀教师作品。

下午半日主题：单元目标细化与考查方式的完善、学生过程性检测与学科竞赛。

14:00—14:10 诵读《活法》。

14:10—15:10 分学科组完善单元知识点目标细化及考查方式。

15:10—16:00 分学科组分享单元知识点目标细化及知识点考查方式。

16:10—17:30 分年级组拟订学生过程性检测与学科竞赛计划表。

第二天：

上午半日主题：重点板块的解读与分享。

8:30—8:40 诵读《活法》。

8:40—10:10 分学科组完成重点板块解读。

10:10—11:00 年级学科组教师代表完成重点板块的组内分享。

11:00—12:00 集中分享重点板块解读。

下午半日主题：公开课申报与教研计划表的完成、教案范例研究与集中展示。

14:00—14:10 诵读《活法》。

14:10—14:40 完成公开课申报与学科教研组教研计划表。

14:40—15:40 年级学科组完成教案范例的集体研课与试讲。

15:40—17:20 集中以上课的形式展示教案范例研究成果。

17:20—17:30 颁奖、资料汇总与上交。

备注：以上安排开学初可能会有微调。

教书是一种坚守，育人是一种坚持，教育教学是学无止境的过程。过程虽然艰辛，但是我们依旧勇敢无畏。伙伴们加油！提前祝大家假期愉快！

教师发展中心

×年×月×日

附件1："学科学段目标及学期目标"样表示例

附件2："学科单元知识目标细化"示例

附件3："学科标准教案"示例

附件4：各学科教材留痕要求与成功范例

示例 "集中解读"安排

"集中解读"至少安排两天。每一个时段的任务要明确、具体，要落实责任人，让所有教师都知道在经历了"某一时段"之后，生成什么样的教材解读成果。

（1）第一天"集中解读"安排示例。

时段	培训主要内容	过程与目标	责任人	成果及提交
8:00 — 8:20	自主解读成果展示材料准备教材留痕表一备课本阅读成果	1. 各教师将自主解读成果按照学校统一要求放到指定展区，全体教师现场学习。 2. 老师们于教材解读当天下午17:30结束后再将资料收回。 3. 通过问卷星选出自主教材解读优秀教师代表（可以直接点开问卷，建议先在纸上记录优秀教师名单，再填写问卷调查）。 4. 教研组长对教师假期自主解读的情况进行全面检查，过程登记在检查表上。 5. 教师发展中心中午负责查阅每位教师完成情况，不合格者再次解读，再次考核。	各学科教研组长	1. 问卷星结果统计。 2. 部门负责人将优秀作品拍照存档。

续表1

时段	培训主要内容	过程与目标	责任人	成果及提交
8:30 — 8:40	经典诵读《活法》	调整气息，在经典诵读中开启教材解读。	教师发展中心	
8:40 — 9:30	学校及部门工作策略补充分享	1.学校学期工作策略补充分享，时间8分钟。2.部门负责人对新学期部门工作进行策略补充分享，每个部门5分钟。3.分享顺序：学校、教师、教务、学生、招生、行政、自然教育中心。	校长、部门负责人	学校计划部门计划
9:30 — 11:30	教师专题化培训——解读原生家庭	1.全体教师参加教师专题化培训。2.教师认真思考、内化，将培训内容转化成自己的教育和教学策略。	校长	笔记本
11:30 — 12:00	评选假期教材解读优秀成果	1.全校教师到作品展示区，按逆时针方向依次翻阅每位教师假期解读成果。2.评选出假期教材解读的优秀个人及团队。3.将评选结果通过问卷星进行提交。4.评选项目及人次：教材留痕7人、教师阅读5人、备课（2个年级学科组）。	教师发展中心	问卷星
14:00 — 14:10	经典诵读《活法》	调整气息，在经典诵读中开启教材解读。	教师发展中心	
14:10 — 15:10	分学科组完善单元知识目标细化及考查方式，用思维导图的方式呈现	1.在教师发展中心提供的已有研究成果（思维导图）基础上再次完善。2.解读要求：分单元梳理出"知识目标、能力目标、重点、难点、易错点、知识前后之间的联系、本单元的延伸拓展"等。例如：一个知识点的考试题型，考试分值，考试题干，考	各学科教研组长	教研组长将1张集合照+出勤信息（模板如下——学科组：应到多少人；实到多少人；缺勤原因）发至学校微信交流群。

续表2

时段	培训主要内容	过程与目标	责任人	成果及提交
		查的能力等维度。 3.分年级学科组继续完善"单元知识目标细化"及考查方式。 4.原文件命名为"2021—2022学年（ ）下语文单元知识目标细化及考查方式"。		
15:10 — 16:10	分学科组分享单元知识点目标细化及知识点考查方式	1.教研组长组织学科老师对完善和补充的单元知识目标及考查方式进行组内分享。 2.每个备课组选1位老师分享，时间5分钟以内。 3.其他组员对发言老师的分享积极补充，提出宝贵建议。 4.同年级老师根据其他老师提出的建议及时进行修改和调整。	各学科教研组长	1～6年级下册各学科知识目标及考查方式思维导图。
16:10 — 17:30	分学科组拟订学生素养测评方案与学科竞赛计划表	1.各学科教师根据上学期形成的素养测评方案和实际操作与达到的效果，制定本学期学生学科素养测评方案。 2.学生素养测评方案：过程性检测与阶段性素养测评相结合，原则上阶段性素养测评即为期中和期末两次测评，每个月开展一次过程性检测，也可以根据学科特色进行调整，目的在于培养学生的学习兴趣，多维度考查和培养学生的学科素养。 3.形成学科素养测评汇总表，形成1～6年级各学科的素养汇总单。 4.每个年级学科组每学期至少开展一次学科竞赛活动，通过不同形式的竞赛活动满足孩子多维成长之需。	各学科教研组长	1.学生学科素养测评方案。 2.学生学科素养测评报告单。 3.学生学科竞赛计划。

示例

（2）第二天"集中解读"安排示例。

时段	培训主要内容	过程与目标	责任人	成果及提交
8:30—8:40	经典诵读《活法》	调整气息，在经典诵读中开启教材解读。		
8:40—11:00	分学科组完成重点板块解读与组内分享	1.按照附件任务安排，对重点板块进行解读。2.主要从学期目标细化、学生状况描述（已有能力、存在问题）、研究策略、课内外练习设计、活动设计、学生成长预期、教师成长预期、研究成果8个方面进行解读。3.年级学科组共同完成，每个年级学科组形成一份重点板块解读表格。4.组内分享建议分学段分享，例如第三学段，5年级说，6年级补充，6年级说，5年级补充。5.确定一个年级学科组的教师代表全校进行集中分享，时间10分钟以内。6.研究成果表格命名为："2021—2022学年（ ）下（ ）重点板块解读"。	各学科教研组长	1.考勤：1张集合照+出勤信息发至学校微信交流群。2.1~6年级各个学科组重点板块解读表格。
11:00—12:00	集中分享重点板块解读	1.各个学科组按照上个时段选定的年级学科组教师代表进行10分钟以内的重点板块分享。（可以是表格、ppt、思维导图……）2.分享顺序：语文、数学、英语、综合。3.其余教师对分享进行相应的补充。	各学科教研组长	年级学科组教师代表分享的重点板块研究成果：表格、ppt、思维导图等。
14:00—14:10	经典诵读《活法》	调整气息，在经典诵读中开启教材解读。		

续表1

时段	培训主要内容	过程与目标	责任人	成果及提交
14:20 — 14:40	公开课申报与学科教研组学期教研工作计划分享	1. 全校教师按照公开课制度申报本学期公开课的课题及时间，要求：①3年以下教师一学期两次公开课。一次校级公开课，一次年级学科组内公开课；3年及以上教师一学期一次校级公开课；②教案资源库中已上过的公开课课题原则上不能再申报。2. 形成全校公开课汇总表。3. 教研组长分享本学期学科组的教研组工作计划。	各学科教研组长	1. 形成全校教师公开课序列表。2. 教研组工作计划。
14:40 — 15:40	分学科组完成教案范例的集体研课与试讲	1. 各学科组从本学期研究的重点板块中选定一个课时，进行教案范例研究。2. 语文、数学围绕"研创"课堂进行研究，英语、艺体、科创根据学科特色进行研究。3. 建议从假期所备教案中选一篇进行调整和试讲。4. 每个学科组形成一份教案范例。5. 选定一位教师代表对研究的教案范例以微型课的形式进行集中展示，时间15分钟以内。6. 教案文档、课件命名：2021—2022学年（ ）下（ ）教案/课件。	各学科教研组长	教案范例（教案+课件）
15:40 — 17:20	微课形式分享教案范例	1. 以上微型课的形式展示上个时段的教案范例研究成果。2. 每个学科组1位教师代表，时间15分钟以内。3. 展示顺序：综合、英语、数学、语文。4. 全校教师积极参与，对展示进行点评、补充、提出宝贵建议。	各学科教研组长	

续表2

时段	培训主要内容	过程与目标	责任人	成果及提交
17:20 — 17:30	循环阅读启动仪式 总结及颁奖典礼	1."教师循环阅读圈"圈长依次上台领取书籍。 2.嘉宾为循环圈圈长送上4本书及8张阅读成果单。 3.宣布阅读要求，全校教师起立一同诵读阅读宣言。 4.为教材解读优秀案例、个人及积极发言教师颁发奖品。	教师发展中心	循环圈名单、书籍、阅读成果单、阅读宣言、获奖教师名单、奖品

　　无论是教材的自主解读还是集中解读，都是学校教学管理的基础工作，应该作为管理工作的"常态"和"常规"坚持下来。有的学校，一旦换了校长，坚持了若干年的"常规"立刻被取消，"常态"立刻被打乱，这是一种无知。校长有在自己的任期内行使自己教育主张的权利，但绝没有"剥夺教师专业成长"的权力。如果每学期的"教材解读"能够被区域教育行政部门作为规制固化下来，那简直是该区域教师和学生的幸事。一旦有了这样的"行政规制"，学生的学业负担就一定能减下来，"双减"就不再是"行政要求"和"文件规定"，而是教育和教学的优雅抵达。

参考文献

1. 中华人民共和国教育部.语文课程标准【M】.北京：北京师范大学出版社，2022.

2. 艾登·钱伯斯.打造儿童阅读环境【M】.海口：南海出版公司，2007.

3. 马文·柯林斯.马文·柯林斯的教育之道【M】.北京：中国青年出版社，2019.

4. 程郁缀.一日看尽长安花【M】.上海：上海交通大学出版社，2014.

5. 帕克·帕尔默.教学勇气【M】.上海：华东师范大学出版社，2014.

6. 阿尔弗雷德·阿德勒.儿童人格教育【M】.长春：吉林出版集团股份有限公司 2014.

7. 彭懿.世界图画书阅读与经典【M】.南宁：接力出版社，2011.

8. 本·富尔曼.儿童技能教养法【M】.北京：华夏出版社，2014.

9. 内尔·诺丁斯.幸福与教育【M】.北京：教育科学出版社，2014.

10. 克里希那穆提.教育就是解放心灵【M】.北京：九州出版社，2010.

11. 克里希那穆提.一生的学习【M】.北京：群言出版社，2004.

12. 王国维.人间词话【M】.北京：中华书局，2009.

13. 梅子涵.阅读儿童文学【M】.上海：少年儿童出版社，2005.

14. 海德格尔.在通向语言的途中【M】.北京：商务印书馆，2005.

15. 余秋雨.何为文化【M】.武汉：长江文艺出版社，2012.

16. 怀特海.教育的目的【M】.上海：文汇出版社，2012.

17. 蒙台梭利.发现儿童【M】.杭州：浙江教育出版社，2016.

后记

超越语文教学的探索与发现

本书文字能够成形并正式出版，我要感谢两位恩师。

第一位，是冯先蓉老师。认识冯老师是在 1999 年 3 月 23 日，那时我刚刚当上校长，她受邀来到我的学校为五年级孩子上《蛇与庄稼》。在几个组展示事物之间的联系都出错的情况下，冯老师笑了，是那种爽朗的笑，发自心灵深处。就是那样的笑，一下子压出了我灵魂深处的"小"，让我知道：课堂为学生存在，包容学生的"错"，接纳学生的"慢"，是教师的天职所在，即便是示范课、研究课，也决不能提前做所谓的铺垫，学生"学懂的过程"是课堂真正的精彩。

第二位，是靳家彦老师。认识靳老师是在 2001 年 11 月，我在北京参加国家级骨干教师培训。16 日，北京三个班的学员到天津听靳老师上课。那一天，天津下了那年冬天的第一场雪。开课前十分钟，靳老师带着孩子们从《梅雪争春》开始，一首接一首背诵关于"雪"的诗，没有重复。那一刻，我明白了：语文老师，哪里教的就是手中的一本教材呢？课堂演绎的是你的整个人，你整个的人生。之所以被称为小语界的"四大名师"，是有扎实的、非一般人企及的文化功力。之后开课五分钟对于课题《董存瑞舍身炸暗堡》人物、事件、精神三个层面的品读，让我明白了什么叫"以读代讲"，让我真切感受了：语文教学，是要引导孩子"读懂"而非"讲懂"。

这是我三十七年语文教学生涯的两次感悟与蜕变。如果说自己三十七年教学生涯还有过骄傲的话，那一定是在 2000 年以前。在认识了两位恩师之后，我知道，我真的就是一只井底的"小青蛙"，感谢两位恩师将我从"井底"拎上

282

来，让我看见了语文教学广袤的天空，让我在那之后的二十多年里，一直努力，一直研究，最终形成了"整体语文教学"三大项目八大策略。从零星的研究到最后成书并形成一套完整的教学法，是因为我有幸站在了"巨人的肩膀上"。这本书，献给两位恩师。

同时，这本书，也献给我的同行。这是我写这本书的原始动力。我知道，没有一位老师不想让孩子体验语文学习的快乐和轻松，没有做到，是因为"不能"。当下的教研现状，给到老师们的东西是碎片化的，没有一套完整的经验足以让老师们在语文教育的园子里从容行走。期待更多的语文老师能读到这本书，让这本书成为你们教学的"垫底"，进而生长出属于教师个人的教学特色和教学风格。无论是教学新人还是成熟教师，相信你都能从本书中获得启思。

还有，我希望其他学段和其他学科的老师也能读到这本书。学科教学基于学科，更超越学科。育人是学科教学的最高价值。育"全面的人"，育"充分成长的人"，育"有理想、有本领、有担当"的"三有"时代新人是所有学科的共同目标，区别就是不同学科"使用的载体"不同而已。第六章"日常复习与应试能力培养"介绍的"七步复习法"和若干提升学业成绩的策略；第七章"教材解读"的组织与实施；基础项目中的13条"课堂常规"和保障项目中的"学习力专训课程"，不仅仅适合语文学科和小学学段，这些经验是适合所有学段与所有学科的。而书中的几十份教学案例也揭示了不同学科、不同学段的教学必须要遵循的基本原则，揭示了高效能课堂的底层逻辑：

第一，课堂教学环节之间是层层递进的逻辑关系，如登高望远拾阶而上，下一环节一定要比上一环节更接近于本堂课教学目标的实现。

第二，要用教学目标作为教学环节的小标题。这是衡量当下教与学双边行为的"成功标准"。教师在教学设计时越清晰，课堂实施就越有成效。

第三，教师的教学语言要迅速导向学生的学习行为，尽最大限度将课堂时间还给孩子，杜绝既非激励也非点拨提升的单纯教师个人情绪表达与宣泄的课堂用语。

第四，练习贯穿教学过程的始终，课堂教学要给学生的学业测评做充分的准备。

我相信，当更多的教师能遵循"完整经验"教学、更多的学校能遵循"完整经验"办学，儿童的天空就一片明媚，人类也会经由"童年时代的回归"而拥有更加幸福的未来。

李其玉

2022 年 8 月 16 日于成都金沙园中